细讲中国历史

中华文明的开端

夏

郭泳 著

上海人民出版社

序一

上海的郭志坤先生是我的多年老友。在十几年前世纪之交的时候，我同郭先生曾经有过一次非常愉快的合作，就是依照他的提议，共同编写了一本通俗讲述中国古代历史的图书，题为《中国古史寻证》，列入上海科技教育出版社“名家与名编——世纪初的对话”丛书出版。当时没有料到，这本书印行后博得相当不错的反响，使郭先生和我都觉得所作的一番努力是值得的。

以这件事为契机，郭志坤先生同我有不少次机会谈起历史学的通俗化问题。我们都认为，有必要组织编写一套系统讲说中国历史，将学术界的丰硕成果推广于大众的图书。郭先生精心拟出规划，并很快约请到多位学养深厚的作者，形成老中青结合的团队，投入了撰写的工作，其成果便是现在这套“细讲中国历史丛书”。

“细讲中国历史丛书”从夏商周三代写起，一直到最末的王朝清朝为止，全套共十二册。这套丛书的编写，贯穿了两条原则：就书的性质和对象来说，是“面向大众”；就书的体裁与风格而言，是“通俗化”。我认为郭志坤先生的这两条提得好，也提得及时。

先说“面向大众”。我近些年在不同场合屡次说过，历史虽不能吃，也不能穿，似乎与国计民生渺不相关，实际却是社会大众的一种不可缺少的精神需求。我们每一个人，不管从事什么职业，处于何种身份，都会自然而然地对历史产生一定的兴趣，这或许可以说是人的天性使然吧。一个人活在世界上，不但要认识现在，也必须回顾过去，这就涉及了历史。我从哪里来，又往哪里去，是每个人都会意识到的问题，这也离不开历史。人们不能只想到自己，还总会考虑到我们的国家和民族，这就更应该了解历史。社会大众需要历史，历史学者自当“面向大众”。

抗日战争时期，历史学前辈钱穆先生在西南联大讲授《国史大纲》，所撰讲义一开头便标举：“当相信任何一国之国民，尤其是自称知识在水平线以上之国民，对其本国已往历史，应该略有所知”，“否则最多只算一有知识的人，不能算一有知识的国民。”历史学者的工作任务，不应只限于自身观察历史、探索历史，更有责任把所认识、所了解的历史，原原本本地告诉广大的社会大众，使大家对历史有应有的认识和必要的了解。

特别是在今天，当我们的国家、民族正在走向伟大复兴之际，尤其有必要推动历史学“面向大众”。中国有五千多年的文明历史，我们的先人创造了辉煌而且源远流长的文化，对人类的发展进步做出过丰富卓越的贡献。我们有义务把这样的史实告诉社会大众，提升大家建设祖国、走向世界的凝聚力和自信心，从而为今后人类的发展进步做出更多更新的贡献，这应当成为历史学者的襟怀和抱负。

再谈“通俗化”。“面向大众”与“通俗化”是结合在一起的，要想真正做到“面向大众”，历史著作就必须在语言和结构上力求“通俗化”。

说起“通俗化”，我联想到我国“二十四史”之首《史记》的作者司马迁。司马迁是学究天人的大学者，是“读万卷书、行万里路”的典范，然而他撰著历史，引经据典，还是在通俗上下了很大功夫。比如他论述唐虞以来古史，自然离不开《尚书》，而他本人曾受学于《尚书》博士孔安国，亲得古文《尚书》之学的传授，然而他在引用《尚书》时，对于古奥费解的字词，都采用意义相同的字来代替，这应该说是在“通俗化”方面的重要创意。另外，司马迁还尽力将史事的叙述情节化，使之活现于读者眼前，无愧于历史家的大手笔。这都是后人需要学习的。

必须说明，“通俗化”并不意味着降低历史学著作的学术水准。相反的，编写“通俗化”的历史作品，实际是对作者设立更高的要求，绝不是轻易就能够做到的。在这里，我还想附带说一句，即使是专供学术界专业阅读的论著，其实也应当（而且也能够）写得简明流畅一些。不少著名的前辈学者，例如胡适、郭沫若、冯友兰等先生，他们的著作不都是这样的么？

“细讲中国历史丛书”是“面向大众”的，并且在“通俗化”方向上作了很大的努力。郭志坤先生还说过：“通俗，通俗，只有通，然后能俗。”这也很有道理。这十二册书是一个整体，作者们在上下五千年的一个“通”字上花费了不少精力，对于内容的构架和文字作风也下了一番苦功夫，相信这套书的读者都会体认到他们的用心。

李学勤

2014年8月17日

序二

我和李学勤先生在讨论历史学的通俗普及问题的时候，很自然回忆起吴晗先生。二十世纪五十年代末，吴晗以史学界权威和北京市副市长的身份，向学界提出："要求各方面的学者、专家也来写一点通俗文章、通俗读物，把知识普及给民众。"吴晗不仅撰文提倡，向史学界游说，还亲自主编影响很大的"中国历史小丛书"。这段回忆让我们萌发了组织编纂"细讲中国历史丛书"的打算。

当我向李先生提交了编纂方案后，他认为，这对以史鉴今、以史资政、以史励人是极有意义的事，很值得编纂。随后，我们又把多年酝酿的编纂构想作了大致的概括：突破"阶级斗争为纲"和"残酷战争"描写的局限，注重于阶层、民族以及世界各国之间的友好交融和交流的记述；突破"唯帝王将相"和"否帝王将相"两个极端的局限，注重于客观反映领袖人物的历史作用以及"厚生""民本"思想的弘扬；突破长期分裂历史的局限，注重阐述统一始终是主流，分裂无论有多严重，最终都会重新走向统一；突破中原文化中心论的局限，注重全面介绍中华文化形成的多元性和影响力；突破历朝官方(修史) 文献的局限，注重正、野史兼用，神话传说等口述历史与文物文献并行；突破单一文字表述的局限，注重图文并茂，以考古文物图表佐证历史。

“细讲中国历史丛书”的编纂重在创新、面向大众和通俗化。李先生认为这一美好的愿望和构想，要付诸实施并非容易的事。他特别强调要组织专业队伍来撰写，并提出“让历史走向民众是史家们义不容辞的责任”。令我欣喜的是，精心撰写这部“丛书”的作者本身就是教师。他们中有的是学殖精深、卓有建树的史学名家，有的是常年立足于三尺讲台的传道、授业、解惑者，有的还是以“滔滔以言”享誉学界的优秀教育工作者，其中多为年轻的历史学博士。由这样一个教师团队来担当编写中国历史读物的重任，当得起，也信得过。

我们把编纂的原则性方案统一后，在同作者商议时遇上了某些疑虑：一是认为这类图书没有多大市场，二是认为通俗作品是小儿科，进不了学术专著之殿堂。经过一番调查分析后，我们取得了共识，一致认为，昨天的历史是创造明天的向导，从中可以汲取最好的营养，好的历史通俗读物是很有市场的，因为青年读者中普遍存在一种历史饥饿感。本套“丛书”的作者深感，编写中国历史通俗读物，历史工作者最有得天独厚的条件和义不容辞的责任。旅外学者得悉我们在编纂这套“丛书”，认为这是很有价值的，也很及时。美国纽约州立大学历史学博士张德文参加撰写并专门来信期待我们早日推出这套丛书。信中说：“在知识大众化、数字化的年代，历史学者不应游离在这个历史进程之外。个人电脑以及智能手机的普及，大大促进了微知识的渴求。在此背景下，历史学者的通俗表述为微知识的传播提供了必要的积淀和范本。”行文虽然不长，但一语中的，说清了普及历史知识的重要性。复旦大学历史地理研究中心邹逸麟教授、华东师大历史系王家范教授等读了“丛书”的文稿后还专门撰文评说，认为这既是一套通俗的、面向大众的历史读物，又是一套严谨而富于科学精神的史著，对于广大读者学习和发扬中华民族的爱国传统、学习和发扬中华民族的奋斗精神，为推动中华民族复兴的中国梦早日实现很有作用。

这一切，让我们得到莫大的鼓舞。作者在通俗方面作了极大的努力，他们中的不少人在写作中进行了刻苦再学习。从史实的查证，到篇章的构架，再到文字的通俗易懂以及图片的遴选，都花费了他们大量的时间和心血。丛书采用章节结构的叙史形式，目的在于从目录中就一目了然书中的大概内容。中国历史悠久，史料浩如烟海，读史者历来有“一部二十四史，不知从何读起”之叹，讲史时“以时间为纲”，即可以从纷繁中理出头绪来，再辅之以“专题为目”，这样在史料取舍上就更加突出主题、把握中心。细讲中注重故事取胜，以真实的历史故事吸引人、感动人、启迪人。图文并茂也是本丛书通俗化的一途。中国历来重视“右文左图”，以文注图，以图佐文。

通俗而雅，也是这套丛书的一大特色。雅者，正也。通俗不是低俗，亦不是庸俗，它是建立在科学和学术的基础上而展开的。把应该让读者知道的历史现象和历史观念用最浅显明白的方式告诉读者，这就是我们所需要并强调的通俗。本套丛书的学者们在撰写时一是力求在语言上的通俗，二是着力于情节中的通俗，继承和发展了太史公司马迁那种“以训诂代经文”的传统，把诘屈聱牙的古文经典用活了。所以说，深入浅出的通俗化工作更是一种学术活动。

为了增加生动性、可读性，作者尽量选择对某些有意义的人和事加以细讲，如对某些重大的出土文物的介绍评说，对悬而未解的疑问加以释惑，对后人误传误解的问题予以纠正，对某些典故加以分析，对某些神话传说进行诠释。在图表上尽量做到随文佐证。在每册图书之后增加附录，旨在增强学术性和通俗性：附录“大事记”，旨在对本段重大历史事件有个大致了解；附录“帝王世系表”，意在对本朝创业、守业和虚位之王的传承有所知晓；附录“历史地图”，在于对本段历史地理形势方位有个立体印象；附录“主要参考书目”，目的在于提供进一步学习本段历史的索引。

意愿和努力是如此，最终的结果如何？诚望读者鉴定。

郭志坤

2014年8月19日

目录

导语

中国考古学会前副理事长苏秉琦老先生，对中国历史发展的脉络有这样一段经典式的表述："超百万年的文化根系，上万年的文明起步，五千年的古国，两千年的中华一统实体，这是我们的基本国情。"我们认为，这一表述是明确的，也是准确的，它粗线条勾勒出了文化中国的基本框架和大致走向。

被誉为"中国史学之父"的司马迁，矢志于"通古今之变"，开创了具有"实录精神"的中华史学传统。嗣后的两千余年间，史著汗牛充栋，记述着数千年来中华文明的发展历程。然而也难。有文字记载的殷商以来三千多年的文明发展史还较易梳理，而对更前面的夏代以及先夏期的历史，则长期浮游在是真实的信史、还是飘渺的传说之间，难以让人定夺。就拿夏代来说吧，大圣人孔夫子一面说"夏礼吾能言之"，一面又慨叹于"文献不足征也"。说白了，单凭现存的那些被太史公称为"不雅驯"的文献资料，要想叩开早已逝去的上古文明的大门，简直是不可能的。

然而，希望还是有的。一种文明一旦产生，即使再久远，它也会在后人的记忆库中留下某种若隐若现的印记，这就是神话、传说故事的由来。正如李学勤先生指出的："研究古代社会和古代人的思想，不能离开神话传说。"更为重要的是，"昨天"和"前天"的文明，虽说它会由于某种难以解读的缘由而会在地平线上消逝，但它往往会在大地的深层留下丰富的遗迹和遗物，一旦人们用现代化的手段去除掉厚厚的历史尘埃，就能撩开历史的神秘面纱。近百年来的地下考古发现，包括近年来熔自然科学和社会科学于一炉的"夏商周断代工程"，让沉睡在地底下数千年的先人"起死回生"，重新站立到历史的前台来诉说当年的史事。豫西偃师二里头遗址的发现，让原先迷惘混沌的夏代文明史，陡然清晰起来了。

偃师二里头一带，是文献记载和神话传说故事中多次提到的夏民居住和繁衍的地方。当这里出土的属于公元前二十一世纪到公元前十六世纪的耒、耜、凿、锛、锥、钻等"先进"农业工具放在人们面前的时候，大概很少有人还会怀疑一个进入农耕社会期的夏代的存在。当这里出土的铜片和铜鼎、铜爵、铜觚、铜斝、铜盉、铜铃、铜泡和其他铜饰品，以及使用了合范法浇铸的铜范等物放在人们的面前时，大概很少有人还会对"禹铸九鼎"的传说产生怀疑。当总面积有一万余平方米的被世人誉为"华夏第一都"的大型宫殿基址被发掘出来后，也很少有人还会对夏代文明的领跑地位提出质疑。二里头遗址的发现，不只给夏代是否存在的争议打上一个大大的历史休止符号，同时使更多的人们对夏王朝之前的先夏文明，对五帝时期的历史，对更古远的六千年、七千年，甚至一万年前的文明起步期的历史产生了极大兴趣。

本书作者要告诉大家的是：在四千多年前，我们的祖先建立了华夏王朝，实现了"天下一统"。这个王朝绵延了四百多年，它影响了中国整部历史，也影响了世界。这个王朝虽说早已成为历史，可直到当今，世界各国还是称中国人为“华夏人”，简称“华人”。

孔颖达在为《左传·定公十年》作疏时说：“中国有礼仪之大，故称夏；有服章之美，谓之华。华夏一也。”这是孔子第三十二代孙对“夏”与“华”的最为经典的解读。“夏”的文化品格是什么呢？就是孔颖达说的“礼仪之大”。中国是礼仪之邦，而这个“礼仪之邦”的“大”起于何时呢？很明确，就起于夏代。无怪乎在二里头发掘中有那么多的礼器了。以鼎和爵为代表的精美礼器，实际上在向我们说明：夏代是开创了礼仪之邦先河的了不起的时代，中国和世界记住这个王朝的缘由也在于此吧！

二里头“华夏第一王都”碑

实际上，孔圣人早已点明了中华礼仪之邦是发轫于夏代的。他说：“殷因于夏礼，所损益，可知也；周因于殷礼，所损益，可知也。其或继周者，虽百世，可知也。”（《论语·为政》）这里说的“因”，就是继承。孔子是在说：殷朝的礼仪是从夏朝那里继承来的，周朝的礼仪是从殷朝那里继承来的，有这样一种继承关系，“百世”以后的中华礼仪也是可想而知的。从孔子到当今，差不多“百世”（中国传统称三十年为一世，百世为三千年）了，可我们不少的中华人，甚至史学工作者，还不知“礼仪之邦”的“根”在哪里呢！

“礼”之发轫于夏代，以宏阔的视野观之，也是社会发展的必然。从万“邦”（原始氏族公社）林立到整合万邦而成为我国历史上第一个统一的阶级社会，夏“国”亟需有一套制度、手段、象征来凝聚邦国，如此，结合当时风俗习惯而对人的行为做出规范的“礼”便不能不呼之欲出了。

研究夏史有许多事要做，但我们以为追寻“夏礼”的来龙去脉，剖析“夏礼”的实质内涵，指出“夏礼”在整个礼仪之邦建设中的杰出贡献，应该是一个中心议题。夏礼不是简单的条条框框，而是深刻具体地作用于国家的建设，作用于人的品格养成的具体行为。因此，它渗透于农耕农事，渗透于住宅和宫廷建筑，渗透于慎终追远的祭祀，渗透于新兴的传子制度，也渗透于人际关系的一切领域。这些都是要求我们花大力气去加以研究的。我们这部《夏史》要表达的新意也在于此吧！

01 五帝时代和先夏史

万年前的中华文明起步

一万年，对人类，尤其对已经在神州大地生息、繁衍了几百万年的中华人来说，是一个吉祥如意的数字。

万年陶、万年居、万年稻、万年猪、万年货、万年祭……这些与“万年”相关联的厚重的名词，都在告诉世人：在地球的东方，早在一万年前，中华人就迈开了向文明进发的第一步。

万年陶。

江西省有个万年县，万年县有个大源镇，大源镇郊外的一座小山巅上有个宽敞而深邃的仙人洞。二十世纪六十年代，考古学家进入了神秘的仙人洞，在洞中采集到了两百余块古朴的陶器残片。经碳14测定，不得了，这是一万年前我

被称为“华夏第一陶”的陶罐(江西万年仙人洞出土，现藏于中国国家博物馆)

们祖先制作出来的陶器的残片。专家们将其命名为“华夏第一陶”。之后，考古学家又在广西桂林甑皮岩遗址、江苏溧水县神仙洞遗址、河北徐水南庄头遗址、广西南宁豹子头遗址、湖南澧县彭头山遗址，发现了同样古老的陶器残片。

同样的时间段，同样的创造发明，出现在华夏大地那么广袤的幅员里，这显然不是一种偶然的现象。

一万年前，世代居处生息在神州大地上的中华人，取一方净土，制作出了中国——不，也许是世界上的第一件陶器。中国被世人称为“陶瓷王国”，现在看来其起点就在大约一万年前。

万年陶，这是人类第一件真正称得上是创造的大事。历史因这一创造而显得分外的精彩。正如恩格斯所说，“陶”的发明，使先民一下脱离了稚嫩的蒙昧时期，进入了野蛮时代。①陶品是一种特殊的“世界语”和人类的“通用语”。万年陶让世界认识了中华，同时又让中华走向了世界。

万年居。

人是从猿进化而来的，而猿是居住在树上的，最初的人类也是居住在树上的。中华神话和古典文献中说的“有巢氏”，实际上是对人类婴儿期生活的依稀追忆。后来，地球上的气候条件发生了剧变，大批森林消失，于是，人类走向陆地，在严酷的自然和弱肉强食的生存环境下，不得已住进了洞穴。

以洞穴为家，人类一住就是几百万年，占据了整部人类居住史的99.99%。

然而，洞穴绝非人类永远的洞天福地，洞穴的阴冷、潮湿，极不利于人类的生存和发展。考古资料表明，穴居人的平均寿命只有二十

湖南澧县八十垱遗址

岁左右，不少人患有严重的关节炎。

洞穴绝不是久居之地，走出洞穴、走向大地是早晚的事。

大约在一万年之前，中华人终于勇敢地迈出了第一步，出现了长期定居的村落。在河北省邯郸市的磁山遗址中，发现了距今八九千年的“半地穴”建筑。先民们在地面比较坚实的地方挖上一个六七平方米的小坑，将地面夯实，再铺上点小石子，四壁用火烧烤，使之“陶”化，然后在坑上的地面盖上屋面。如此低矮的半地面半洞穴建筑可是人类的一大创造啊，它既可防止风雨的侵袭，又可享受阳光。万年居让华夏人享受到了更多的光明，也让人类开阔了视野。

到了距今五六千年前，一幢幢民居开始升起在华夏大地的地平线上。从半坡遗址（今陕西省西安市东郊）、姜寨遗址（今陕西省临潼县城北），人们可以约略看到当年地面建筑的英姿。房间的面积扩大了，从十多平方米到二十多平方米不等。在建筑上有“基”有“础”，有“门”有“窗”，有“框”有“架”，人类为了自身的生存和发展，动足了脑筋。再后来，有了“高干栏式”建筑，有了“榫”和“卯”的发明。

从寄居于天然的洞穴，到用双手营建起房舍，那是一个多么伟大、多么了不起的文明进步啊！

万年稻。

“民以食为天”。从自然的植物采集，到食用植物的人工培植，这是人类走向文明的重要标志。“万年稻”的发现，证明华夏人早在一万年前就迈开了走向农耕社会的第一步。

大约在陶器发明的同时或者略晚一点，原始农业就萌生了。迄今发现年代最早的万年稻是在浙江上山遗址的一只“陶料”中。在中国传统文化中，“料”是一种计量单位，又是一种计量的容器。将稻粒放置在“料”中，本身就说明当时的原始农业有了一定的发展，人工培植的水稻有了一定的规模，不然何必用“料”来料一料呢？

新石器时代猪纹黑陶方钵（河姆渡遗址出土，浙江省博物馆收藏）

继“万年稻”之后，又发现了八千年前的“八十垱古稻”。“八十垱遗址”位于湖南澧县梦溪乡，与出产“万年稻”的浙江上山相隔万水千山，说不上有何传承关系。它们都是各自独立发展起来的。在并不太大的“八十垱遗址”范围里，考古工作者发现了约一万粒大小不一的稻粒，说明当地的种稻业已有了不小的发展。

差不多与南方的“八十垱古稻”同时，北方的河北省武安县磁山遗址发现了最早的粟种植的痕迹。在那里共发现了四百七十六个灰坑和窖穴，其中八十八个盛有炭化的粟粒。这些灰坑和窖穴可以看做是“磁山人”的粮仓，更多的粟米应当是被他们食用掉了。八十八个“粮仓”中推测可存粟米五万斤，如果这个村落有三百口人（那已是不小的村落了）的话，那么村民平均年剩余粮食当在一百六十斤上下，这是多么了不起的事。

万年猪。

猪为六畜之首，它是人类最早驯养和食用的动物。在广西桂林甑皮岩遗址的最下层，发现了距今约一万年的随葬猪，“万年猪”之称由是而来。在这一遗址中，整体随葬的猪有六十七头之多，可以想见在当时当地养猪业是何等发达。

很有趣，汉字中的“家”，写成“宀”下加一头“豕”。“宀”是房屋的象形，“豕”就是猪。这说明，在很古的时候，中华人就形成了这样一个生活观念：只有家里养头猪，家才真正的像个“家”。这也说明了，“猪”这个家畜中的龙头老大，对中华人的发展是何等重要。

万年货。

“货”者，商品也，财物也。中国人把财物称作“东西”，这是很有意思的。把东边的物品运往西边，用西边的物品去换取东边的物品，这就是“东西”观念形成的初始。“万年货”的存在说明在生产发展的基础上，早在一万年前我们的祖先已懂得货物流通的重要性了。

新石器时代红山文化玉猪龙

大约在一万年前，闽南人就走向了台湾，理所当然的，台湾人也走向了闽南。

祖国宝岛台湾有个台东县，台东县有个长滨乡，长滨乡海边有个八仙洞。自从二十世纪六十年代末在洞穴中发现了大量的新石器时期的石器工具以后，专家们认定，这是台湾地区最早的文化，定名为“长滨文化”。原来在一万年前，台湾是个荒无人烟的处所，这时一群闽南人冒着风险渡海来到了这里，带来了人烟，带来了货物，当然也带来了象征文明进步的石器。

在台湾海峡的南部，有一道横贯东西的浅海带。在漫长的沧海桑田的变化中，海水有涨有落，在落水的岁月中，浅海带曾数度露出海面，成为陆桥。这座陆桥起于福建东山，因此称为“东山陆桥”。勇敢无畏的闽南人就是踏着“东山陆桥”来到“八仙洞”的。他们带去的是先进的文化，带回的是亚洲象、犀牛、熊、野猪、水牛等物种。

在中国新疆、西藏、内蒙，一直延伸到东北边陲，大约有数千公里的一条文化带中，留存了大量有着新石器工艺的游牧人遗址。这些游牧人早在一万年前就沿着一条有点有线的古道进行“货”的交换了。人们能在内蒙古的红山文化遗址，发现远在数千里之外的新疆和田玉，证明了“货”的观念已经注入了我们边远地区远古祖先的头脑。

万年祭。

孔子的弟子曾子说：“慎终追远，民德归厚矣。”“慎终”指的是认真地办理父母的丧事，“追远”指的是虔诚地祭奠列祖列宗。曾子说的当然不只是他那个时代的情状，而指的是一种传统，一种起自一万年前的传统。“慎终”的前提是对谁是自己的父母要有明确的认知，“追远”的基础是对家族系统要有明晰的认同。到一万年前，这两个条件都具备了。

舞蹈纹彩陶盆（青海西宁宗日遗址出土）。盆内壁有十五人携手并肩翩翩起舞。由此可以想见先夏时先民的娱乐生活。

考古学资料告诉人们，人类产生死亡意识，开始对死者进行埋葬，大约已有十万年的历史。那时已有了葬仪，要为死者穿上衣服，佩戴珠子、兽牙、鱼骨之类的装饰品，有的还会献上一束鲜花。到了一万年前，葬祭才有了一套制度。

“古不墓祭”。这里说的“古”就是指一万年前。那时的人相信灵魂的存在。死就意味着灵魂出窍。墓葬只意味着“入土为安”，而死者的灵魂早已飞向西方世界去了。因此，祭祀是对灵魂的召唤，于是就有了“招魂”、“招神”的种种仪式

沧源崖画

的产生。在祭祀时，还“杀牲献祭”，让亡者得到充分的“享受”。

大约距今八千年前的甘肃秦安大地湾遗址，明显留存有人类早期祭祀活动的痕迹。在遗址405号房子以西，有一座相当别致的小型建筑，这所房子的地面和墙壁都抹有一层相当厚的灰浆，显得非常圣洁。特别值得注意的是，在房内火塘后面的地面上，画有一幅颇大的祭祀画。祭祀开始时，先要在房子正中的火塘里燃起熊熊烈火。火塘里的火苗跳跃着，似乎在召唤着亡魂的回归。想象中的亡魂在祭台上入座后，就由最亲密的亲人或氏族中最有权威的人献上祭品。奉上祭品后，就由氏族中的职业祭师围着火塘跳舞，这种舞蹈一直要跳到祭祀结束。舞蹈不仅是生活的娱乐，也成了祭祀的仪式。据测定，沧源崖画产生于三千多年前的新石器时代晚期。崖画中一些化装舞蹈人形（如头插羽毛者、身披羽毛者）祈求丰产，不仅指生产的发展，也包括自身的繁殖。这些画面，就是当时宗教活动的实况。

“开弓没有回头箭”。文明是只有起步没有终点的一种长途跋涉。从大约一万年前的文明起步期，到五千年前的早期文明期（“五帝时代”），其间有五千年的时间。这五千年间，我们的祖先一直没有停止过向文明迈进的步伐。从简陋的“万年陶”发展到了精美的彩陶、黑陶；从半地穴的“万年居”发展到了有大至可居四五百人的大村落；从籼粳不分的“万年稻”，发展到了“南稻北粟”格局的形成，然后再进一步冲破“南稻北粟”的格局，形成稻粟南北交叉种植的新格局，“五谷丰登”，谷物的品种也大大增多了；从野性尚未全脱的“万年猪”，发展到“六畜兴旺”；从为数不太多的“万年货”，发展到盛极一时的“海贝之路”，有人将产于台湾地区的环纹货贝不远万里带到了西部的玉门关外；从粗犷的“万年祭”，发展成为有祭台、有祭仪的祭奠模式，这直接为后来的“夏礼”奠下了基石。

文明的起步，是与中华人的伟大的创造精神紧紧连接在一起的。历史总是加速度前行的，愈到后来发展愈迅猛。在距今一万年到五千年前的短短五千年间，中华先人发明了陶器，培植了“五谷”，驯养了“六畜”，建造了房舍，创制了祭礼，这些成就大大超越了过去人类三百万年取得的成就。

当中华人站立到距今五千年的新的起跑线上，迎来令人向往、又略带神秘色彩的“五帝时代”时，历史又会交出一份怎样的答卷来呢？

延绵千年的五帝时代

文明的形成和发展是一个非常漫长的历史过程。前文所述中华文明大约从一万年前开始起步，那是属于文明的探路阶段。这探路阶段是漫长的，可以说这一“探”就是五千来年。这五千年的特色表现在：一是出现了许多属于文明范畴的新要素。如陶的发明和制陶业的发展，原始村落的形成和定居生活的实现，原始农业的萌生和神农氏时代的到来，人们从聚族而居到城市雏形的应运而生，随着社会财富的增加导致社会不平等现象出现，等等。这些崭新的要素，为中国社会正式跨进文明社会准备了必要的条件。二是中华文明散漫的、多元化的并进状态。过去有一种观念，认为中华文明发源于黄河，后来扩展为黄河长江的“两河文明”，现在看来，那都是不确切的。考古发掘告诉人们，中华文明是多源的，不是单源的。从距

黄帝像

今一万年到距今五千年的漫长跋涉中，从长城内外到岭南边陲，从东海之滨到西藏高原，从四川盆地到蒙古草原，我们的祖先都“各自为政”地在追寻着走向文明之路。许多地方的文明先进程度大大出乎人们的意料。三是人们的视野开阔了，按照《史记》的说法，黄帝时代已“置左右大监，监于万国，万国和”，“诸侯咸尊轩辕为天子”。“天下”的观念也渐次形成了。

我们说的“五帝时代”，是通过战争和社会治理手段打通地域隔阂的时代，是树立时代“英雄”以掌控全局的时代，是以新的“天下”观开阔世人眼界的时代。

有学者把“五帝时代”定义为“中华文明起源的时代”，[②]那也是可以的。前面一万年到五千年是起步，是探路。到了五帝这个“英雄时代”，尤其是黄帝时代，“时播百谷草木，淳化鸟兽虫蛾，旁罗日月星辰水波土石金玉，劳勤心力耳目，节用水火材物。”（《史记·五帝本纪》）正是从这个意义上说，黄帝是中华民族的“人文始祖”。既然是“人文始祖”，说他是中华文明的起源也就没有什么不可以了。

“五帝”指的是哪五帝？历来说法就很不一致。有的说是黄帝、颛顼、帝喾、尧、舜，有的说是黄帝、炎帝、共工、太皞、少皞，有的说是黄帝、颛顼、帝喾、少皞、太皞，还有说是伏羲、神农、黄帝、尧、舜的，在

《庄子》一书中，上古时代的古帝一下举了十多个呢！这些我们可以暂且不论。其实，“五帝”并不是一种实指，只要记住那是中国古代社会由公有制的氏族社会走向私有制的阶级社会转换过程中的一个时代符号就可以了。

我国古代的思想家早已看出“五帝”不一定就是确切地指具体的五个称帝的人，而是由五个时间段叠加成的一个时代的符号。荀子在《非相篇》中就说过，表面看来好像五帝那个时代除了他们五人外，没有什么值得一书的贤人了，那是因为时代太久远的缘故，在那个时间段里，英雄好汉还多着呢！现在看来，五帝值得夸耀的政绩没有多少留存下来，那也是因为时代太久远而不易口口相传的缘故。荀子说的是对的，事实上，“五帝”只是个时代的符号，当时可能有上百、上千个自称为“帝”的人，只是被后来厚重的历史尘埃湮没了。对此，司马迁在《史记》里也讲得很清楚，他说，学者们很多人都称述“五帝”，可五帝的年代已经很久远了，难以记清，《尚书》只记载着尧以来的史实，而各家所叙说的黄帝，由于文字简略又不规范，士大夫们也很难说得明白，但司马迁明白指出“其所表见皆不虚”（《史记·五帝本纪》）。

根据文献记载，“五帝时代”可能是文字、青铜、城市、礼仪中心的生成期，应是通过战争手段造就时代大英雄的时期，应该是产生出“天下共主”的伟大时代，也就是中华文明的起源期。它应该有一千年的历史，也就是说，我们常说的中国有五千多年的文明史，它的第一个千年就是“五帝时代”。

在考古学上，与五帝时代相对应的是：黄河流域的龙山文化，长江流域的良渚文化、石家河文化，辽河流域的红山文化，四川的三星

黄帝战蚩尤(汉代石刻图)

堆文化等。

恩格斯在《家庭、私有制和国家的起源》一书中指出，人类社会到了野蛮时代的高级阶段时，“一切文化民族都在这个时期经历了自己的英雄时代”。五帝时代就是这样的“英雄时代”。

在五帝时代，先是“万国”争雄。有一万个氏族和部落集团，就有一万个英雄。为了打败对方，英雄与英雄之间既联合又斗争，最后形成若干个部落联盟集团，出现了若干个大英雄。从史书上看，这些大英雄中最著名的有炎帝、黄帝、颛顼、共工，还有偏安西南的古蜀国国君等。

你争我斗，最后是靠战争解决问题。最有能耐的，当然要数五帝了。谁不听话，五帝就出兵打谁，打到都听话为止。

有一种传说认为黄帝与炎帝这两个大英雄原是血脉相通的兄弟。两人的父亲少典相传是上古帝王，娶有蟜氏，生下了黄、炎两人。两人成人后，分别成为各自的部落首领。黄帝轩辕氏在今陕西的岐山一带活动，炎帝神农氏则统治着渭水一带。后来两人都向东发展，在中原黄帝偏于黄河北面，炎帝偏于黄河南面，并兼有山东一带。山东原是东夷集团的地盘，哪容得了炎帝的进入？于是就有了炎帝与东夷族首领蚩尤间的战争。据传蚩尤兵多将广，武器先进，把炎帝打了个落花流水。炎帝势弱，不得不退出山东，固守黄河中游的南部地区。落败的炎帝求助于黄帝。黄帝率领各部族的联军，与蚩尤展开了长期作战，双方各有胜负。传说蚩尤有八十一个铜头铁额的兄弟，这可能反映出蚩尤的军队已经装备了金属盔甲，一些文献上提及蚩尤冶炼金属作兵器，这与当时冶金术的发展程度是相适应的。

终于决定性的战役到来了，这就是著名的“涿鹿之战”。这场战斗激烈到什么程度？从一些神话传说中可以看出，战争中天气条件对各自战况起到了很大的影响，可能也涉及上古时期的祈雨、止雨等巫术活动，而黄帝一方居然已经发明了“指南车”，这可是具有重要文化意义的发明啊！最后，黄帝毕其功于此役，在冀中地区打败东夷，并杀了蚩尤。

黄帝杀蚩尤后，控制了中原地区的大部分，这样与同样想在中原发展的炎帝集团发生了矛盾，于是就有了著名的炎黄“阪泉之战”(大约在河北境内的保定、磁县一带)。黄帝除了有精兵强将，还派出“熊罴貔貅貙虎”等猛兽为图腾的部落助阵，战斗何其惨烈！“三战，然后得其志。”最后黄帝战胜了炎帝，炎帝集团最后不得不退居长江中游地区。

据《史记》记载，最后的胜利者黄帝成了“天下共主”，成了“人文始祖”。“万国和，而鬼神山川封禅与为多焉”。能出现“万国和”这样的局面是不容易的。五帝时代的战争，已经从原始部落间争夺食物、地盘的低级阶段发展到争夺“天下共主”地位的阶段。但是，战争虽可解决谁是“天下共主”的问题，能不能坐稳“共主”的“宝座”，关键还在于政治、经济、文化上的建设。《史记·五帝本纪》中说炎黄大战时，黄帝“治五气，艺五种”，可看作是黄帝打仗的同时重视调治水土以发展种植业——这可是民众关心的头等大事，黄帝最终能“抚万民，度四方”，这一定也是重要的原因。五帝时代的特色不在于英雄们的拼死争斗，而在于谁能在这个由原始氏族制度解体到国家建立的社会转型中抢得先机。

从政治角度看，五帝时代的一千年，大致上有三个阶段，而三个阶段又大致上各占有三百多年，可谓是“各领风骚三百年”了。

第一阶段是黄帝阶段，也就是黄帝族占社会主导地位的阶段，时间上大约是三百年，这不是笔者凭空想出来的，在古代文献上有“黄帝三百年”的说法。[③]在这三百多年中，也许有多个被称为“黄帝”的首领站出来主导社会。黄帝族打败了夷族的蚩尤集团，打败了姜姓的炎帝集团，登上了天下的最高位。“诸侯咸尊轩辕为天子”，“天下有不顺者，黄帝从而征之，平者去之”。中国历史上第一次出现了“天子”的名号，而且是诸侯们“咸尊”的。有了“天子”这个尊号后，黄帝就进行两项建设：一是“举风后、力牧、常先、大鸿以治民”，二是“置左右大监，监于万国”（《史记·五帝本纪》）。第一项是中央机构的建设，选拔对象有着很高的标准：要雷厉风行的人（风后），要全力以赴的人（力牧），要敢于为天下先的人（常先），要胸怀大志的人（大鸿）。第二项是地方监察机构的建设，对地方（万国）的那些英雄们进行必要的监察。效果很好，达到了“万国和”的目的。

第二阶段是颛顼、帝喾阶段。在《史记》中为了强化“天下一

颛顼（高阳氏）像

帝喾（高辛氏）像

统”观念，说颛顼是黄帝的孙子，帝喾是黄帝的曾孙，这是没有多少依据的，也是司马迁的一种牵强附会。不过其中也透出这样一个信息，从黄帝到帝喾，中间间隔了好几代。我们设定颛顼、帝喾时代也延续了三百多年吧！当时，神州大地上开始进入大洪灾时期，这样历来以治水闻名的共工氏的地位一下提高了，出现了“共工与颛顼争为帝”的现象。后来共工还“与高辛（帝喾）争为帝”。可能是共工氏只想争权夺利，没有把精力放在治水上，因此也就失去了民众，也失去了争帝位的资格，“共工为水患，故诛之”（《淮南子·兵略训》）。

为了巩固自己的领袖地位，颛顼时代进行了一次具有政治色彩的宗教改革。在颛顼之前，社会上流行着人人可以通神、人人可以为巫的观念。颛顼把天子的职位与巫师的神职集于自己一身，认为

尧像

舜像

只有天子才可通天、通神。为了使通天之职更专业化，他设了“黎”、“重”两职。“黎”负责搜集和传达民间的请求，“重”负责把这些民间的请求代表天子传达给上帝、天神。这种政治和巫术的联姻，加速了国家建设的进程。

第三阶段是尧帝和舜帝阶段，我们大致上也设定为三百多年的时间。这一时期是洪水泛滥的高峰期，也是治水经验的成熟期和成功期。共工的早期治水虽然有一些成功，但由于方法不对，力度又不够，因此被排斥在了治水的主要领导岗位之外。经过共工、鲧、禹几代人的努力，华夏子民终于渡过了这一大劫难。治水的成功加速了社会领导人权威的提升，加速了社会不平等现象的出现。阶级社会的形成和王权体制的建立已经呼之欲出了。

北方的龙山文化时期和南方的良渚文化时期，都是与中国古籍

良渚文化黑陶高柄盖罐(青浦福泉山出土,上海博物馆收藏)

龙山文化红陶鬶(潍坊姚官庄出土,上海博物馆收藏)

中的五帝时期相契合的。在山西襄汾陶寺遗址的一千多座墓葬中,大型墓不足百分之一,主人都是男性,随葬品多达二百余件,有精美的彩绘木器、陶器,还有不少礼器。而有些墓葬则惨不忍睹,非但没有任何随葬品,有的死者还是被刀砍死的,有的是被砍头后剥了皮的,杀死后就随意扔在坑里,这被一些史家称之为文明诞生时的“阵痛”。

龙山文化和“龙”文化

二十世纪初,“中国文化西来说”非常盛行。而有着强烈民族自尊心的广大中国民众,尤其是青年知识分子,总想以考古学的新成

被誉为“中华第一龙”的玉龙（出土于赤峰，新石器时代红山文化代表作品，现收藏于中国国家博物馆）

就，正本清源，还中华民族历史以本来面目。

1928年4月4日，清华大学人类学专业二年级学生吴金鼎，出发去平陵古城考察。平陵在山东章丘，章丘是春秋时期的重要都邑，汉时济南王国的都城。吴金鼎为了考察汉文化，必须到此一游。

到平陵后，吴金鼎登上了一座高台，忽然看到不远处有个台子，很像是古代的城堡，一问，说那是城子崖。出于兴趣，他去了城子崖，在那里他发现了大量古代的陶片、贝壳、兽骨，还发现了一把完整的石斧。最使他流连忘返的是那漆黑油亮的陶片，那就是后来震惊世界的“龙山黑陶”。他把自己的发现马上告诉了自己的老师、著名考古学家李济。李济率领的考古大队1930年就开进了城子崖，1931年考古学家梁思永主持了这里的第二次挖掘工作。这样，尘封近五千年的城子崖遗址的真面目展现在世人的面前，彻底粉碎了荒谬不经的中国文化“西来说”。因为城子崖地址在龙山镇，因此它代表的文化被称为“龙山文化”。

值得自豪的是，这是近代以来第一次由中国学者发现、并由中国人独立发掘的考古活动，后来被称为“中国考古第一案”。

这“龙山文化”所展示的农耕、青铜器、城堡、带文字色彩的刻画符号，又刚巧与“五帝时代”的龙文化相映衬。沉睡在地底下近五千年的

"龙山文化"用实物证明了文献描述的"五帝时代"的龙文化的真实性。

中华儿女是"龙的传人",这一观念是十分久远的。据史书记载,上古的太昊氏就自命为龙师部落,这一部落据说有十一个龙氏族:飞龙族、潜龙族、居龙族、降龙族、土龙族、水龙族、青龙族、赤龙族、白龙族、黑龙族、黄龙族,这些龙族后来有合有分、有兴有衰,到五千年前的黄帝时代就归并为"轩辕"一族。黄帝号有熊氏,据一些专家考证,在古代"熊""龙"同音且同义,有熊氏就是有龙氏,龙的传人传到距今五千年时,就传到了黄帝这一族的手里。

伏羲氏像

对龙山文化的发掘,让人们看到了龙文化的活灵活现的展示。

在河南濮阳西水坡遗址,考古发掘出墓葬内有三组大画面的蚌塑图形。第一组:蚌塑安放在死者的左右两边,左为龙形,右为虎形。上古时代是尚左的,意思是龙比虎更值得尊崇。第二组:图形中有龙、虎、鹿、蜘蛛等四物。龙头向南、背向北,虎背向东、头向北,龙虎联成一体。可能是龙、虎两个部落的联盟吧!第三组:图形中有人骑龙的图案。一人昂然骑于龙身上,双手一前一后,颇有动感。这是龙观念上的一大飞跃。人创造了"龙"这种被称为"九似"的复合图腾体,起先主要是敬畏,而现在则主要是征服了。在一些古书

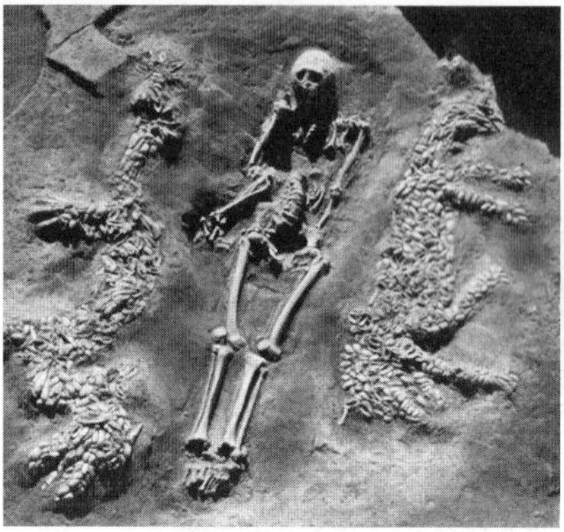

蚌塑龙虎陪葬图

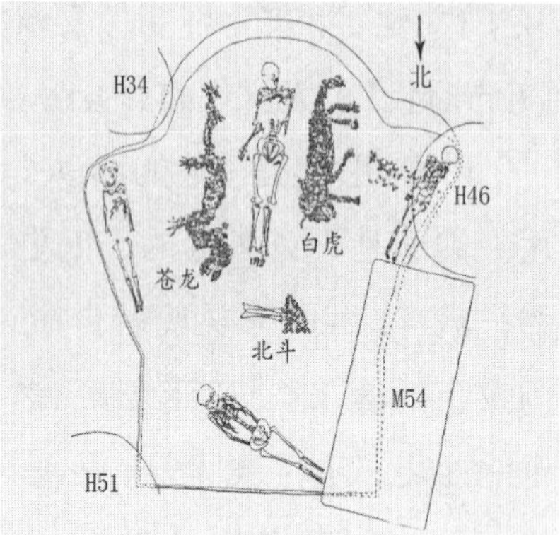

墓葬示意图

中，有黄帝乘龙踏云巡视天庭的说法，还说颛顼帝乘龙下海，游遍四海。据《山海经》《淮南子》等描述，颛顼极其忠于职守，凡是太阳能照到的地方，他都要亲自巡视察看，天下神鬼百姓都乐于归顺于他。据说有一次他乘龙飞到建木西边时，因疲劳过度一时眼花而从龙背上掉了下来，摔到地上停止了呼吸。就在这时，北面大风一路吼叫着刮了过来，随着风势，泉水"咕咚，咕咚"地往外涌，一眨眼工夫就变成了一片大泽，山上的蛇都变成了鱼在水中流动。鱼附在颛顼的身上，颛顼居然又逐渐醒了过来，死而复生。帝喾更有趣了，说他把龙当做交通工具，每当春夏两季时便乘龙出行。五帝时代的龙文化和龙

帝喾像

山文化展示的龙实体，在气韵上是非常相似相通的。

在山西的襄汾县东北的塔儿山的陶寺村发现了名震天下的陶寺古墓。陶寺村据说在四五千年前曾是“尧都平阳”，这里有规模浩大的一千多座古墓葬群，大多是中小墓葬，最值得重视的是在六座大型墓葬中发现了六只彩绘龙盘。彩绘龙盘的内壁经过磨光处理，并以红彩或红白彩绘出了一条条蟠龙。蟠龙作蟠曲状，头在外面，尾在盆底的中心。绘制者在龙头上下足了功夫：方头，圆豆目，巨口，牙为上下两排，长舌外伸，给人一种威武、威严、威猛的凛然之感。

彩绘龙纹陶盘（山西襄汾县陶寺龙山文化遗址出土）。龙头在外圈，身向内蜷，尾在盘心。图像具有族徽的含义。

从西水坡墓地的大片蚌塑龙形，到陶寺村的彩绘龙盆，其间经历了大约一千年的人世沧桑。它们以龙文化为标本生动地反映了当时的现实生活。西水坡墓地时期，大约处于五帝时期的早期，甚至还要稍早一点，当时“龙”是一种图腾，在人们心目中它是民众的一种信物，一种守护神，因此人可以驾驭龙，甚至可以乘龙踏云出游。可是，到了五帝时代的中后期，情况就完全变了。在一千多座墓葬中，绝大多数墓主人是与龙无缘的，只有六座大墓的主人——至少是部落联盟的领导——才能在墓中绘上龙的图案。这说明，随着人与人之间贫富差距、地位差异的拉大，“龙”正在从氏族和部落的公共图腾，演变为部落首领的专有物，实际上为后来称帝王为“龙种”埋下了伏笔。

作为“百里之诸侯”的先夏族

五帝时代的“天下共主”所掌控的疆域是相当广阔的。就拿黄帝来说，他在被各方诸侯“尊为天子”以后，曾经作过一次“天下”全景式的巡游。黄帝的足迹所至，大致上是：东面到达渤海边，还登上了山东的泰山。西边到达边远的甘肃地区，在陇右登上了崆峒山，在陇西登上了鸡头山。南边到达长江流域，登上了熊山、湘山。北边到达内蒙古一带，与匈奴的一支有所接触。在釜山与诸侯会盟后，在涿鹿山下的平原地带建立了都城。虽然我们对黄帝时代的疆界还不太清楚，但从太史公“择其言尤雅者”的述说中，大致可以推知他拥有比黄河流域和长江流域更广阔的天地。

在如此广阔的“天下”，当时是诸侯林立，俗称“万国”。“天下有不顺者，黄帝从而征之”，黄帝的征战，目的并不是消灭他们，而是要他们承认黄帝的“天下共主”的地位，谁也不去“暴虐百姓”，过上“万国和”的和平幸福的好日子。

既然天下有“万国”，那么可想而知一般所谓的“国”，也就是拥有一定的土地、人口和用以自卫的武装力量，而当时大多数的“国”也就无非是据有一个乡、一个镇、一个城的氏族和部落组织而已。至于《五帝本纪》中说到的蚩尤集团，那是东夷部落联盟中的一支主力军，占据的地盘也大得很。

在五帝时代的万国中，文明程度最高、最有影响力的是并时而起的“百里之诸侯”先夏族、先商族、先周族。有人会不解地想，夏、商、周，不是五帝时代过去以后相继建立起来的三个王朝吗？怎么说他们在五帝时代是“并时而起”的呢？这里要作一点分析和说明。

这里要把夏族、商族、周族和夏王朝、商王朝、周王朝区分开来。夏族、商族、周族是三个由氏族、部落、部落联盟形成发展而来的宗族，它的历史进程相当长。比如，在夏王朝没有建立之前，夏族早已存在了，我们一般称它为先夏族；在夏王朝终结以后，它还是长期存在着，“杞人忧天”的那个杞国，就是夏的后人建立起来的。夏如此，商、周也如此。

凡是一个族种的兴起，都有它的前因后果和来龙去脉，都有它的发展轨迹和历程。夏、商、周在后来能够建立强盛的王朝，能够在华夏大地上建国达数百年之久，绝非一朝一夕所能。在建国之前，至少有数百年以至于上千年的历练。夏、商、周作为早期中华大地上最强盛的三个部族，进而发展为三个强盛的王朝，其先期发展的源头，就在五帝时代。这一点，早为我国的典籍和考古发掘所证明了。有人根据《礼记·檀弓上》的记述，说五帝时代虽然万国林立，但主要的还是夏、商、周这三个诸侯国在支撑局面。每个诸侯国都有自己色彩鲜明的一面旗帜，“夏后氏尚黑，殷人尚白，周人尚赤”。夏人打出的玄色旗，殷人打出的白旗，周人打出的赤红旗，映衬出了一个色彩斑斓的三色世界。有了这三色世界，其他各国都相形见绌了。

这里集中论述先夏族。先夏族，有的说它源于黄帝族，有的说它源于颛顼族。其实都是有一定道理的。中国文化有一个特点，也可以说是优点：各族种之间从来都不是完全割裂的，各族之间通过交往，通过杂居，通过婚姻，交融着，渗透着，这叫“说不清，理还乱”。《国语·鲁语下》中说：“夏后氏禘黄帝，而祖颛顼。”说得恰到好处。

何谓“禘礼”？孔子时已说不太清楚了，后人更难以详解了。但是，学者比较一致的意见是，它是一种祭祖大礼。夏后氏既然“禘黄帝”，这就说明先夏族的确是黄帝族的后裔，同时也说明在黄帝时代，先夏一族不仅已经存在了，还颇有影响呢！

“祖颛顼”，是说“夏”这个族群是从颛顼族中分化出来的。中国古代历史上有一个传统说法，叫做“五世乃迁”，就是一个大的族群经历五代，其支群就可以另立新氏或新姓了。比如孔子家族本来不姓孔，是属于宋氏家族的一支，但是，从宋姓的弗父何到孔父嘉刚巧五世了，于是经过家族长老的特许，到孔父嘉时分出了第一个“孔”姓。“夏”也可能是一样的，它原是颛顼大部族中的一支，到了某一个“五世乃迁”的机缘到来的时候，就分出了个“夏”氏族来。

事物都是由弱小向强大发展的。夏初起的时候，应该也是很弱小的，史料说它只是个“五十里小国”。有记载说，“夏人起于伊、洛之间”。如果那样，那夏族就是源于伊水洛水间的豫西了。还有一种说法，“唐在河汾之东，方百里”。唐是春秋战国时的叫法，从地望上看，实际指的就是当年的夏。黄河和汾水之东，指的就是晋南。

崧泽文化黑陶刻纹盖罐（青浦崧泽出土，上海博物馆收藏）

此外，还有先夏族起源于“崇”的说法。《国语》中说到过“有崇伯鲧”的话，《尚书》中还说到“禹代鲧为崇伯”。“崇”即崇山，“崇伯”即据有崇山一带的诸侯。学者大多考定“崇”就是河南的嵩山，如果是那样，“崇伯”也就是“嵩伯”了。先夏族早期被封为崇伯，与先夏族起于豫西之说并不相悖。古来将“嵩洛”并提的比比皆是，夏族以水论，可言为起于洛水，以山论，可谓之起于嵩山，应该说两者是大体一致的。在“迁徙往来无常处”的五帝时代，一会儿居于洛水滨，一会儿又息于嵩山畔，那是很正常的事。

大汶口文化彩陶钵形鼎（滕县岗上村出土，上海博物馆收藏）

从这些资料中，可以得出一个结论，笼统地说，我们可以讲夏是起源于豫西和晋南的一个与黄帝族有瓜葛、与颛顼族有渊源的知名的部族。但细细分来，在豫西时，夏刚从母族中脱胎出来，只是个不起眼的“五十里小国”而已。后来辗转间来到了河汾之东后，地理条件好了些，才发展为“百里之诸侯”。

这是夏在黄帝时代和颛顼时代的基本状况。

到了尧、舜时代，夏又有了一个更大的发展。这是一个洪水滔滔的时代。洪水对历来与水有缘的夏部落来说，是一种挑战，也是一种机遇。数百年间，先夏族长年生活在伊、洛、河、汾这些巨川之滨，有与洪水打交道的丰富经验，再加上与治水高手共工氏相邻，面对洪水的治理办法比别人多。这样，先夏族的被重用就是大势所趋的事了。后来，作为

崧泽文化黑陶刻纹豆（青浦崧泽出土，上海博物馆收藏）

夏族的首领，禹为尧臣，“官曰司空，领统州伯以巡十二部……”（《吴越春秋》），掌管工程的时候，禹应该还很年轻，尧就让他当上了大官，这是不寻常的。禹是个聪明人，他借“巡十二部”的机会，也把夏的势力和文化扩展到了长江流域。

地下发掘本身是一部最有说服力的教科书。到得四千五百多年前的尧、舜时代，长江流域的江南地区与黄河流域的中原地区，在文化发展上基本并驾齐驱，且交流密切。大汶口文化与上海的崧泽文化时代相当，有相当接近的钵形鼎、圆形三角形镂孔豆、四系罐、大口缸，其中钵形鼎显然来自北方的二里头文化。还有，二里头的典型器皿三足盘，在余杭与马桥同期的良渚文化中也多次出现，并在绍兴马鞍同期考古中也有发现。在禹任司空的前后，中原与江南联系多多，夏部族的文化随着大禹巡视的足迹而不断伸展开去。我们完全可以说，此时的先夏族已不只是“百里之诸侯”，实际上已是“千里之诸侯”了。

到大禹治水成功，舜年老退任，通过禅让，大禹名正言顺地成为新一任“天下共主”时，夏的称王天下也就不远了。

先夏史是五帝时代的文化亮点

现在学者大多承认，五帝时代是我国五千多年文明史的开篇。

在广袤疆域里并存的“万国”如满天星斗般展示着各自的文化色泽和魅力，为中华的文明发展做出了自己独有的、不可替代的贡献。同时，我们也不得不承认，在这满天星斗般的文化色泽中，先夏史是其中最夺人眼球的文化亮点。

鸟纹彩陶壶（青海省海南藏族自治州出土）

说先夏族是五帝时代的文化亮点，有如下理由：

其一，文化根系深。

文化是不能速成的。文化需要积累、融合，更需要传承。夏所世代居住的嵩山地区、河洛地区，有着优越的地理环境，有着四通八达的交通，有着土肥水美的生态条件，可说得上是四方辐辏的文明轴心。历史给了它无与伦比的文化底蕴。

考古发现告诉我们，夏发源的晋南豫西地区，早在旧石器时期就是人类活动的理想地区。洛阳凯旋路旧石器文化遗址、三门峡旧石器文化遗址，说明了在数万年前，我们的祖先就在这里生存、劳作、繁衍。在新石器时代早期，这里就有着丰富的考古发掘。这里的夏之先民已经生活在

马家窑文化彩陶几何网格纹壶（半山类型，上海博物馆收藏）

仰韶文化彩陶弦纹壶（半坡类型，上海博物馆收藏）

精心构筑的村落里，过着以农业经济为主体的定居生活，饲养家畜，进行渔猎。用石制的磨盘、磨棒来加工粮食。到新石器时代中期，人口已经相当密集，人们开始用厚而高的夯土墙护卫自己的聚落，在使用的陶制品上随意绘上太阳纹、月亮纹、花卉纹、几何纹。在新石器时期的晚期，那里又发现了铜块、残铜器、熔铜坩埚，这里是“天下”中较早进入青铜时代的地方。同时发明了水井，城堡也增多了。在登封王城发现了东西并列的两座夯土城墙，面积约一万平方米。城内已经有用人作牺牲的夯土建筑。

晋南和豫西地区连绵不断的古文化长链，把先夏文化的根系给描绘出来了。《吕氏春秋》一书的《古乐》篇中写道，当年黄帝要音乐大师伶伦去整顿音乐，伶伦经过大夏地区向西进发，到达昆仑山的北麓，在山谷里取到最厚实的竹子进行音乐研究。这段文字不是直接讲夏先民的，但从中可知，黄帝时代颛顼的一支已称为“夏”，已是一支不可

新石器时代马家窑文化旋涡纹彩陶罐（甘肃兰州出土）。图案生动，线条流畅，属半山类型彩陶。

小视的力量了。

其二，文化影响力大。

夏先民被当时广大地域的人们称为“中夏”，应该说既指的是地域之“中”，还指一种文化的实力和影响力，说白了它在当时的诸多文化实力派中居于“中坚”的地位。

从地域角度看，在一定程度和一定范围内，可以说是居“中”的。在黄帝时代，有三大部属是最有文化实力的。一是夏，它的主要地盘是在豫西和晋南，当然包括嵩山地区。二是商，它据有今豫东的部分地区，以及海岱地区的一小部分。三是周，它的发源地在陕西的岐山南，周初的都城在镐京，在今陕西西安地界。三个当时最大、最强、最有实力的部族并世雄踞在黄河边上。谁是“中”？当然是夏了。商在东，周在西，夏在其中。称夏为中夏，是合理的。说夏据有的地方是中州、中土，也都是合理的。再说，夏被封为“伯”（伯者，霸也）的那座嵩山又是五大名山中的中岳。说夏是中夏，很实在。这是从夏、商、周三个族群角度来看的，不是像有些学者说的这个“中”是天下之中的“中”。

新石器时代仰韶文化庙底沟类型鹳鱼石斧图彩陶缸（现收藏于河南省博物馆）

先夏族之所以被称为“中夏”、“大夏”，最主要的还是因为它在当时整个的天下文化中居于领先的地位。从字义学的角度看，被人称为（或公认为）“夏”有三义。一义为：“夏”者，“大”也。在当时条件下，“夏”与“大”音近而义同。先夏族在万国林立之中无疑要算是大国了，即使在“五十里之诸侯”、“一百里之诸侯”的时候，也可进入大国的行列了，更何况后来成为了“千里之诸侯”呢！二义为：“夏”者，“华”也。古人说得好，“华夏一也”。夏人是最懂得在俭朴中求华美的。三义为：“夏”者，“雅”也。大夏之人，也就是大雅之人。这种关乎人的素养的大雅，充分表现在礼仪之大上。中国是礼仪之邦，就发端于夏族。这个问题后面要有专章论述，在此不赘。

在我们看来，“夏”不会仅是夏族人的自称，也是包括商族人和周族人在内的万国的人们对夏族人的一种美称，总的意思似乎是在赞誉：“看这夏人，多么优雅，多么懂得文明礼仪，多么有文化素养！”

龙山文化黑陶盉（上海博物馆收藏）

其三，文化吸附力强。

以夏文化为代表的中原文化，以其特有的魅力，吸引着天下其他类型的文化，使这些文化进军中原。在进军中原中又改造了这些文化，同时也使中原文化更加富于生机和活力。

大汶口文化据泰山、临大海，兼有大陆文化与海洋文化的优势，纵横驰骋，北越渤海登陆辽东半岛，南下黄海直指江南杭州湾。这种文化到了新石器时期中晚期，在夏文化的鼓励下积极参与中原逐鹿，大举西进，实现了临海文化和内陆文化的大交融，为中原大陆文化带来了新的发展活力。

就在大汶口文化大举西进之时，以长江中游为根据地的屈家岭文化也积极参与了中原逐鹿，先是向南阳盆地一带推进，然后继续北上，其影响直达中原文化的核心地段嵩山南北。屈家岭文化把黄河与长江两大文化体系沟通了起来，有力地推动了中原文化的进步。

这样，海岱地区、江汉平原、中原腹地三种不同色彩的文化，在夏人居住的晋南和豫西实现了汇聚、交会和交融。夏人不只为这种文化融合提供了舞台，同时也起到了推波助澜的巨大作用。

先夏族促成了文化的交流，同时夏文化也从中大为得益。它吸收了江浙地区的良渚文化，北部地区的龙山文化，东南地区的马桥文化。这些文化的因子一旦融入夏文化之中，夏自身的“大”“华”“雅”的特色就更明显了。

注释：

① [德] 恩格斯：《家庭、私有制和国家的起源》，人民出版社1972年版。

② 江昌林：《中国上古文明考证》，上海教育出版社2005年版。

③《史记正义》引《大戴礼》。

02 早中期的治水英雄鲧

旷日持久的洪水大泛滥

远古时代的洪水大泛滥，是人类历史性记忆中一个永远的“痛”。有史学家作过统计，全世界包括中国、埃及、巴比伦、希腊、北美印地安人在内的六百多个地区和民族，都用记实或神话故事的形式，追述过自己历史上洪水泛滥的惨烈情景。

古希腊神话是这样讲的：宙斯见到人类极端邪恶，与诸神议定，要用暴雨洪水灭绝人类。风神中的南风被派出来，挟着狂风暴雨扑向大地。海神也亲自上阵，用狂涛巨浪掀起大地。天一下子黑了下来，黑得分不出天和地，分不清白昼和黑夜。人们只觉得黑色的暴雨敲打着整个世界，黑色的狂风席卷着整个宇宙，黑色的巨浪吞噬着世间的一切。出于本能，人们发了疯似地奔跑着。可是，爬上屋顶的，房屋很快就倒塌了，残破的房屋支架和抓着这些支架不放的人们转瞬间被浪涛卷得无影无踪。爬上树枝的，随着大树被连根拔起，上面的人们也一下被黑暗吞没了。躲进洞穴的，大部分洞穴很快被不断上涨的洪水淹没，从洞穴中漂出的是一具具被污水浸泡得变了形的

描绘《圣经》中上帝命令诺亚将每种动物带两只到船上以避免即将到来的大洪水的壁画

尸体。暴雨、狂风、巨浪，肆虐了多少时日呢？谁都说不清。只知道当大地重新露出水面时，这里留下的只有一片空白。而善人丢卡利翁和皮拉夫妇事先得到神的警告，造了大船，得以在洪水时划到原来的高峰帕耳那索斯山。幸存的夫妇繁衍了新一代人类。

北美印第安人的历史性记忆是这样的：大雨下了足足四十多天，大地上的一切都被洪水吞没了。几个印第安人不知从何处弄到了一条独木舟。他们在曾经耕种过的土地上划船，在一棵大榆树的树顶上抓到了一条大鱼，就饥不择食地生食了起来。他们划着，划着，忽然看到前面是一座浮在水面的高山之巅，这可是希望，他们就拼足全力前行。正在此时，在波浪中挣扎的一头狼和一头熊像是抓住了一根救命稻草似地抓住独木舟的船沿不放，企图登上舟来。如果“好心”地让这两头畜牲上船，在波涛汹涌中必然人畜全都覆没。于是，他们“残忍地”猛击抓住船沿的狼和熊，失去凭靠的狼和熊最

米开朗基罗的油画《大洪水》

后只能被洪水吞没，而这艘独木舟安然地到达了洪水包围中的那个山巅，船上的人们成为北美大陆劫后幸存的少数生灵。

古巴比伦的苏美尔人作的《史诗》，据传是根据大洪水的幸存者口述而成，记述的是大约公元前3500年的那场大洪水中人们的际遇。《史诗》是这样描述的：一夜之间，狂风裹着暴雨和洪水铺天盖地而来。空气中充斥着洪水奔腾而来的巨大轰鸣声，犹如万马奔腾一般，可怖极了。人们完全失去了理智，一边无目的地四散奔跑着，一边在大声呼叫："战争……战争……"当时那里部族间的战争是常有的事，人们错以为是又一场酷烈的战争来临了。他们哪里知道这是比任何战争更要暴虐千万倍的大洪灾。大洪灾肆虐了一百五十多天，眼看那里的生灵就要灭绝了，这时从天上飞来一座大山（实际上不是天上飞来的，应当是地壳变动出现的"造山运动"），幸存的人们上了山，成为了新一代苏美尔人。

古巴比伦《史诗》记述的那场大洪灾，是世界各地大洪灾记述中

古巴比伦的废墟，也许是战争抑或是洪水造成的。

唯一有时间标识的。那场大洪灾发生在公元前3500年前后，恰好与发生在华夏大地上“五帝时代”的那场大洪灾时间上基本契合，这再好不过地说明这场洪灾确实是世界性的。

记述那场大洪灾最为生动而富于故事性的是《圣经》。故事大致上是这样说的：上帝看到了人世间的种种罪恶，觉得非惩处一下不可了，这种惩处的手段就是发起一场大洪灾。但是发起大洪灾的目的不是要灭绝人类，而是要让“善人”统治大地。早在这场洪灾前一百二十年，上帝就找到了“大善人”诺亚一家，并教给他们逢凶化吉的办法。从那时起，诺亚一家就开始打造“诺亚方舟”。这一方舟十分巨大，分为三层，船体的每一部位都涂上了松香，这样可以保证不会渗水。这艘方舟造了一百二十年。洪水来临时，诺亚一家八口备足了一年以上的粮食，还有选取世间所有飞禽走兽中的良种一对（雌雄配对）上了方舟，在大洪水中漂流。洪水淹没整个世界二百二十天后，“诺亚方舟”靠在了亚拉腊山（今土耳其境内）边。

舟上的八人和其他生物都上了亚拉腊山。又过了四十天，诺亚放出了一只鸽子，七天后，鸽子衔回了一根橄榄枝，这是一个美好的信息，表明洪水退尽了，陆地在远方出现了。诺亚于是让人和飞禽走兽下山，好好地生存繁衍。西方人相信，新一代人都是“善人”诺亚的后代。

可以相信，上述这些多少带有一点神话和宗教色彩的故事，应该是有某些史实为依据的。

相对而言，中华大地上的这场大洪灾，持续的时间更长，而应对的策略也更务实，举措也更为具体。

科学研究表明，从距今一万年前到四千多年前的六千年间，在中国地域范围内，一共发生了五次大的洪水。最后一次大洪水发生在距今4700—4000年间，相当于传说中的尧、舜、禹时代，而这次洪灾的高峰期是距今4200—4100年间，即传说中的大禹治水的时期，这次的洪水之所以在民族记忆中特别深刻，可能因为它是距今最近的一次大洪灾，也是民族记忆中最为壮烈的一次抗洪斗争。[①]这也证明了大禹治水传说的历史来源。

中华大地上的这场大洪灾，来势汹汹，正如史书上说的，“鸿水滔天，浩浩怀山襄陵，下民皆服于水。”（《史记·夏本纪》）意思是说，大洪水把整个大地淹没了，到处是滔天的白浪，不但是整个平原地带“白茫茫一片真干净”，就连那些原先的丘陵地也淹没到水下去了，那些高峻的大山才露出一个小山头，这真是苦煞、愁煞了百姓众生。而且这场洪灾持续的时间也特别的长。如果从五帝中的第二帝颛顼时代算起，那么，此后又历经帝喾、尧和舜时期，至少绵延有数百年的时间吧！

不知大家发觉了没有，面对洪灾，中华人与世界其他地区的人们的不同点是：很少描述大洪灾的可怖场景，而是重在埋头治理，重在歌颂与弘扬中华人抗击洪灾时表现出来的英雄气概。

为了治理这场大洪水，当时的领导层中专门设立了水官。能当上“水官”的，都是被天下人公认为最能干最有献身精神的人，也是最有希望晋升为“皇”或“帝”的人。水官可是挺辛苦的，他要统领天下九州的百姓治水，不少场合都得亲自到第一线带领大家一起干。

在治理这场大洪灾中，涌现出了三代杰出的治水英雄人物。第一代是共工，第二代是鲧，第三代是禹。

共工的确是个早期治水的英雄人物。他的治水业绩，是怎么也否定不了的。

共工既是一个氏族的名称，又是这个氏族首领的名字。《左传·昭公十七年》称：“共工氏以水纪，故为水师而水名。”这是讲这个氏族的特色就是个“水”字，他们连纪年、氏族的名称、氏族武装力量的名称，都带一个“水”字，这个氏族的图腾是与水紧密相关的“蛇”，而共工族的图腾“蛇”又是与黄帝族的图腾“龙”有着某种关联的，说不定还有亲缘关系呢！作为这一氏族首领的共工，在传说中被称为是“九首人面蛇身而青”（《山海经·海外北经》），这里说的“九首”显然具有神话的色彩。

共工大概是与“五帝”中的颛顼同时代的人，所以会有《淮南子·天文训》中说的“昔有共工与颛顼争为帝”的传说故事。另外，如果共工不是在治水中创造出了优异的业绩，在那个以禅让方式得帝位的时代，也就没有资格去“争为帝”。他治水有道，采取的基本上是后来被鲧所继承的“堵”的治水方法。他懂得用人之道，相传他起用名叫相柳的水利专家作为自己治水的主要助手，当然，鲧当时也是他的主要治水助手之一。共工是有远见的，他又把自己的儿子句龙培养成治水的骨干，利用他年轻有为、富于热情的特点，让他到各地去组织治水大军。在共工的带领下，颛顼一代基本上没有什么大的水患。因此，时人中就有把他尊为“三皇”之一的，这在刘恕著《资治通鉴外纪》中明明白白写着呢。

大概是荣誉太高冲昏了头脑，在黄帝即将老去，要实行新一轮的禅让时，共工竟不顾一切地“与颛顼争为帝”。这种情况也是时势造成的，那时已到了原始社会的末期，颛顼与黄帝族有着沾亲带故的关系，这点上就比共工有天然的优势。再加上颛顼自小就与父亲昌意一道在若水边上长大，治水能力也不比共工差多少，在民间的口碑同样很好，在如此情况下，共工怎么“争”得过颛顼？

败下阵来的共工一肚子的怨气，于是就干出了“怒而触不周之山”这样的冲动事。这当然是传说故事，比较实际的可能是，共工心中有怨气，再也不愿认真抓水利建设了，又不顾水利条件的限制，硬是主张建都于“空桑”，结果引发了尧和舜两代的大水灾。一个治水的大英雄，堕落成了引发水患的大罪人。

还有一种说法，讲共工因为争帝不成，一怒之下，搞坏了堤坝“开闸放水”，而共工氏部落在上游，结果就造成下游地区极大的水患，“振滔洪水，以薄空桑”，说的就是这件事情。在争帝位激烈到白热化程度的时候，共工这么做是极有可能的。这也是“共工怒触不周之山”神话的来源。

上面说的是治水的第一代领导人共工半为神话半为史实的故事。

鲧的治水业绩

尧在位时，发生了空前的大洪灾。当时，尧帝召开“四岳”会议，讨论该怎么办。一个叫讙兜的人进言说：“还是让共工干下去吧，他究竟是有经验的。”尧坚定地说：“不行，治水这件大事是决不能让他干下去了，还是试着让他去当‘工师’，办点儿具体的事，看他能不能干好。”大家一致同意了尧的意见。

否决了共工继续管理治水工程的进言后，尧又征求大家的意见，何人适合当水利大臣。这时，大多数人的意见是鲧可以担当此任。理由很简单，一是鲧曾是共工的得力助手，他有经验和这方面的能力。二是这个人有干劲，把任务交给他，他会拼死把事干好。听了众人的话，尧只是摇头，说：“他有能力、有干劲，这不假，不过这个人有个致命伤，就是‘负命毁族’，这样的人一旦把权力交给他，会坏大事。”什么叫“负命毁族”呢？原来“负命”指的是违抗命令，就是不听上头的指挥。而“毁族”就是不遵守族规，好自作主张。两句话加起来，都说的是他不听话。当时原始社会已经走到了它的终点站，作为天下共主的“帝”还是喜欢听话的人的。

这时，参加会议的众人用了一句最彻底的话把尧说服了，那就是“等之未有贤于鲧者”(《史记·夏本纪》)。意思是说，我们比较过了，在大臣中间，论治水的经验，论道德水准，没有一个比得过鲧的了。帝尧听了，觉得大家的话有道理，于是说：“那就让他试试吧！”帝尧被大家说服了。

帝尧的这一句“试试吧”，一试就是九年，这说明鲧果真不是个无能之辈。如果他真的没能耐，恐怕干上一年半载早被撤下来了。允许他一干就是九年，至少说明他担任治水之职是称职的。

那么九年间他干出了哪些业绩呢？

第一个业绩是继续用“壅防”的方法治理水患。事实证明，这一方法是有用的，也是不可废止的。共工氏用壅防的方法在颛顼时代实施水患治理长达几十年之久，基本上没有大的水灾发生。在共工氏后期之所以水患频发，不是因为“壅防”不管事了，恰恰是因为疏于“壅防”。鲧是个明白人，他没有因人废事。在长达九年的时间里，他一直坚持着以壅防治水的方略，而且效果也是好的。

第二个业绩是改进“壅防”方法，提高“壅防”水平。长期以来，投入水中的泥、石会被湍急的洪水冲走，这是个大问题。有本史书上说，“伯鲧乃以息石、息壤以填洪水”。这是个新创造。多少年来，对于“息石”“息壤”的解读有多种，而且争论不休。其实，这里的“息”就是停留的意思。怎样使扔进河里的石块、泥土不被水冲走而“息”停在那里呢？鲧发明了制作竹笼或木笼，把泥土和石块装在里面投入水中，以达到将河水分流的目的。这个方法好得很，它后来被历代的水利专家所沿用。李冰父子建造“都江堰”分洪工程，把江水分成内江和外江，用的不就是“息石、息壤以填洪水”这种方法吗？

第三个业绩是为治水实行移民政策。有人对“息壤”作了十分符合实际的解读，说“息壤，民众栖止之地也”。所谓“栖止之地”，就是民众世代居住的宅地。中国古代一直认为，世代居住的宅地不可移动，那里有祖宗的庐墓，一移动岂不冲了风水？可是，鲧为了治水的需要，实行适度的移民，这也是必要的。当然，他这样做，必然会引来不少人的非难和抗议，阻力是会很大的。

第四个业绩是把铜器用作治水工具，大大提高了治水效率。在当时人们的心目中，“铜”是一种神物，因此在“国之大事，在祀与戎”的思想支配下，铜器可以制作兵器，可以制作礼器和祭器，后来也可以制作食器，因为中国是主张“民以食为天”的民族，但不可以用来制作工具。可是这个不守规矩的鲧偏偏把铜制成了治水用的工具。这本来是应该大加赞扬和肯定的作为，但在保守思想的支配下却受到了强烈的指摘，在《尚书·洪范》一书中称之为“鲧堙洪水，汩陈其五行，帝乃震怒”。什么叫“汩陈其五行”呢？按照我们的理解就是说鲧在治洪水时没有按照五行的规范办事。这是个大得不能再大的罪名。按“五行”行事是君臣行为的最起码要求，一个治水大臣带头破坏了五行规范，那还了得！怪不得“帝乃震怒”了。我们再进一步分析一下，多处典籍提到，“息壤”属于“帝”，极可能是鲧动用了当时青铜制作的礼器，因为竹笼木笼入水还是容易被冲坏，用上铜钉铜铆则会大大提高牢固度，对鲧来说，铜器治水不用，更待何时！于是礼器熔化成了铜钉——然而鲧忽略了，这些东西属于“帝”，你还没有经过请示汇报（“不待帝命”）！可是，治洪不等人，在大浪滔天的情况下，拯救生民刻不容缓，哪里还有时间请示汇报等批准呢！其实，鲧的思想是先进的，铜这种新发现的金属，不用在治水这样的头等大事上，是多么大的浪费啊！

第五个业绩是将治水的范围扩大到“天下”。有这样一种可能：共工时期的治水，大致上只局限于黄河流域，更确切一点说是集中在黄河中下游地区。可是到鲧治水时期就不同了，史书上说他“壅防天下百川”，就是说他的治水工程已走出黄河流域，走向长江流域，乃至更广阔的地区。我们完全可以这样说，鲧的天下治水为大禹治水打下了基础。

第六个业绩是由“壅防工程”发展到“城防工程”。很早就有学者指出，城的发明是与治水有关的，或者说“壅防”启发了“城防”。鲧为了治水，不论是水中建造的堤坝，还是建造在河两边的堤岸，一个最基本的要求就是牢固，要经得起狂风巨浪的冲击。由此鲧会联想到经得起敌人冲击的防御工事的建造。如果在自己所在的地域外围上坚实的、经得起敌人冲击的、足以保护自我的“堤岸”一样的工事，岂不安全得多了吗？史书上有“夏鲧作城”（《吕氏春秋·君守》）的说法，应该是可信的。城的“发明”不只在军事史上有着十分重大的意义，就是在人类文明史上也是具有不可小视的作用的。

鲧参与治水的历程特别长。在这场大洪灾中，早期的治水领袖是共工，而鲧是共工麾下的一员治水干将，两人的关系相当不错。有趣的是，一些论者认为共工与鲧是一个人，那是有其深层含义的。到共工被撤去水官之职后，鲧被推举为继任者。史书上说他主导治水九年，其实，在中华文化中，“九”既可以是一个实数，又可以是一个虚数。“九”者，久也。他长久地担任着天下水官之要职，冒着种种风险，顶住种种压力，创造出许多治水史上的奇迹，说他是中华早中期的治水英雄，那是毫不为过的。

鲧的个性及悲剧结局

鲧是一个有着独特个性的人。

鲧的所谓的“独特个性”表现在：他不仅有自己的独立主见，还喜欢自作主张，有时不免过分张扬、追逐功利。鲧既有可贵的创新精神，在为人处事上又显得有些张狂。鲧办事果敢，特立独行，在处理人际关系上却失之简单，与人沟通不足。鲧从不唯上，也不盲从权威，而且口无遮拦，想说什么就说什么，这样就少不得会得罪上上下下的人，尤其会引起最高权威者天子的不满。

个性决定命运。此乃真理。

鲧那独特的个性，决定了他的悲剧结局。与鲧性格相近、命运相似的屈原作了这样的总结："鲧婞直以亡身兮！"（《离骚》）"婞直"，就是倔强、刚正、直率，这就是鲧性格的本质特点。清代的大学者释"婞直"为："很也，不听话也。"当时已处于原始社会向阶级社会的转型期，作为天下共主的尧、舜二帝已有着绝对的权威，岂能容得下你这个当水官者那样的"不听话"？

像鲧这样个性的人，在那样的社会环境下"婞直以亡身"似乎是必然的。

鲧"婞直"的个性，首先在怎样评价和对待共工上十分充分地表现了出来。鲧是颛顼族的传人，而共工曾经是颛顼的竞争对手，后来由于玩忽职守造成洪水泛滥而被革了职，最后被流放到北方去了。对共工这样的下场，站在自家族群的立场上鲧理应是拍手称快的，可是鲧这个人就是与常人不一样，他"称遂共工之过"（《国语·周语下》），"称遂"就是承袭的意思。你看，鲧不仅不去乘人之危大骂共工以图痛快，以求媚俗，相反，还承续共工的做法。在他看来，共工主持中原地区的治水几十年，卓有成效，这样的大功臣为何不可"争帝"呢？在鲧看来，既然是禅让制，就不能不让人站出来去"争"。"争帝"不是共工的罪过，而后来的洪水大泛滥也不是共工一个人酿成的错误。这些话不一定全有道理，但却是鲧的真心话。他把这话当着众人对尧帝明明白白地说了，而且是大声说的，对此尧帝当然不高兴。

鲧“婞直”的个性在面对自己职位的不公上也充分地表现了出来。他直白地说：“得天之道者为帝，得地之道者为三公，今我得地之道，而不以我为三公。”（《吕氏春秋·行论》）这话他也是在公开场合当着尧的面说的，其意思是说，我就是不能当上天下共主的“帝”，我也该是一个仅次于“帝”的三公吧，怎么把我放在一般诸侯的行列中呢？他这样在尧帝面前大呼小叫地要权要地位，当然引起了尧的极大反感，不客气地把他狠狠批评了一顿，并且加之以一个极大的罪名：“欲以为乱。”这就让鲧的火暴性子更是按捺不住，他要尧帝说清楚：“我认为你这个当天下共主的办事不公，怎么就成了谋反作乱了呢？”尧帝气呼呼地作答：“你这也不满，那也不满，不是想谋反作乱是什么呢？”鲧一气之下离开了王城，再也不愿回到王城来了。

后来尧跟他打招呼，要他来王城谈谈，消除误解。这原本是让双方都有台阶下的一个极好机会，可是，“婞直”的鲧一点儿也不领情，就是“召之不来，仿佯于野”。尧召他，他不来，成天在尧直接管理达不到的地方游荡，这实际上是一种示威，好像是在说：“我就不来，看你把我怎么样？”尧帝知道鲧有能力，也有治水的实绩，而且还有颛顼传承下来的氏族势力，因此，最后还是想安抚他。几次要他回王城面谈，可是，这个鲧还是不领情，就是“召之不来”，像一匹行空的天马一样毫不受束缚地独来独往。

鲧与尧最大的冲突发生在传位给谁的问题上。一听说尧真的要把帝位通过禅让传给舜，鲧马上火冒三丈。尧帝不是一而再、再而

传说中的鲧堤遗址

三地召他进王城面谈吗？他就是召之不来，他就是不理不睬。可是，禅让事关重大，他却不召自来了。他见到尧帝，第一句话就是："不祥者，孰以天下而传于匹夫乎？"（《韩非子·外储说右上》）鲧的口气很大，而且是先下结论，再讲事实。他认为尧的传位给舜，是不吉祥的，会给国家造成极大的不幸。为什么呢？鲧拿出的事实是：就因为舜只是个普普通通的"匹夫"。当时已处于原始社会走向阶级社会的转折期，不只贫富分化明显，贵贱分化也相当清晰。舜如果穷根究底的话，据说可以与颛顼联上点关系，但是从他往上推七代都是"微为庶人"。他的父亲是个盲人，亲生母亲早已亡故，继母是个连基本礼仪都不懂得的女人。在鲧这种从贵族家庭中走出来的人看来，如此"匹夫"能担当起天下共主的重任吗？他以为是绝对不可能的。同时，此前尧早已将两个女儿嫁给了舜，让舜继承帝位不等于传位给了女婿吗？这不是对禅让制度的极大亵渎吗？鲧大声抗争，他还自以为是在保卫传统的禅让制度呢！

鲧的这些举动，引起了尧的极大不满。这下子，尧对鲧彻底失望了。这是一次极为无趣的见面，甚至可以说是一次绝情的会见。史书上只写上了“尧不听”三字，可能的情况是，尧根本没有理睬鲧的责难，悻悻然地离开了现场。也有一种可能，尧早已对鲧失望了，“召之不来”，那也实在没办法，这次他自己送上门来了，这不等于是自投罗网吗？于是，尧下决心当场把他抓了起来。

可是，鲧在当时是很有身份的人。一个治水大员，总不能说是与尧一语不合就被抓起来的吧？对外，尧总得有个说法。尧苦苦思索了好长一段时间，有了，就给他套上最简洁也是最厉害的四个字：“绩用弗成。”什么意思？就是说你这个鲧，治水都治了九年了，可是成绩呢？你拿不出，拿不出成绩就是渎职，就得把你抓起来，就得治你的罪。有人说这是尧帝硬生生强加在鲧头上的罪名，其实鲧治水是有功劳的，禹是在鲧的基础上再往前走，最后才取得了成功。鲧的被抓，有人称之为“功败垂成”；尧的官方说法是“绩用弗成”。你把治水这件大事搞砸了，所以要抓你。这样名正言顺，谁都反对不了。

对尧帝与鲧之间的是非，由于语焉不详，难以做出直截了当的评判。在私有制社会已经呼之欲出的社会环境下，尧在利益的分配和帝位的传承上，肯定是有私心的，不过这种“私心”，与日后阶级社会的私心在质和量上都有很大区别。至于鲧的所作所为，也是很复杂的。他是个“有话就说”的直心肠人，他“婞直”，有学者认为鲧在治水上是希腊神话中的普罗米修斯式的英雄人物。鲧的竞选式的去

“争”那个帝位或三公之位，也不能说全是他的错，如果真的让他当上了天下共主，以他的那股子冲劲，也许能创造出种种前人所不能创造出的奇迹来。他的反对尧传位给舜，除了他明摆在台面上的理由之外，可能还有个人的恩怨在里面起作用。而屈原说的“婞直以亡身兮”倒是很实在的，也是被历史证明了的。

鲧被抓起来以后，尧的处理还是相当宽大的：把他发配到东方的羽山去。东方是夷人的根据地，尧要鲧以先进的华夏族的身份去影响夷族人，提高夷族人的文化素养，“以变东夷”（《史记》）。怎样“变”？作为天下共主的尧帝当然不会希望东夷部落往落后方向“变”，毫无疑问是希望通过鲧及其部族来使他们朝更进步的方向“变”。可见，尧对鲧的能力还是有一个基本的评价的。只不知鲧在民族融合方面是否做了些该做的事，史无明文，就不好妄断了。众所周知的是，这个早中期的治水英雄，后来是不明不白地死在羽山那里了。这不能不说是个悲剧。

注释：

① 王大有：《三皇五帝时代》，中国时代经济出版社2005年版。

03 大禹：「三代」第一王

“三过家门而不入”

早年的禹，就是一个崭露头角的年轻人。据史书记载，他是尧帝手下最得力的团队中尤为引人注目的人物之一。这个团队中有皋陶、契、后稷、垂、益、龙这样一些杰出的人物。他们来自天下的四面八方，有来自华夏地区的，也有来自四夷的；他们各有各的特长，各有各的才华，后来成为尧手下分管各部门的主要成员；他们在气质上也各有千秋。在这个群体中，禹以办事认真又谦恭有礼赢得了人们普遍的赞誉。他与他的父亲鲧在性格上有很大的差异。鲧外向，耿直，锋芒毕露，又好功利，而作为儿子的禹却是一个谦谦君子，史书上记载他是个“其仁可亲”的人，就是说，禹这个年轻人既有仁心，又和蔼可亲。

鲧既是个治水的英雄，又是个名利心很强的人。他一直以自己的行动挑战当时的最高权威尧，并坚决反对尧把帝位禅让给舜。尧在忍无可忍的情况下，采取了断然措施——以治水“绩用弗成”的罪名革去了鲧治水大员的官衔，同时把他抓了起来，发配到边远的羽山

大禹雕像

去，最后死在了那里。这大概是尧晚年的事。

家庭的重大变故使禹这个年轻人承受了很大的压力。但他没有消沉。他还是在自己的岗位上克勤克俭地劳作着，少言寡语，埋头苦干。在这种情况下，原本已经到了结婚的年龄了，可他还是顾不上去考虑个人的私生活。他的同事后稷、契等人是理解他的，总是不时地安慰他，开导他。年迈的尧和即将继任的舜，也没有因为他父亲的原因而对他另眼看待（当时的社会毕竟还处于原始社会末期，公有观念还是根深蒂固的）。作为天下最高的行政长官，他们默默地观察着他，考察着他，一致认为禹的确是一个了不起的好小伙。

从鲧被革除治水大员的职位，到舜登上帝位，有好几年时间，这段时间并没有任命新的治水大员。共工与鲧，两任水官都出了事，这使当政者在新的任命上显得特别的郑重和小心翼翼。他们得好好考察。在暂时还找不到合适对象的情况下，宁缺毋滥，先空缺下来，由尧和舜自己代理一下吧！

到了尧三年丧毕，舜的帝位也坐稳了，他觉得任命新的治水大员再也不能拖下去了。他召开了一次最高的议事大会——“四岳会议”，专门讨论新的治水大员的任命问题。会议一开始，舜就说：“我们的先帝尧非常重视治水这件事，认为这是当今天下头等的大事。大家看看，谁是能担当起这一重任的人，请推举给我。以后谁能把水治平了，他就是光大先帝尧事业的人，我要让他当司空，让他站到辅佐政事的高位上来。”

这时，差不多所有参加会议的人都齐口同声地说：“除了禹之外，没有别人了。只有禹才可以当司空，相信他能够光大尧的事业。”

舜看到禹已是众望所归，就附和大家投了赞成票：“好吧，就这样吧！禹啊，决定由你负责治水大业，你可得好好干啊！”

禹站了起来，十分真诚地向大家深深一鞠躬，诚恳地对大家说：“谢谢各位对我的高度信任，但是我考虑，如果让后稷、契、皋陶中的一位去承担这个重要职务，他们都可能会比我干得好。”

整个会场热闹起来，大家总的意见是一致的，坚持认为禹最适合当司空。最后，舜一锤定音：“不要议而不决了，现在就定下来了，由禹当司空，总揽治平水土这件大事。禹，你去上任吧！”

既然是舜的一锤定音，禹还有什么可说的呢？在众人的认同声中，禹默不作声——他默认了。

上面这些情节都写在《史记·五帝本纪》中。

回到住处，禹的心情怎么也平静不下来。他知道“司空”这副担子的分量，它表面上与大理、礼官、稷官、工师、司徒等职官平起平坐，但在“汤汤洪水滔天”的特殊历史背景下，治水是压倒一切的。水患威胁到了全体民众的生命安全，不把水患治好，一切都说不上，这样，“司空”一职实际上成了一人之下万人之上的高位。正因为如此，舜要召开“四岳”的专门会议讨论“司空”人选。禹深感自己肩头担子的沉重。他想到了父亲鲧。父亲鲧是个治水的专家，也可以说是治水的英雄，说他治水“绩用弗成”多少有点欲加之罪的味道，但是，客观地说，由于父亲的争职官，讲名位，多少影响了治水大业，这该是个极大的教训。这就是禹后来常向人说的“伤先人父鲧功之不成受诛”一语的深意之所在。父亲那样的争名、争利、争地位，最后因损害了公共利益而“受诛”，这使禹十分伤感和伤心。

为了不使历史的悲剧在自己身上重演，禹必须从父亲身上吸取沉痛的教训。他是没法推脱治水这一重任的，但必须比父亲干得更好、更出色，而关键在哪里呢？他想了又想，觉得关键还在于“孳孳”两字。

《史记》上有一段文字，记录了禹的治水精神。禹虽然身居高位，可他在生活上很刻苦，也很自律。他在地上行走乘车，在水中行走乘船，在泥沼中行走就乘木橇，在山路上行走就穿上带铁齿的鞋。他与所有民工一样吃的是粗粮，穿的是粗麻布的短打衣服，住的是茅草屋，每到一地，第一件事就是带领大家诚心诚意地祭祀山川鬼神，然后亲自带领大家一起治山治水。舜对禹的作为很满意，在一次会议上，舜要禹说说治水的经验，禹回答得极为简洁：“予何言，予思日孳孳。”（《史记·夏本纪》）短短的八个字，把禹的所思所想，乃至整个精神气质说清楚了。他告诉舜帝，自从接任司空之职以来，他什么别的都没想，只是每天考虑孜孜不倦地把治水工作做好。

“予思日孳孳”，这是一种境界，也是一种品格。

“三过家门而不入”正是“予思日孳孳”品格的具体表现。

按照战国时代大思想家孟子的推算，禹被任命为主管治水的“司空”时，大约是二十六岁，一路的治山治水，工程推进到涂山地区时，已是禹接任治水大臣要职的第四个年头，正合了“三十未娶”这个数。婚姻是要讲缘分的，有缘千里来相会。禹在离故乡千里外的涂山（不管涂山在何处有多少种解读，但离禹故乡有千里之遥那是肯定的）遇上了“涂山女”，过不多久就成婚了。

新婚的第四天，禹就带着治水大军要走了，好心的部属劝他多待几天，他的回答还是：“思日孳孳。”他日夜思索的是治水，他孜孜以求的是治水。他说什么也不答应多待几天，那么多事等着他去办，他怎么能因私忘公呢？

就这样，他左手拿着准和绳，右拿着规和矩，还装载着测四时定方向的仪器工具，率领着治水大军又出发了。

过了一段时间，涂山女生下了一个男孩，起名为开，又名启，合起来刚好是“开启”，这大概是当父亲的对他的一种期望，要他日后肩负起开启新时代的重任。这个启就是日后开启中国私有制社会的第一人——夏启。

这时，禹带着治水大军又来到了涂山，恰好回到了自己的家门前。禹分明听到了儿子的哭声，只要他离开治水大军短短的半个时辰，他就可以踏进这个家，与久别的妻子和心爱的孩子见上一面。可是，他没有这样做，他撒开步履径自往前走去。史书上是这样记述这次“过家门而不入”之事的：“启呱呱而泣，而弗子，惟荒度土功。”（《尚书·益稷》）禹是分明听到了孩子的啼哭声的，他也不是不想与从未谋面的儿子见上一面，这样做也是合情合理的。但是，他没有动摇，为了不荒废“治水”（亦称“土功”），他只能以身作则，他只能身先士卒。如果自己为了满足私欲而进了家门，那么广大治水将士要求回家该怎么办呢？

据传说，他第二次经过家门时，妻子怀抱着儿子等候在家门前的院子里，告诉孩子爸爸回来了。当治水大军路过家门时，妻子指着那领头的对儿子说：“那是你爸！”儿子冲着他直招手。然而这时工程正进行到紧要关头，禹只是朝妻子和儿子挥一挥手，就随治水大军走过去了。

第三次经过家门时，儿子已长到六七岁了，听说禹率领的治水大军要经过家门前的大道，孩子就早早地等在大道旁，一见到父亲便使劲地要把他往家里拉。禹深情地告诉孩子：“水患未平，爸不能回家！”于是又匆忙离开了。

“三过家门而不入”的故事是感人的，百姓对禹的崇敬可以说是历数千年而不衰。在鲧、禹的家乡嵩山一带，至今还流传着这样的歌谣：“一过家门听‘哭声’，二过家门听笑声，三过家门捎口信，治平洪水转家中。”歌谣虽朴素，却传递出代代民众对大禹公而忘私精神的崇敬之情。

禹是清醒的。“身为度”（《史记·夏本纪》），自身的行为是最好、最有说服力的法度。想不想回家呢？与常人一样有着血肉之躯的禹当然也想，但是，正如他自己说的，是“过家门而不敢入”。“不敢”一词用得太贴切了。想到由于自己的顾家而会耽误治水的工期，想到由于自己的顾家而会涣散治水大军的人心，此时大禹怎么还“敢入”呢？

这里依据的当然主要是神话传说故事。在没有发现夏文字之前，这是研究夏史的重要凭信。正如李学勤说的："中国的神话，一则数量少，二则类型也不同。比如世界多地最普遍的神话是洪水传说，中国亦有，且见于《尚书》首篇的《尧典》。不过其他地方的洪水传说都是讲天降洪水，将人类灭绝，只有少数留存下来，成为现今人类的祖先，而《尧典》却说洪水怀山襄陵，禹受命动员人众将之治理平息，其思想涵义显然有别，不可与其他传说同日而语。这里面反映的不同观念，是很值得玩味的。"①中国这种比西方更富于人文色彩的传统，值得弘扬。

治水十三年功成

从禹开始治水一直到功成名就，一共用了十三年的时间，不算短，也不算太长。这进一步说明了鲧的治水是为禹打下了一定的基础的。同时，他的成功也与他的聪明才智分不开。"禹为人敏给克勤"，他这个人一是思维敏捷，想出了许多新点子；二是勤奋刻苦。有了这两条，还有什么艰难困苦不能克服？

首先，禹把整体的设计和局部的治理结合起来。

以前的治水都是注重于局部性的，反正治到哪里就哪里。如果是小规模的洪灾，那样做还可以，但是，这次大洪灾遍及黄河、长江流域，还涉及南方一些地区，那就必须有一个全面的规划。禹是这样做了。"行山表木，定高山大川"。就是说，登上各地的高山，在山上树立标志，用科学的方法测定全国各高山大川的形势，查明之所以发生洪患的原因。然后，根据不同的局部情况，定出治水方略来。

这是件比治水本身可能要花费更大精力的活儿，显然，单靠禹率领的这支队伍是不够的。但是，要取得真正意义上的治水成功，非这样做不可。禹把情况向舜作了汇报，并要求各部门积极配合。舜一听，感到有道理，就马上派了最得力的干将去支援他。“禹乃遂与益、后稷奉帝命，命诸侯百姓与人徒以傅土。”益是东夷的著名首领，又是天子舜帝麾下主管山林河道的虞官，有了他出面，山川的普查和治水工程的开展方便多了。后稷是周部落的始祖，又是天子舜帝麾下主管农业的最高长官，有了他的助力，治水工作就更会得到广大农业部落的帮助了。

为了从全局上把握治水工程，禹还积极调动各种力量。契是商部族的始祖，他就是因为“佐禹治水有功”而受到奖掖的。当然，助禹治水对他自身也有好处，这样做提高了他的威信，“百姓以平”，没有人闹事，社会就太平了。秦地处西陲，当时在经济上和政治上都相对要落后些，但是，在协助禹治水上很积极。当时秦的首领叫大费。他不只分担了秦地的治水要务，还为禹出了许多好主意。后来禹平水土成功，舜帝赐给禹玄圭，禹却说：“治水能成功，不是我有多少能耐，倒是很大程度上仰仗于大费的辅助。”大禹说的是很实在的话。

其次，禹把“堵”和“疏”的治理方法结合起来。

有人以为，鲧治水的失败，是因为一味使用堵的方法所造成的恶果。这话不全面。其实，堵是治理水患的一种重要方法，就是千年之后的当今之世，此法也不能废。在古代更是这样。大禹治水不是废止堵法，而是实施堵疏结合、以疏为主的治理方法。在《诗经》中由商人或周人写的诗稿里，有六七处提到“维禹之绩”。疏是难以留下数百年、上千年“遗绩”的，《诗经》中的“禹之绩”一般都是堵留下的堤坝。

禹治水的方法是以疏为主。《墨子·兼爱中》中有所描述，大致说出了大禹时代疏河的情况。大禹在天下的西部，疏通了西河和渔窦，用以泄出渠河、孙河、皇河之水。在天下的北部，为了防止原水、泒水的泛滥，经过疏导使之注入昭余祁和滹沱河之中。在黄河中的砥柱山分流，凿为龙门，以有利于燕地、代地、胡地、貉地以及河西的老百姓。在东部则穿泄大陆的积水，防止孟诸之泽泛滥，分流为九条河，以此限止东土之洪水，以利冀州之民。天下的南边，就要疏通长江、汉水、淮河、汝水，让其东流入海，以此灌注五湖一带的地方，用以造福于荆楚、吴、越和南夷的民众。

墨子描绘了一幅天下疏河的全景图，虽然说不上很准确，但大致状况应该说是符合实际的。而且，如果墨子说的属实，那么大禹治水的范围绝不如某些学者说的只是限于黄河流域，而是覆盖了整个黄河流域、长江流域，乃至于也包括了珠江流域的一些地区了。众多有关大禹治水故事的流传也从侧面说明，禹治水的范围不仅仅局限于黄河流域。

第三，禹把治水和治山结合起来。

山水相连，“穷山”与“恶水”总是关联在一起的。客观地说，洪水滔滔的一个原因就可能是因为山的挡道引起的。《诗经》中有载“奕奕梁山，维禹甸之”，说的就是大禹开凿吕梁山的故事。吕梁山位于今山西省的西部，处于黄河和汾河之间。这么大一座山，它的余脉伸展到黄河和汾河中去，造成河水流之不畅。一到洪水时节，就会泛滥成灾了。大家知道中国有“愚公移山”的故事，其实，这一故事就发生在龙门一带，故事中“愚公”的原型不就是大禹吗？

大禹治山过程中，最大的移山工程大概莫过于“凿龙门”这一工程了。在黄河的三门峡一带，黄河的河心长着一座高耸入云的大山，因为它状若砥柱，因此被人们称作砥柱山，“中流砥柱”一语，就典出于此。那个地方人们称之为三门峡，因此也叫三门山。《水经注·河水四》：“砥柱，山名也。昔禹治洪水，山陵当水者凿之，故破山以通河，河水分流，包山而过，山见水中若柱然，故曰砥柱也。”

秦公簋及其铭文拓片

在整整十三年的治水过程中，凿通砥柱山的工程大约至少花了两个年头。有这样的传说故事：为了考察黄河水情，大禹亲自驾一叶扁舟，到砥柱山一带去考察。一看，原先那么开阔的河水，到了砥柱山一带就狭窄了不知多少。整整一座山长到河道里去了，河道还能不狭窄吗？禹驾着小舟前后左右看了个周全。该怎么办啊？众人都注视着禹，禹想了想，斩钉截铁地说：“靠谁都不行，只有靠自己！”众人问：“怎么个靠自己法呢？”禹还是那样的斩钉截铁：“靠自己的一双手，用我们大家的一双双手，把这山凿出个通道来，让水分流出去，那样就不再会有洪灾了。”有人问：“那行吗？”禹从身边摸出一把铜凿，他就倚在山崖上，“当、当、当”地凿了起来，一会儿工夫，就凿下一块不大不小的山石来。禹将这块山石高擎在手说：“看，不是凿下了那么大一块吗？”有人笑了：“凿一块容易，要凿通一座山不容易。”禹顺势鼓动大家：“能凿下一块，就能凿下十块，百块，千块，万块，就能把整座山凿通，大家说对不对啊？”大家的劲头一下被他的话鼓动起来了，大家以移山填海般的气势回答：“对，我们就跟着你干了。”

西周青铜器遂公盨

遂公盨内壁铭文

禹带着十万治水大军就在那里凿山。砥柱山的半山腰刚巧有一块伸向半空的石台，禹就站在那石台上指挥凿山，久而久之，那块横空出世的石台被大禹的脚板磨得光光的，简直光可鉴人。因为它是整个凿山工作的指挥台，后来就有了“相工坪”的美名。这“相工坪”一直留存了下来，直到今天还是龙门一景呢！

也不知凿了多少时日，终于凿出了一个门阙状的大口子。有了这个大口子，黄河水得以分流，这是治水工程的一大胜利。砥柱山的这个门阙状口子是禹带领民工凿出来的，因此人们称之为“禹门”。后来，人们发现时有成千上万尾鲤鱼集于“禹门”下，便有传言说有能耐的鲤鱼往上一跃，就成了龙，这样，“禹门”又渐次在民间演化为“龙门”了，而“鲤鱼跳龙门”又成了人们有志趣、有追求、有梦想的隐喻。

一转眼，十三年的时间过去了。在这十三年间，禹的治水大军，跨过大河，越过长江，翻过崇岭，穿过群山，活跃在天下的南北东西。禹是一个与民众打成一片的治水英雄。十三年间，他与治水大军吃在一起，住在一起，也劳作在一起。当治水工程结束时，他回到了舜帝那里。出现在舜帝面前的是一个面色黧黑、衣衫褴褛，走起路来一拐一拐的中年人。这就是我们民族的英雄——大禹！

对西周青铜器秦公簋、遂公盨铭文的考释，提供了关于大禹治水传说的最早物证。郭沫若释秦公簋铭文为：“秦公曰：不（丕）显朕皇且（祖）受天命，鼏宅禹责（迹），十又二公，在帝之坯，严恭夤天命，保业厥秦，虩事蛮貘（夏）。”其意是说，我伟大英明的皇祖接受天命，占有大禹治过洪水的地方，到如今已经过十二位先公了，祖先的神灵在上帝身边，恭恭敬敬地遵循天命，保持秦的世系不断，协和蛮夏各族。

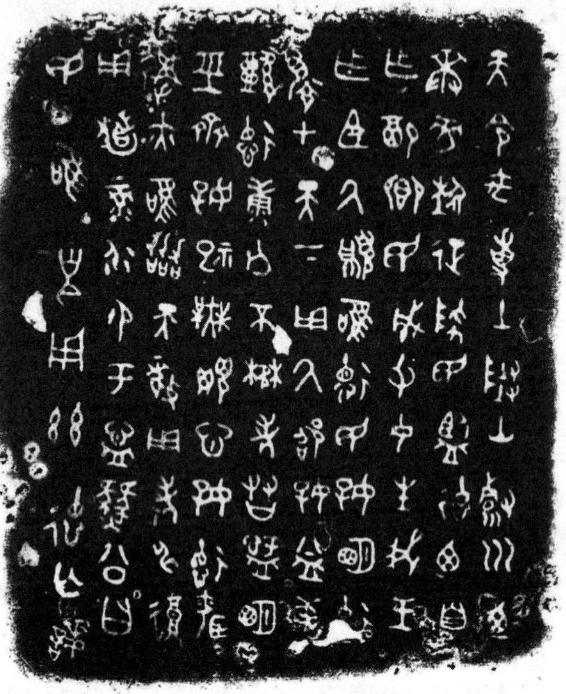

遂公盨铭文拓片

据此，郭沫若先生认为："上言'禹迹'，下言'夏'，则夏与禹确有关系。"[2] 当代学者李学勤先生认为，遂公盨铭文所言"天命禹敷土，随(堕)山浚川"，说的是夏禹治水之事，说明大禹受命治水，功不可没，泽及当世，传颂万代。[3]遂公盨的发现，将大禹治水的文献记载提早了六七百年，这是目前所知年代最早也最为详实的关于大禹的文字记录，表明早在两千九百年前人们就广泛传颂大禹的功绩。夏代为夏、商、周"三代"之首的观念早在西周时期就已经深入人心了。人们为表达对禹的感激之情，尊称他为"大禹"，即"伟大的禹"，并建"大禹陵"。

“唯禹之功为大”

处于原始社会末期的舜帝时代，可能已建立起了严格而正规的考核制度。“三岁一考功，三考绌、陟，远近众功咸兴。”（《史记·五帝本纪》）规定对上层社会人士每三年考核一次政绩。经过三次考核，决定该降级的降级，该提升的提升，该疏远的疏远，该亲近的亲近。考核是公平的，促使一切事业都兴旺发达起来了。

禹是个特例。

禹太忙了。十三年间，他无暇顾及回到帝都接受按惯例三年一度的考核。在这点上，舜认同了他。可以说，自上而下，都觉得禹是个信得过的人。现在是洪水治平了，他如释重负地回到了帝都，迎接他的是要同二十二位中央级的官员一起接受考核。

在《史记·五帝本纪》中粗略地记录下了这次考核的结论。总体上有一个结论，叫做“此二十二人咸成厥功”。这是一个很高的评价，认为：这二十二位中央级的大员都在自己的岗位上完成了自己的任务，取得了很大的成功。这是一个皆大欢喜的结论。

接着是对每个人进行点评。

皋陶是分管刑法的，他办案还是公正的，因此百姓对他的判决能够心服口服。

伯夷是主持礼仪的，在他的教育下，天下的人上上下下都能谦让有礼。

垂是主理工程的，检查下来每一项大的工程都完成得不错。

益是主理虞政的，山陵、湖泊、河流的日常事务归他管，这些年的林业、渔业都有了发展，这份功劳归他。

弃是主持农业生产的，大洪灾时期农业关系到全体民众的吃饭问题，可是，这些年没有听到饿死人的事，这就是大功劳了。

契是担任司徒主管教化的，百官都亲善和睦。

龙是主持接待宾客及外交事务的，这些年来远方来客不但没有减少，而且还有一定程度的增加……

看来，舜帝主持下的考核决不是走过场，要一个一个地过堂，而且每个人都要有实实在在的结论。

最后轮到禹了。

气氛分外的热烈，与会的每个人都发表了见解，最后是舜的归结性的点评，他用了这样六个字来形容禹的功绩：

“唯禹之功为大。”

意思是说，二十二位大员的功劳都是很大的，但是比较起来，那只有禹的功劳是最大最特出的，其他没有一个人是可以与之匹敌的。与会的所有人心服口服，大家报之以热烈的欢呼声。

那么，“唯禹之功为大”表现在哪些方面呢？

第一功：“平治水土”。当年舜委禹以重任时就叮咛他：“汝平水土，维是勉哉。”其意思是说，你的主要任务是平定水土，你勤勉地做的重点就是这么件事。舜说出了当时华夏大地上千万民众的心声。大禹有戒于其父治水无功而被流放的教训，工作兢兢业业、勤勤恳恳，在外劳累奔忙了十三年，就是从家门口路过都不敢进去探望关照。他身先士卒，亲自操持测量工具，为水土整治工程划线定位。“披九山，通九泽，决九河”。对此，《淮南子·修务训》概括评说禹“平治水土，定千八百国”。确实如此，洪水不平，千百之国的百姓哪会有安稳日子过？在长达百余年乃至数百年的洪水大泛滥期间，不知有多少个家破灭，不知有多少人死亡。如果让洪水泛滥下去，华夏民族的生存真的成了大问题。治洪成了民族生存最为突出的问题。

这是千秋万代的伟业，也是泽及子孙后代的伟功。大约一千五百年以后，周景王的一位特使刘定公在会见赵文子的时候，说了这样一句话："美哉禹功，明德远矣。微禹，吾为鱼乎！吾与子弁冕端委，以治民临诸侯，禹之力也。子盍亦远绩禹功，而大庇民乎？"（《左传・昭公元年》）这是一段中国古典文化中很有名的警语，值得世世代代的炎黄子孙置之座右，一日三复。这段话告诉人们：大禹的功绩真是辉煌伟大啊，他的伟大德行定能流传万古。要是没有禹，我们这些人大约都变成鱼了吧！我们现在能戴着礼帽穿着礼服，以治理民众，这都是禹的力量。你何不继承禹的功德，去好好维护民众的利益呢？

我们每一个华夏子民都应该反躬自问：作为大禹的后裔，我们享用着的是"禹之功"，可我们能否"远绩禹功，而大庇民"呢？这是很值得深思的历史课题。

第二功："尽力乎沟洫"，即谓大搞农田水利。大禹疏导洪水入海以后，很快把治水的重点转到修建农田沟渠中去。其实，大禹的治水过程本身就蕴含有农田水利的因素，民以食为天，国以农为本，这是中国的古今不易之理。大禹深明此理，他在黄河流域治水的时候，就把主要的精力放在了治平洪水上，而到了长江以南治理的时候，他考虑的问题又深入了一步，即注重农田水利，排除涝水，开辟良田。他总是一手抓治水，一手抓水利，力求把两者有机结合在一起。

经过相当长一段时间的思索和实践，大禹又发明了“区”这个既蕴含治水系统、又囊括农田水利的新的人类社会生存模式。一些古典文献的记录证明了作为水利系统的“区”的存在。《尔雅》：“吴越之间有具区。”《山海经 · 南山经》：“有浮玉之山，北望具区。”《周礼 · 职方氏》：“扬州薮曰具区。”这些都说明，在历史上，尤其是在南方地区，“区”制的确是存在过的。而《尚书 · 康诰》说：“显民，用肇造我区夏。”这就进一步证明，“区”的实施肇始于“夏”，因此被称为“区夏”。

有学者认为：“区是我国最早的水利工程形式之一，是蓄水工程的先驱和古代堤防工程的演进。”④这样的农田水利模式一直沿袭至今，也逐渐从长江流域扩展到黄河流域，甚至更为广泛的地域。

第三功：“划为九州”。大禹在治水胜利后，将天下“划为九州”。对此，史籍上有不少记载。如《山海经 · 海内经》说：“禹卒布土以定九州。”《史记 · 夏本纪》说：“开九州，通九道，陂九泽，度九山。令益予众庶稻，可种卑湿。命后稷予众庶难得之食。食少，调有余相给，以均诸侯。禹乃行相地宜所有以贡，及山川之便利。”这就是说，开发九州土地，疏导九条河道，修治九个大湖，测量九座大山。他让益给民众分发稻种，可以种植在低洼潮湿的土地上。又让后稷赈济吃粮艰难的民众。粮食匮乏时，就让一些地区把余粮调济给缺粮地区，以便使各诸侯国都能有粮食吃。禹一边行进，一边考察各地的物产情况，规定了应该向天子交纳的贡赋，并考察了各地的山川地形，以便弄清诸侯朝贡时交通是否方便。这里至少有两大方面的好处：一方面是方便朝贡，既考虑朝贡物品，又要考虑到交纳贡物的运输路线。理清了山川资源的分布家底，使各地都能按照物产实力上缴相应的税赋，而不能有所隐瞒和遗漏。因此，国家的财政收入得到极大提高，国富民安，社会稳定有序，四海之内都服从大禹的领导。后人也看清楚这方面的重要作用，《汉书·食货志》有载："禹平洪水，定九州，制土田，各因所生远近，赋入贡棐。楙（通"贸"）迁有无，万国作乂。"另一方面便于粮食调剂，解决粮食匮乏之地的"少食"困难。这是大禹厚生思想之体现，值得一书。

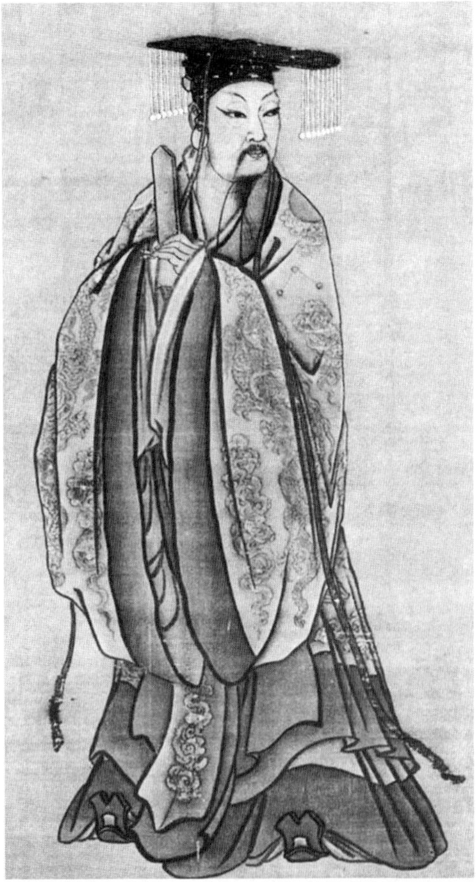

大禹画像

应该说，大禹关注民生的措施是很实在的。"食少，调有余补不足，徙居"。这可是个好办法。物品，尤其是食品，那样的匮乏，怎么办？就临时实行类似"配给"的调拨制度吧。粮食多的地区，你该拿一点出来，粮食少的由组织给予补足一点。"调有余相给"正是为了渡过这个难关。有的地方被洪水冲击得什么都没有了，那个地方一时也住不得了，就集体搬迁，到更适合的地方去建设新家园。

鼓励民众生产自救。不能把治理水患与农田生产绝然分裂开

大禹治水图

来，应该一边治水一边生产。“益予众庶稻”，这是一个大动作。益是一个有经验的实践家，禹就与益联手在一些治水已经取得相当成功的地方播种稻谷，取得成功以后再推广。稻是南方的食粮，后来推广到了北方，打破了自古亦然的南稻北粟的传统格局。

禹还号召人们寻找“鲜食”解一时之难。洪水之灾使大片的田园荒芜了，却给飞禽走兽创造了更为广阔的生存和衍生条件。禹号召有余力的民众上山擒兽，下河捕鱼，猎取飞鸟，这些“鲜食”也可让人们渡过难关。

围海造田也是一大出路。事实证明，这次延续那么长时间的大洪灾是一次遍及全国的大海侵。到大禹治水成功的前后，大海侵退潮了，原先被大海吞没的大片农田重又浮出了水面。禹看到这个好势头，就号召民众围海造田。《越绝书》里说：“大越海滨之民，独以鸟田，小大有差，进退有行。”而“教民鸟田”者，正是大禹，这可以与《史记·夏本纪》中的“可种卑湿”相互印证。在古文中，“鸟”与“岛”可相通，因此，“鸟田”也就是“岛田”，而“岛田”在越民中又称为“丘田”。原来海侵退去以后，海边留下了大片的滩涂地，这些滩涂地如山丘、如小岛一般镶嵌在海边的大片湿地里；潮涨即被水淹没，潮落就露出海面。据一些史书记载，大禹就亲自率领越民进入水中的孤丘，建上围堤，平整丘土，播上百谷。因为当时这些“鸟田”都还是生土，禹与民众一起发明了种一年、养一年，种一丘、荒一丘的轮作方法，这就是所谓的“小大有差，进退有行”。直到当今，这样的耕作方式还在一些地区实行着。

第四功：“执玉帛者万国”，即谓统一天下。开发交通、安定九州，从而奠定了华夏民族的立国之基，使当时以血缘为纽带的氏族部落联盟更加紧密。从《史记·五帝本纪》的记载可知，在尧任部落首领之时，万邦林立，各自为政，很难形成一个统一指挥的治水行动。到了舜时，舜又派了二十二个各部落的首领担任官吏，来分管各方面的工作，再派禹专门负责治水。在当时治水成了头等大事，大禹发挥了他的组织才能，他紧紧团结各氏族首领，把他们作为自己的“股肱心膂”，建立治水机构。按氏族所分布的地域来确定版图，调剂劳力。这样一来，大禹通过治水，把黄河中下游各氏族部落统一成为一个华夏族，把原来组建起来共同治水的机构，逐渐演变成一个国家政权机构，以号令“万国”。这对民族和谐相处起着一定程度的促进作用。在《大禹谟》中，大禹提出的治国“九功”中，“惟和”是极为重要的一功。各族间的和谐、和平是要人们去创造条件维持和发展的。

大禹十分重视与各地区、各部族头面人物的和谐共处。他与东夷族的首脑益关系处理得很好，工作上也配合得十分出色。他与商的先祖，与周的先祖，与秦的先祖，相处的和谐程度都堪称典范。

最具经典意义的是“禹袒裸国”（见《史记·赵世家》）的著名掌故。在治水过程中，禹率治水大军来到了裸国。所谓裸国，就是一个处于天气炎热地带的部族。那里的人，男子除了穿一条裤头外，上身全赤裸着，就是女子，除了穿裤头、胸前束一条布带外，其他部位也是赤裸着的。为了便于与裸国的头领交谈，禹带头袒露着身子入境。随从人员阻止他说：“不可这样，华夏是礼仪之邦，袒身见客，成何体统？”禹笑着回答道：“入乡随俗，入裸国尊重裸国的礼数，这也是礼仪啊！”就径直赤着膊去见对方的头领了。对方头领看到禹是那样尊重他们的习俗，高兴得不得了，后来还帮助大禹一起治水呢！

后来赵武灵王在决定要实施“胡服骑射”时，也说到了这个故事，他说，舜的舞《有苗》，禹的袒裸国，都是敢于突破成见的勇敢行为。要实现“惟和”的目标，就得敢于随他人之俗，这样才能做到“和而不同”。

这样看来，禹的功绩的确是大大高于其他人，他的才干和德性，都在众人之上，一个以大禹为代表的时代的到来，是不成问题的了。

成为“三代”第一王

大禹治水成功之后，舜采取了一系列提高禹的声望与地位的措施，看来，舜是真心实意让禹接班的。事实上，当时即使有人想觊觎帝位，就凭“唯禹之功为大”这一条，也很难撼动禹的地位了。

为了肯定禹的接班人地位，大约在治水成功后不久，舜就采取了一个非同寻常的行动，就是“豫荐禹于天”（《史记·五帝本纪》）。这也是前所未有的。舜帝征得了“四岳会议”的同意，举行了一个仪式，向上天“豫荐”，“豫”者，预也，事先也，即肯定禹为未来的“天子”。这离禹娶涂山女也不过七八年的时间，此时的禹还很年轻，大约是三十七八岁的样子。

这个“豫荐”的天子一当就是十七年。帝舜崩后，他还要为舜守丧三年。这样看来，禹真的当上天子，那是在“豫荐”后的二十年。好在那时他的年岁也还不算大，就是在五十七八岁这个年龄段吧！

当上天子后，禹仿照舜当年的做法，谦让地要让位给舜的儿子商均，而躲避到自己的势力十分强大的阳城去了。商均是个只知吃喝玩乐的不肖子，老百姓怎么可能让他上台？那些有志之士都纷纷“去商均而朝禹”。一番谦让之后，禹就顺理成章地当上了天子。为了安抚尧、舜的后人，又对他们进行了册封。

人们拭目以待，禹会成为一个怎样的天子呢？关键的问题是，他会成为五帝之后的第六帝吗？不会，正如著名学者李学勤说的：“禹不是属于五帝时代，而是三代的开始。”⑤

五帝时代已经走到了它的末路。贫富的分化，贵贱的分流，社会管理机构的官僚化，已经使以禅让为形式的推举制度难以为继。如果是完整意义上的禅让制度，新的选举出来的天子是不用客气地对前朝天子的儿子一让再让的。新任天子要让位给老一任天子的儿子(哪怕只是形式)，说明在大多数人心目中“传子制”已经被认可，只是尧和舜两朝都没有一个“好儿子”来接任罢了。

这一点，舜心里明白，禹心里明白，连普通老百姓心里也明白。

禹登上天子位以后，他要做的是怎样为传子制度打开一扇方便之门。

禹需要一个“好儿子”。他没有娇惯自己的儿子，而是利用自己天子的高位砥砺和锻炼他。在禹治水时，儿子启还小，他不可能有所作为。但是，在被舜“豫荐”于天后的二十年间，启已经长大，他是完全可以从父亲那里学到些东西的。在这段时间启经受了锻炼，那是毋庸置疑的，不然社会上就不会有“启贤能”的传闻。在那样的社会条件下，这作假不了。

禹当了天子以后，一大举措就是实行礼制改革，这一点被历代的史家所忽视了。中国是礼仪之邦，夏代又是中华礼仪的源头，禹的礼仪改革是为整个社会改革打基础的。《史记·封禅书》中说到：“自禹兴而修社祀。”这是一个大动作，也可以说是带有根本性的礼制改革。五帝以来，一直是将“敬天”作为礼之本，现在反过来了，把“敬地”作为礼之本。“修社祀”，就是敬祀土地神。

敬地，意味着禹当上天子以后，要着重发展农业生产，只有农业发展了，他所掌管的那个政权才能稳固。夏代农业的大发展，起始于“修社祀”这一思想和意识形态的变革。

作为“三代”第一王，禹还要展示比五帝更加强有力的权威。机会很快来了。这事发生在一次会议上。古代交通和通讯都不便，开次会不容易。因此，人们对会议的重视程度是后人难以想象的。在《国语·鲁语下》中有一段著名的故事：“昔禹致群臣于会稽之山，防风氏后至，禹杀而戮之。其归节专车。”说的是禹要在会稽山那里开一次诸侯大会，结果防风氏没有准时到会，这使已经当上天子的禹大为光火，一怒之下把他杀了。不只“杀”了，死后似乎还不解气，还要“戮”尸呢！

这究竟是怎么回事，已经难以考稽了，但有两点是可以肯定的：其一，防风氏一定是一个强悍的人物。你看他长得高高大大的，死后一根大腿骨都可以放满一车子，其人有多高大就可想而知了。当然，这只是一种隐喻，暗指其部族有力量、不可一世，平时一定也对中央采取轻慢的态度。其二，禹是在借题发挥，以显示其权威，他要告诉人们一个发展了的真理：现在已不是氏族民主的那个时代了，王的权威是不容动摇的。

当然，这只是作为“三代”第一王的小试锋芒。为了拓展一个新时代，创建一个新王朝，王的权威不仅不能削弱，还得进一步加强。

注释：

① 李学勤：《李学勤说先秦》，上海科学技术文献出版社2009年版。

② 《郭沫若全集·历史编（一）》，人民出版社1982年版。

③ 李学勤：《遂公盨及其重要意义》，《中国历史文物》2002年第6期；《遂公盨与大禹治水传说》，《中国社会科学院院报》2003年1月23日。

④ 陈瑞苗、周幼涛主编：《大禹研究》，浙江人民出版社1995年版。

⑤ 李学勤：《中国古代文明十讲》，复旦大学出版社2003年版。

04 禹定九州和铸九鼎

天下九州的划分

大禹成为天子以后，干的第一件大事就是“定九州”。什么意思呢？就是要进行全国性的地理区域划分。这个划分是有一定依据的。“禹敷土，随山刊木，奠高山大川。”（《尚书·禹贡》）在大禹之前，五帝也进行过地理区划，但主要是依据名山大岳划分的。我们常说“四岳”，尧舜时期还要定期举行“四岳会议”，所谓“四岳”，就是四座名山及其周边地区分别作为一个地理单元，地域的明确界限呢，那是不太清晰的。这次禹的划定九州就大不一样了，他亲自攀山越岭，驾舟渡河，进行实地考察，范围比四座大山那是广很多了，然后通过对“高山”和“大川”的综合考察来划定九州的四至和疆域。这是与禹的治水经验密切相关的。从中也可以看出，通过治水，我们的民族在进行区划时除了依据举目即见的高山，大河已经被纳入了他们的视野，这是一个了不起的进步。在州与州的交界线上，还进行“随山刊木”，就是在分界线所在地区的树木上刻上特殊的记号，这相当于后世的“界碑”了。

关于禹定九州的地望，《尚书》和《史记》都说得有点儿玄乎，倒是战国时期的大思想家吕不韦说得清楚明白。“何谓九州？河、汉之间为豫州，周也。两河之间为冀州，晋也。河、济之间为兖州，卫也。东方为青州，齐也。泗上为徐州，鲁也。东南为扬州，越也。南方为荆州，楚也。西方为雍州，秦也。北方为幽州，燕也。”（《吕氏春秋·有始》）他把大禹划定的九州与战国时代的列国疆界联系起来讲解，比对起来，吕不韦的说法与《尚书》与《史记》的说法略有差异，比如把梁州和雍州归并在一起，称西方，认为那是秦地，另外又新添了一个北方的燕州。有变化，也更现实和清楚了。这样看来，禹的定九州的确是及于当时所谓的“天下”的。

禹划定九州的依据除了众所周知的自然地理因素外，看来更为重要的是：当时天下多个文化区系的基本形成。考古学家苏秉琦先生以为，新石器时代在中国的广大领域内已经形成了文化的六大区系，那就是：以燕山南北长城地带为重心的北方文化区；以山东为中心的东方文化区；以关中、豫西、晋南为中心的中原文化区；以环太湖为中心的东南文化区；以环洞庭湖与四川盆地为中心的西南文化区；以鄱阳湖—珠江三角洲为中心的南方文化区。苏秉琦强调：“中原影响各地，各地影响中原。”李学勤先生在此基础上又增加了西北文化区，合称七大文化区。[①]这些文化区大致上是与禹划分的“九州”相对应的。可以想见，通过禹对九州的划定必能更好地促进各大文化区特色的显现和交融的加速。

禹是一个办事特别认真的人，他认为“定九州”是件特别重要的事，必须亲自带领僚属去干。划定州界的工作是从冀州开始的，那是五帝中的尧舜二帝的政治中心地带，也是自己生身的那个华夏族的生存故土。他这样做，一是为了表示对尧舜二帝的尊崇，二是为了张扬以夏文化为主体的中原文化。他要通过划定冀州拿出个标本来，嗣后的区划都得按这样一种模式来办。事实上也是如此，后面其他州的划定取的都是“冀州模式”。

禹为何要花那么大的劲划定九州呢？《左传·襄公四年》曰：“芒芒禹迹，画为九州，经启九道。”西晋人杜预又注曰“启开九州之道”。在此多少作了某些回答。

其一是为了明确“芒芒禹迹”。也就是要证明十三年治水的业绩。当时是，普天下的民众都在说大禹治水怎么的了得，都在说禹的功绩是谁都比不上的，可是事实呢？他要用事实来加以证明。一边巡视一边划定州界的过程，也可以说是向世人证明治水业绩的过程。

应该说，记录在《尚书·禹贡》篇中的证明材料还是十分丰富、具体、生动而有说服力的。比如在介绍兖州时说道：济水与黄河之间的一大块土地称为兖州。此时，黄河下游的九条河道已经疏浚，畅通无阻，用以蓄水的“雷夏泽”已经建成，并且已经发挥作用。大洪水时期有大批的民众到丘陵高地上去避灾，现在已经扶老携幼地回到了平原上居住了。在那里，野草生长得特别的茂盛，树木的枝干特别修长。人们在宅前栽种上桑树，开始养蚕织布了。这是一幅农家乐的全景图，也可以理解为是对治水成就的歌功颂德图。听到这样的描述，还有谁会怀疑大禹治水的成果呢？

大禹划九州，其实是为了巩固统治的需要，禹要废止行之久远的禅让制，开创传子制度的新时代，没有崇高的威望是办不到的。

其二是为了有利“经启九道”。治水的成功不是整个事业的终

今黄河壶口瀑布水势凶猛

结，而是新的事业的开始。可以说，禹在划定和巡视九州的过程中，也不时寻找着尚且存在的问题，以求及时加以解决。即使一时还找不到解决问题的良方，大禹也要把问题提出来，让后人适时地加以解决。

其实，好多事情都不是十三年间所能解决的。大洪水带给人们的灾难是极为重大的，甚至是毁灭性的，非要经过数十年甚至上百年的治理才能得以恢复，在这一点上，大禹表现得既自信又清醒。在讲到冀州的状况时，既指明壶口工程已经启动，梁山和岐山已经开凿，又强调这两大工程都还没有完工，需要作长期的努力。在讲到扬州和荆州的状况时，指明这两州都存在着大量的"涂泥"，也就是滩涂的低湿地。这些低湿地如果不去利用，可能成为滋生病害的基地，而如果好好利用将可以增加大量的可耕土地。在讲到冀州、青州的状况时，都提到了“厥土唯白壤”的问题。中原和山东半岛一带的土壤应该是“黄土”或“黑土”才对，怎么变成“白壤”了呢？原来这是大洪灾过后的必然现象。因为大洪灾把大量原先在海水中的盐分带到了陆地上，大洪水退去后，就在土壤的表层留下了白色的盐分。要清除已经渗入土地内部的盐分，可能比治理洪水更困难些。要大禹马上解决这个问题当然是不现实的，但话要说回来，大禹敢于面对这个现实，就是极为了不起的。

就说“壶口工程”，当年已经启动了（“既载壶口”，见《史记·夏本纪》），但是他没有说已经完成，完成壶口工程那是千百年后子孙的事。大禹把这个问题提出来，可以看成是对后人的深情嘱托。两千余年后，雄才大略的汉武帝亲自指挥群臣去堵塞瓠子的决水，从这个意义上讲，汉武帝也是“大禹治黄”遗嘱的一位杰出执行人吧！

三是为了有效“监治天下”。这是定九州的根本目标。黄帝时代是天下万国。黄帝是名义上的天下共主，那么多的“国”存在在那里，怎么管也管不了。后来黄帝为了强化天下的一统性，“置左右大监，监于万国”。结果也收效甚微。天高皇帝远，你怎么管也管不了他。到了尧、舜时代，好了一些，设立了“四岳”，由他们代表天子管理四方。但是，由于这种管理缺乏经济上的联络和政治上的依托和认同，还是形同虚设。

而禹设立的九州制度就很不相同了。它把天下紧紧地连结在一起，使之成为一个利益攸关、步调一致的经济、政治、文化共同体。

九州制度首先是一种政治制度，它宣告了“九州攸同”的政治原则，也就是九州域内的所有人，不管你来自哪个氏族、部族、民族，不管你来自东方、西方、南方、北方，你都得“攸同”于“九州”。你首先是个“九州人”，然后才是冀州人、青州人、扬州人……这个观念是禹首创的。正是从这一观念出发，防风氏不把“九州”的“天下共主”当回事，该杀、该戮！为了防止类似的事件发生，建立九州后，后来还建立了严密的州牧制度。这样就不再是天高皇帝远了。州牧就是天子的代表，你听天子的就得听州牧的。

九州制度也是一种经济制度。各地的气候条件不同，地理自然环境也不同，矿物资源条件也不同，这样发展经济的状况也会不同。这种不同，要受到中央政权的督察，看是不是充分利用了本州的有利因素，回避了不利因素，同时也要看与中央的整体规划有无抵触。因此，这种经济制度又是一种民生制度。禹是历来以重视“厚生”著称的，哪个州玩忽民生，他是决不答应的。禹是把“九州攸同”与“四奥既居”连起来用的。他告诉天下的各路诸侯，如果你真心赞同九州和睦相处，那你首先要让天下四方（四奥）的百姓安居乐业，有吃有穿。这就是民生。

九州制度也是一种文化制度。以中原为中心，认同中央的权威，这本身是一种文化。建立九州制度，加强各州际、各地区之间的交流和走动，这也是一种文化。文化最终促成了中华民族大家庭的形成。

九州制度更是一种贡赋制度。“自虞、夏时，贡赋备矣！”（《史记·夏本纪》）贡赋制度是禹的一大发明。在他之前，贡献是献给上帝和鬼神的，祭祀时放在供桌上的那些吃的用的，就是贡献。禹是把贡献制度大大世俗化了。你不是承认天下一统吗，你不是对天下共主怀有敬畏之心吗，那好，就请你献上你的贡赋来。下面，我们就来讨论大禹创立的贡赋制度吧！

禹贡制度

大禹发明的贡赋制度，在中国历史上被称为“禹贡制度”。

“禹贡制度”的特点就是将原先的“祭神祀祖制度”世俗化。在道理上也说得过去。管理整个天地间的最高权威是上帝，而地上的最高统治者是天子，也就是上帝之子。尧、舜、禹这些人，都是天子，都是上帝派到人世间来统治人们的。因此，敬上帝，就要按时祭祀；

尚书禹贡图

敬天子，就要按时交贡赋。

夏代王位世袭制的确立，专制君主的产生，国家机构也得进一步加强。为了强化统治，保证法令的通行，夏王朝加强了对贡的征收，其原则是“任土作贡”，这是禹发明的，后来一直沿用了几千年。

“禹贡”表面上是一种经济关系，实质上代表了一种上下级的政治臣属关系。孔颖达为“贡”字作疏时说：“贡者，从下献上之称也。”你献上贡物，首先在思想上就得承认自己是“下”，而对方是“上”。当时禹划定的是九州，九州的中心是冀州，那是中原之地，是王城之所在，是尧、舜、禹时代的政治中心，因此它是不需要进贡的。禹贡只能是除冀州之外的八州向禹领导的中央政府进献，进献物的接收地也是冀州，是王城。

“禹贡”定下的规矩是“任土作贡”。不要求一律进贡什么，也不要求进贡多么珍异的东西。只要贡上你这个州的土特产就可以了，这是所谓的“任土”。土特产代表了一方水土，代表了社稷江山。现在看来，记录在《尚书·禹贡》中的许多贡物的确是很平常的，只能代表一方土产。如兖州贡的漆和丝、青州贡的盐和葛布、徐州贡的五色土、扬州贡的鸟的羽毛和兽的皮革、荆州贡的磨刀石和柏木，都算不上是什么稀世珍品。但是，因为是一方土特产，它的象征意义要远远大于实用意义。王者需要的正是那种深层的象征意义。一定意义上说，禹贡就是表明了一方臣服和四方归顺的思想观念。据说，禹看到徐州献上的五色土时特别兴奋，因为他把五色土当成了“社稷之物”。一个地区把社稷之物都献上了，那里的一方诸侯肯定是臣服的了。

“禹贡”一般规定为一年一贡。夏朝是以夏历正月为岁首、十二月为岁末的。岁贡放在岁末。先是由天子举行一个庄重的仪式，亲自接收贡物。后来逐步制度化，由礼官专管此事，不过天子仍然十分关切此事。如果一个地方到时没有送上贡品来，就可以谋反的罪名治他的罪。后来夏桀就是以商汤迟迟不交贡品的罪名把他囚禁在夏台的。可见，一年一贡的规矩在夏的历史中是坚守了的。

在贡品中，被夏王朝的天子最视为珍物的是玉石。从观念上讲，玉为王者之物，除王之外的人是不配佩玉的。因此，从《禹贡》篇看，凡是产玉的州，都要贡玉。

在贡品中，还有一样也是被夏王朝的统治者特别珍视的，那就是铜。当时，不只产铜的州要贡铜，不产铜的州也要贡铜，连位置处在中央的冀州也要贡献出一定分量的铜来。这是怎么回事呢？原来夏禹是要用这些进贡来的铜来铸“鼎”。

禹铸“九鼎”和王权建设

在远古时代，铸鼎是天子政权建设的重要环节。

鼎原是古代社会的一种炊具，又可作为盛熟食之器，多用陶土或青铜制成。圆鼎为两耳三足，方鼎为两耳四足。中国人信奉“民以食为天”，因此后来鼎就渐渐演化为一种宗庙的礼器和墓葬的明器。再后来，就演变为一种代表政权的神器了。

鼎作为一种传国的神器，有一个发展过程。

据传，在很古的时候，有个叫太昊的人统一了天下。天下的老百姓过着十分安康的生活，有感于此，太昊制作了一个神鼎。他之所以制作“一个”神鼎，意思是“一者一统也”，希望天下永远太平，永葆

网格纹鼎（夏代晚期，河南二里头出土，中国社科院考古研究所收藏）

一统天下。

这当然只是个美好的愿望，太昊帝死后，天下大乱。在大乱中“太昊鼎”也不知哪里去了。黄帝来到人世时，当时仍旧是诸侯间你打我、我打你，战事绵绵不绝。黄帝想：那不行，整天的战争最终不是苦了民众吗？于是，他一面以德喻天下，一面习用干戈，把那些“不享”的诸侯征服了，天下算是太平了。在一次封禅天地的祭祀活动中，他“获宝鼎”，也就是那久已失传的太昊鼎。他认为这是上天的启示，太昊宝鼎就是上天赐予他天下的明证。

受到这一启示，黄帝后来就制作了三只宝鼎，以象征自己能成为天下共主，是得到天、地、人三个方面的允诺的。

到了禹平定水土成功后，禹为了仿照太昊帝和黄帝故事，也开始筹备铸鼎。怎么铸？铸多少个鼎？对他来说是个难题。一时似乎没有好的方案。后来，他正式当上天下共主有几年了，因为各地都风调雨顺，所贡的物品渐渐丰赡起来，尤其是青铜，因为格外珍贵，各地多有贡献。禹的手下施黯便请示说："现在九州所贡之金年年积多，作何用处呢？"禹正想效仿前人功成铸鼎，又不想完全承袭他们的做法。思来想去，决定召开"九牧会议"征求意见。一听说要像太昊、黄帝那样铸神鼎，所有的人都表示拥护。铸怎样的鼎呢？大家一致的意见是：太昊铸一只鼎象征统一，黄帝铸三只鼎象征天、地、人三者的和谐，那我们就要铸九只鼎象征九州天下一统。大家都说这个意思好。"九"者，"久"也。九鼎也含有国运恒久的意思。②

有位州牧（州的行政长官）提出的意见也至关重要。他说："我们铸的鼎也要把太昊帝的'天下一统'和黄帝的'天地人贯通'的精神融会进去，因此，这铸鼎的铜不能来自一地，应取九州产的铜，浇铸而成九鼎。"这位州牧的意见马上获得了一致的赞同。

天子禹最后总结说："哪一州所贡之金（青铜），就拿来铸哪一州的鼎，将该州内的山川形势都铸在上面，让后世的人们懂得这江山如金属浇铸出来的一样永固。我从前治水时在那里所遇到的各种奇禽异兽、神仙魔怪等，也一一刻出。至于形象，我和伯益都有草图画出，现在一并铸在鼎上。将来鼎成之后，设法将图像拓出，昭示给九州百姓，使他们知道哪一种动物有益，哪一种动物有害。免得他们跑到山林、川泽里去劳作，遇到不好的东西，自己也不知道，受了魑魅魍魉的害，还不知道是怎么回事，懵里懵懂，不知利害。这样，岂不也是为百姓做了一件有益的事情吗？"

商代晚期子龙鼎(河南辉县出土,现藏于中国国家博物馆)

于是,“禹收九牧之金,铸九鼎”(《史记·封禅书》)。这件夏代历史上也许是最伟大的事件就产生了。

据说九鼎作为传国的重器,作为国家政权和帝位的象征,在夏王朝的王宫里安放了许久许久。

作为传国的重器,九鼎的归属也是无常的。后来,夏桀昏聩惑乱,九鼎变成了商的宝器。再后来纣王暴虐不堪,九鼎又成了周的宝器。有人说九鼎沉没在泗水彭城,秦始皇出巡泗水彭城时,曾派人潜水打捞,结果无功而返。

在《左传·宣公三年》中,有一则“楚子问鼎”的故事,讲的是:楚庄王时代,周王室已经十分的衰弱。楚庄王趁攻打戎人的机会,驻兵于洛水，在周王室的领地里耀武扬威地举行阅兵仪式。这时，宽厚而软弱的周定王还是派王孙满去慰劳楚国军队。而野心勃勃的楚庄王竟大声问周王的使者道：“不知禹制作的九鼎有多大有多重？”王孙满不客气地回答：“问题根本不在于鼎的轻重大小，而在于执政者是否有仁德。当年大禹是个有大德的君主，正因为有大德，远方的人们才会甘心情愿地把各种物品奉献给中央，九州的牧长也才会进贡贵重的青铜，大禹就把这些青铜铸成九鼎，让老百姓懂得何为善、何为恶，让老百姓懂得天下一统的重要性。后来夏桀不争气，鼎就流到了商，再后来又流到了周。现在，周王朝的仁德虽然在衰微，但是天命还没有改变，鼎的轻重难道是你可以随便问的吗？”在如此警告式的一席答话中，可见鼎不是一般的器物，岂能容忍楚子“问鼎”？楚庄王无言以对，只得红着脸退了下去。

写在《左传》这部史书上的王孙满的这段话，捍卫了“禹鼎”的庄严性，它的内涵是十分丰富和深刻的。王孙满所说的“在德不在鼎”说明了有仁德的人才能制作出这样的鼎来，也只有有仁德的人才能得到“禹鼎”这样的传世重器。王孙满的说辞中还包孕着“革故鼎新”的社会发展变迁观。《易·杂卦》：“革，去故也；鼎，取新也。”这是历史的必然。夏与商、商与周之间的不断“鼎迁”，正好说明了“革故鼎新”的历史发展常规。

对于这段历史故事，考古学家张光直先生有如下精到的论述：“其一，《左传·宣公三年》讲‘远方图物，贡金九牧，铸鼎象物……用能协于上下，以承天休’这几句话，是直接讲青铜彝器上面的动物形的花纹的。各方的方国民众将当地特殊的物画成图像，然后铸在鼎上，正是说各地特殊的通天动物，都供王朝驱使，以协于上下，以承天

西周大克鼎（陕西扶风法门寺任村出土，现藏于上海博物馆）

休。换言之，帝王不但掌握各地方国的自然资源，而且掌握各地方国的通天工具，就好像掌握着最多最有力的兵器一样，是掌有大势大力的象征。其二，《左传》里的‘贡金九牧’与《墨子》里的‘折金于山川’，正是讲到对各地自然资源里面的铜矿锡矿的掌握。‘铸鼎象物’是通天工具的制作，那么对铸鼎原料即铜锡矿的掌握，也便是从基本上对通天工具的掌握。所以九鼎不但是通天权力的象征，而且是制作通天工具的原料与技术的独占的象征。其三，九鼎的传说，自夏朝开始，亦即自中国历史上第一个王朝开始，也是十分恰当的。王权的政治权力来自对九鼎的象征性的独占，也就是来自对中国古代艺术的独占。所以改朝换代之际，不但有政治权力的转移，而且有中国古代艺术品精华的转移。”③这一精辟的论述，把“夏铸九鼎”的初衷与

“泗水捞鼎”汉画像砖。出土于河南新野。此砖现藏于新野县汉画砖博物馆。故事见于《史记·秦始皇本纪》:“始皇还,过彭城,斋戒祷祠,欲出周鼎泗水。使千人没水求之,弗得。”

发展脉络说清楚了。

“禹铸九鼎”的说法已被当代考古学发掘的成就所证实,本身就改写了中国青铜时代的历史。史家认为:“在文献中,有夏代冶青铜的记载,如‘禹铸九鼎’和夏启命人在‘昆吾铸鼎’的说法,出土的铸造铜器的遗存可以为证。”④二里头遗址大量青铜器以及制作青铜器工场的发现,证明了“禹铸九鼎”的历史可能性。因为禹铸造九鼎,直到现在,“一言九鼎”“问鼎中原”等,还是人们常用的词汇。

当然,禹所铸“九鼎”至今未见出土,仅见于史料记载,这不能不说是一桩憾事。

禹,一个新历史时期的领军人物

正像西欧的但丁是中世纪的最后一人、又是近代历史的第一人一样,大禹也是一个“一身而二任焉”的人物。他可以说是中国原始社会的最后一人，同时，他又是新的阶级社会的第一人。

禹的可贵之处在于，他在抛弃一个已经不符合时代潮流的、即将被淘汰的社会的同时，又充分地从传统社会中吮吸了多少万年传承下来的丰富的思想养料。这样，作为一个新历史时期打头阵的领军人物，他血管里流淌着的仍然是人们所熟悉的列祖列宗的血液，音容笑貌，酷似乃祖，精神气质，一如圣贤，而他的所作所为，又是在悄无声息地埋葬一个旧世界，打造一个新世界。

他在传统社会中，是道德的楷模。帝舜时，就提倡“令民皆则禹”。“则禹”，就是以禹为准则，即以禹为榜样，让大家都学习大禹精神，这是对的。

他在新生的私有制社会中，是个勇敢的先行者。他不怕别人说三道四，把君位传给了自己的儿子。

禹，他的一生业绩本身就为“何谓批判地继承”写下了最好的注脚。

春秋战国时期的那些文化大家，是读懂了大禹的——虽然各人所取的视角并不相同，认识上也有很大的差异。但对他的赞誉可说是众口一词。

孔子是禹的精神膜拜者，他说：“禹，吾无间然矣！菲饮食而致孝乎鬼神，恶衣服而致美乎黻冕，卑宫室而尽力乎沟洫。禹，吾无间然矣！”（《论语・泰伯》）可以想见，孔子是带着十分激越的心情说这番话的。他赞许禹的刻苦、耐劳、大公、无私。他所说的“无间然矣”，相当于说，这样的人我没有任何可挑剔的了。

而孔子的私淑弟子孟子不只倾倒于大禹的人格魅力，还直接为禹的传子制度一辩了。他的学生万章对老师传递了这样一个信息，说现在不少人都以为禹之传子是一种“德衰”的表现，说明禹的品格不及前圣。面对世人的责难，孟子断然否定。他的意思很清楚，义与不义是相对的，在不同的历史条件下“义”的内涵可以有不同的解读。到了私有制的存在已经成为公开的秘密的情况下，像禹那样顺乎潮流实施传子制度，相反倒是“义”的表现。孟子维护了大禹的圣人形象。

墨子则俨然以禹的继承者自命，“昔之圣王禹汤文武，兼爱天下之百姓，率以尊天事鬼，其利人多，故天福之，使立为天子。”（《墨子·法仪》）认为自己力主“兼爱”，其源盖出于“其利人多”的大禹。墨家的巨子们穿衣、吃饭、行事，全都以大禹为榜样，他们是大禹精神的最忠诚信徒。

集各家思想之大成的吕不韦，一般不轻易赞人，可是，一提及大禹时却佩服得五体投地。他着重赞誉了禹的礼贤下士之风，他写道：“禹一沐而三捉发，一食而三起，以礼有道之士，通乎己之不足也。通乎己之不足，则不与物（人也）争矣！”（《吕氏春秋·谨听》）禹那样看重“有道之士”，无怪乎他治水时总是有那么多人能帮他了。

连历来甘心于寂寞人生的庄子也出来凑热闹，盛赞禹的品格和道德精神。他赞扬禹治理洪水的伟业，在当时极困难的条件下，大禹能通四夷九州，把治水的范围推向天下，这是极不容易的事。此为《庄子·杂篇·天下》中所记墨子对禹的称道：禹治名川三百，支川三千，小者无数，而且禹亲自操橐耜而九杂天下之川，沐甚雨，栉疾风，置万国，结果成了个走路不便的跛子，即便那样，他还是奔走在治水道上。庄子的结论是：“禹大圣也！”他对禹的总体评价是：禹是个非同寻常的“大圣”，他的作为影响了天下大势。

我们列举诸子对禹众口一词的表彰，是想破译一个千古的秘密：作为为新时代的诞生冲锋陷阵的先驱人物，他是被后世保守派人士和激进派人士都认同的人，在他的身上，熠熠闪光的是那种普世的价值观。

禹没有因为要抛弃一个旧世界而抛弃旧世界的一切。他牢牢地把握了传统的、普世的价值精神——大公精神、无私精神、利他精神、民生精神——使他真正成为民众心目中的“大圣”。既然禹是这样的一个人，人们就不会去怀疑和反对他的事业了。

大禹的这种普世精神，一直延续到他的晚年，排除了在不少先驱人物身上存在的晚节不保现象。

十三年治水的辛劳摧残了他的身体健康，被阳光灼伤了的变得暗红色的皮肤时常发生溃烂，他的背脊是永远直不起来了，他的腿关节出了问题，走起路来永远是一瘸一瘸的，人们笑称为“禹步”。他瘦弱，但精神还好。事关民生的九州大事，禹从来不肯搁置到第二天去办。

“五岁一巡狩，禹遵之。”（《史记·封禅书》）这是禹晚年生活的写照。那时他已年过六旬，身体更加虚弱。可是，他的脑子记得很清楚，哪一年应该是他的巡视九州和大祭天地的年份，他要他的部属为他早作准备。部属感到很为难，都病成那个样子了，还出巡？他的回答响亮而明确：“五岁一巡狩，这是黄帝开始定下的规矩，不能因我而废了规矩。”这就是司马迁写《封禅书》时写上“禹遵之”一语的出典。

这次巡狩，禹特地带上了儿子启。在定九州、铸九鼎中，启都参与其事，并赢得了“夏启贤”的美名。这次巡狩也许是禹的最后一次了，不能没有启的参与。一切让启去张罗，禹只在一旁指点。他心中明白，经过这次巡狩的历练，启一定会成为众望所归的新一代君王的。

“禹行自冀州始。”（《史记·夏本纪》）九州山山水水，都是禹熟识的。投入九州的山水怀抱，使禹的精神反而好了许多。禹与儿子启一起，每天都要同民众会面，从闲聊中体察民情、民心、民风。启年富力强，上上下下跑个不停，一如禹当年一样活跃热情。他与民众的贴心，也一如父亲，这是让禹最为高兴的。

这次巡狩的重头戏是要进行一次封禅大典。“封”就是封土为台，祭上苍；“禅”就是辟土为场，祭地王。从三皇五帝以来，祭天的地方在泰山，这已经约定俗成，不可更改。而禅地可因情势而变。在封泰山之后，禹问启：“你看，禅地放在何处为妥？”启不假思索地说：“会稽是父亲治水的最后一站，又曾是会合诸侯的处所，把禅地放在会稽吧！”禹笑了，满意地说：“你说的正是我想的，就把禅地放在会稽这块风水宝地吧！”

在“禹封泰山，禅会稽”过程中，启一直是打前站的。忙完了泰山之祭，启马上奔赴会稽山。等大禹一行来到会稽山时，启已经在会稽山顶辟出了一块三丈见方的平坦的祭地，香烛等也一应俱全。禹缓缓地上得山来，神态自若，而体态虚弱。

禹在祭地的东首坐北面南，让启站立在自己的身边，九牧和各路诸侯就站立在他们的身后。司仪官宣布“禅地大典”开始，当司仪官要禹讲述祭词时，禹却把目光投射向站在自己身边的启。司仪官心领神会，邀请启口述祭词。启也不谦让，只是在讲述过程中申明是代表父亲口述祭词的。

位于浙江绍兴会稽山麓的大禹陵

当禹回到会稽的住处的时候，他已无力坐起。他平静地口述了自己的身后事。嘱咐随员丧事一定要俭办。后世的墨子根据民间传说记下了禹的临终嘱托。禹说，在他的尸体上，只要穿三套衣服就可以了，棺材板只要三寸厚就够了，不要建坟，埋在地下不太深的地方就可以了，那样农夫还可以在坟上面种地。请注意最后一句话：“则止矣！”什么意思呢？禹是告诉大家，丧事办完以后，你们就应该去办自己应该办的事了，一切到此为止，不要再哭哭啼啼、悲悲切切了。正像鲁迅先生日后所说：“忘记我，管自己生活。”

大禹就葬在会稽山头，简简单单的。

大禹走了，他什么都没有带走。

大禹走了，他留下了许多——

他留下了神州禹域。

禹王碑（位于岳麓山巅）

禹王碑文（局部）

他留下了天下九州。

他留下了无私无畏、一往无前的“大禹精神”。

他留下了礼义诗书的华夏人文。

他留下了一个时代。一个以家天下为标志的新时代。

安徽怀远县境内有禹墟和禹王宫，陕西韩城县有禹门，山西河津县城有禹门口，山西夏县中条山麓有禹王城址，河南开封市郊有禹王台，禹县城内有禹王锁蛟井，湖北武汉龟山东端有禹功矶，湖南长沙岳麓山巅有禹王碑，甚至远在西南的四川南江县还建有禹王宫，而河南洛阳更有大禹开凿龙门的传说……这些遍布中国的大禹遗迹，深深地记刻着大禹的丰功和人们的思念。大禹是我国古代最受人们崇敬的伟人之一。

注释：

① 张耀南编：《李学勤讲中国文明》，东方出版社2008年版。

② 后世学者对“九鼎”是一只鼎还是九只鼎有歧义，作者此处取九只鼎说。

③ 张光直：《中国青铜时代》，三联书店1999年版。

④ 唐长孺、李学勤、周一良、邓广铭：《中国历史通览》，东方出版中心1996年版。

夏王朝的建立 05

禅让和禅让制度的衰微

对人类社会和社会组织的研究，春秋战国时期的诸子百家都有所涉及，而尤以荀子的说法最为精到。他在《荀子·王制》中讲了人类社会的三大要件：合群、分工、礼义。那么，由谁来组织“合群”呢？由谁来安排“分工”呢？又由谁来倡导“礼义”呢？对这些，荀子都想到了，他认为这些必须由通过民主选举制度推出的既能“善群”又会“使下”的贤能君王来做。

问题是，这些能“善群”、会“使下”的贤能君主，到了一定年龄要衰老，要死亡，需要新一代的君主去接替权力。怎样顺利地实现新老君主之间的权力转移和接替？办法有了，那就是实行“禅让”制度。

何为“禅让”？“禅让”这个词由“禅”与“让”二字组合而成。《史记索隐》称：“禅者，传也。”“禅”道出了“禅让”制度的主旨，就是要实现统治权的自然传承。“让”，是讲统治权传承的具体方式和方法。表面上看，“让”有“谦让、推辞”的意思，也就是“推贤尚善曰让”(《书·尧典》孔颖达疏)。通过礼让，最后要推举出会“使下”、能“善群”的贤人善人来接任君主之位。

在《孟子·万章上》中，孟子与他的学生万章之间有一段十分精彩的讨论“禅让”的文字。学生万章问老师：“当年尧垂老时，把天下送给了舜，有这样的事吗？”孟子回答道：“那是不可能的事，天子不可能把天下轻易送给哪个人。”万章又问：“如果真像老师说的不是尧送的，那么，舜得到的天下，是谁给的呢？”孟子回答：“是上天给的。”万章又一次追问：“上天凭什么把政权给舜而不给别人呢？”孟子说：“上天就是凭舜的优秀品德和行事能力来决定这样做的。”最后，孟子得出了禅让是“天受（授）之”和“民受（授）之”兼而有之的结论。

综合相关典籍，可以知道“禅让”制的实施过程大致上是这样的：先是在日常生活中涌现出了一批德才兼备的优秀人物，他们“以行与事示之”，也就是说他们的德行和办事能力，使其成为社会上崭露头角的优秀人物，引发了人们的崇敬和钦佩。老一代的君主（首领）利用“巡行”天下的机会对这些优秀人物进行考察和筛选。到了一定时候，君主召开“四岳”会议，或由君主提议，或由“四岳”提名，经过充分讨论，决议出“禅让”的人选来，这就是所谓的“天受之”。名单提出后，还得征得本人的同意，在当时，因为当首领没有什么好处可得，而对当选人的要求又十分的严格，责任特别的重大，因此“让”而不任的人一定是有的，传说中的许由就是这样的人。没有谦让，“禅让”的那个“让”字就无处着落。庄子写了那么长的一篇《让王》，多多少少反映了那个时代的某些现实。如果“让”的结果人们还是要他担当，那一般人也会认同，原先的君主也会委以重任，让他

尧帝画像

去办大事办实事，以得到民众的认同，这就是“民受之”。最后水到渠成，老的君主去世后，他就当起了新的君主，就这样，一次“禅让”算是完成了。一定也会有那样一种情况，原先大家都看好他，但试用一段时间后，大家感到不适合，他自己也感到勉为其难，那就另请高明，他也会高高兴兴地“卸任”。这也是很自然的事。

要有上头“天”的认同，要有下头“民”的赞许，还要当事人的自觉自愿，还要经受相当长一段时间的考察，由此可见，这是一种原始社会流行的民主选举任职制度。“禅让”的要点是通过“让”把权力的接力棒传授到那些愿意为众人服务的大贤人的手中，因此，“禅让”制又被人们称之为“禅贤”制。《史记集解》有言：“五帝官天下，老则禅贤，至启始传父爵。”到夏启时才彻底把这种禅让制取消了。

在不少人的心目中，好像“禅让”制是五帝时代实行的一种君主传贤制度，其实，它应该更古老一些。宋代苏辙说：“自古帝王有禅让之礼。”（《龙川别志》）所言甚是。这里说的“自古”指的是五帝之前的漫长岁月，包括传说中的所谓“有巢氏时代”、“燧人氏时代”、“伏羲氏时代”、“神农氏时代”，而且可以相信，在这些时代，由于贫富分化还没有出现，氏族和部落的首领更纯粹的具有公共服务的性质，因此，“禅让”推行的客观条件就更完备。

舜帝像

到得五帝时代，尤其是到了尧禅舜、舜禅禹的时代，实现“禅让”制的土壤和根基已经松动。尧禅舜，舜禅禹，应当说是“非典型”的。纯粹意义上的“禅让”制只能植根于公有制的土壤里。没有私有财产、没有贫富分化、没有君主的个人权威和利益，只有那样，“禅”才可能出现“让”的局面。反观尧禅舜、舜禅禹那两次“禅让”活动，并非风平浪静。

让我们对比两次“禅让”作一点粗略的剖析。

其实，号称“富而不骄，贵而不舒”的帝尧，很早就在考虑“禅”位给谁的问题了。在一次由多人参加的会议上，尧一开场就提出了“谁可登用嗣位”的问题，事实上当时尧年岁还不高，提出这个问题多少使与会者感到突兀。而就在这次会议上，一个叫放齐的人提议：“嗣子丹朱开明。”可以说，放齐提出的可是个石破天惊的新命题：既然是“禅让”，那怎么可以称帝尧的儿子为“嗣子”呢？部落联盟首领的儿子再“开明”，开天辟地以来从未有人把帝位“禅”给自己的儿子的。不知是帝尧与放齐唱双簧呢，还是帝尧的确感到自己的儿子不适合，帝尧马上站出来说：“吁，顽凶，不用！”意思是这小子太顽皮太凶劣了，不能用。参与会议的不再说什么，丹朱接班的事也就不再成为议题了。然而，从历史学的角度看，有人公然在庄严而神圣的、帝尧亲自主持的议事大堂上提出传子的问题，这不能不说是一个大事件。

客观地说，帝尧在他的中年期就迫不及待地提出“嗣位”问题，以及放齐的堂而皇之要尧帝的儿子丹朱接班，是当权者放出的一只改变君王继任制度的政治气球。但是，由于原因种种，尧的目的没有达到。

经过一番周折，最后“禅让”的对象落实在了“有矜在民间”的虞舜头上。有趣的是，在基本确定舜为“禅让”对象后不久，尧把自己的两个女儿嫁给了舜，名义是很美妙的，叫做“吾其试哉”！意思是说，我将两个女儿放在他身边，是为了测试他的品质啊！可是这样说，多少是有点儿欲盖弥彰的。可以作这样的理解：丹朱当不了嗣子，那么让“少有孝名”的舜当自己的女婿不是也一样吗？对此，历史学家不高兴了，说尧是在玩“女婿传位”的把戏，实际上是“曲线传子”，这样做事实上就已开始突破了“禅让”即“禅贤”的那条底线。

从一定意义上讲，这可以说是日后自禹开始的传子制度的一次先导，也是一次流产了的演练。

到得尧去世后，按照规定授舜以天下。可是，这时又有了这样一个过程：“尧崩，三年之丧毕，舜让辟丹朱于南河之南。诸侯朝觐者不之丹朱而之舜，狱讼者不之丹朱而之舜，讴歌者不讴歌丹朱而讴歌舜。舜曰：‘天也。’夫而后之中国践天子位焉。”（《史记·五帝本纪》）对舜来说，这样做可以视为不乏“作秀”的成分，但是从帝舜的不得不“让辟丹朱”这一行动看，当时社会传子的呼声已相当高了，人们的“不之丹朱”、“不讴歌丹朱”不是不喜欢传子制度，而是不喜欢丹朱这个尧之不争气的浪荡子。

“舜禅禹”的过程也曲折而充斥着戏剧色彩。舜刚即帝位，就问四岳“有能成美尧之事者使居官”，意思是说，有哪一个能继承和弘扬帝尧事业的人，就可以当我手下的第一大官，将来就很有可能接我的班。大家都说，禹行。这时，禹谦虚了一番，“让于契、后稷、皋陶”。这个“让”还是很正常的，体现了大禹的谦虚态度。最后还是舜一锤定音：“你就大胆地干起来吧！”言外之意是，你大禹也不要推让了，最重要的是把治水这件事办好，这个江山就是你的了。禹感到自己肩头的担子很重，“居外十三年，过家门不敢入”。历尽千辛万苦，终于把滔滔洪水给治平了。

这时出现了天下升平的大好局面。在困顿中，大家尚能齐心协力，天下太平了反倒有了钩心斗角。当时舜封的二十二个大臣“咸成厥功”，功劳都不小，最突出的有这样几个人：官为大理的皋陶，主礼的伯夷，作为工师的垂，主政山泽的益，负责百谷种植的弃，这些人实际上都成了禹的竞争对手。面对权力原先是“让”，现在是“争”，这是一大变化，也是“禅让”制已走向末路的反映。

在这关键时刻，帝舜当机立断，召开了一次由舜亲自主持的，让禹、伯夷、皋陶为代表的三股强劲势力都出席的会议。这次会议其实做了两件大事：一是充分肯定了大禹在平定天下中的功劳。“唯禹之功为大”，“道吾德，乃女功序之也。”（《史记·夏本纪》）意思是说，宣导我的德教，以感化人民，这都是你大禹的功劳。二是借批评尧的儿子，打压了一下气焰正盛的皋陶其人，“毋若丹朱傲”（《史记·夏本纪》）显然批评的不只是丹朱其人，而是“若”丹朱的那个人，主持会议的舜的矛头所向，是十分明显的了——就是要敲打一下“傲”气十足、自以为有功于天下的皋陶，当然可能还有其他人。

由“让”而“争”，本身说明禅让制度此时已衰微到何等田地！由此可以想象，数百年洪水滔天，大家都在生死线上挣扎，能积累财富吗？显然不可能。而通过尧、舜、禹近百年接力棒式的治理，天下已出现了安定的气象，各部落的首领此时已经有条件拥有“私产”，而且数目一定不小了。想想后来的“禹贡制度”，各地还有那么多贡品上交“中央”呢！此时，天下共主一职大家当然要“争”，因为如果“争”上了，真有不少好处可得呢！由“让”而“争”，这是历史性

虞舜大殿外景（山西洪洞古历山）

的进步。

总而言之，正宗而纯粹的“禅让”制度应该是存在过的，而且存在了相当长的历史时期。在原始社会的漫长历史流程中，人们都是通过“禅让”这种方式推举、选择自己满意的首领的，而到了五帝时代，社会的贫富分化已经相当明显，站立在社会顶尖上的被称为“君”、“皇”、“帝”的这样一些既富又贵的头面人物，在他们身上虽然还保留着原始氏族长的圣人气质，但“私”念已在他们身上植根，而传子制度正是人们的“私”念发展到一定时期结下的一个果实。

传子制度的确立

传子制度其实到了尧、舜时期，已经是呼之欲出了，只是由于某些条件的不具备和不够成熟而没有转为活生生的现实。这里所说的条件主要指两项：一是指所传之“子”是优秀的，能够担当起带领天下大众迅猛前行重任的。只要所传之“子”是优秀的，广大民众就不会去纠结是“禅让”还是“传子”的问题。二是在从“禅让”到“传子”的过渡过程中，要有适当的、恰到好处的铺垫，使大家不感到突兀，使社会的绝大多数人士都能接受这种转变。

第一个条件，在帝尧和帝舜时都不具备，他们两位都没有抚养出一个好儿子。“丹朱傲”，他有几条致命的缺点：态度傲慢，谁的话都听不进去，是个小霸王式的人物；喜好游弋戏谑，甚至在没有水的陆地上行舟，那简直是胡闹；结交了一帮小流氓，成天在一起干那些淫乱不经的事。把天下交给这样一个帝子，谁都不会放心。史书上说，“舜子商均亦不肖”。当年尧把两个女儿嫁给舜，大女叫娥皇，无子。

次女叫女英，生商均。舜膝下就这样一个儿子，把他娇惯坏了，成了个长不大的不肖子。在这种境况下，传子制度当然实施不了。尧、舜二帝都是明白人，因此主动“用绝其世”，即打消了世代相继的念头。

禹之子却是个不一样的人物。《史记·夏本纪》写道：“禹子启贤，天下属意焉。”意思是说，大禹的儿子启是个有贤德的年轻人，普天下的人民都把希望寄托在他身上。至于“贤”在何处，天下人如何的“属意”于他，则语焉不详。不过，我们通过对一些零星资料的勾勒和剖析，对夏启其人还是可略知一二的。

夏启自小接受了一种艰苦奋斗、自主独立的生活。“禹曰：‘娶于涂山，癸甲，启呱呱而泣，予弗子。’”禹三十而娶，有了孩子，他当然是高兴的，但为了治水大业，他必须过门不入，留母子俩在涂山老家艰难地生活。但是，这样的环境客观上使启从小受到了艰难困苦的磨炼。他的母亲也一定会告诉他，当父亲的为何不能见他而只能匆匆离去，这又是一种多么实在的公而忘私的家教啊！禹说的“予弗子”，用通俗的话说就是“我没有娇生惯养这个孩子”，这是十分重要的早期教育。

“启贤，能敬承继禹之道。”（《孟子·万章上》）可以相信，孟子的这段话不会是空穴来风，“能敬承继禹之道”应是实实在在的。所谓“禹之道”，《史记》上是写得很具体细致的，那就是劳身焦思、过家门不敢入之道；薄衣食，致孝于鬼神之道；卑宫室，致费于沟壑之道；开九州、通九道、陂九泽、度九山之道；予众庶难得之食、调有余补不足之道。可以想见，禹通过禅让取得帝位后的漫长岁月中，启一直是禹的助手和“禹之道”的切实推行者，“众民乃定，万国为治”中有启的一分功劳。不然，禹崩后老百姓怎么会坚定地“去益而朝启”呢？

传子制度能如期到来的第二个条件是要有相应的铺垫，要让民众接受这样一个新事物。在《史记·燕召公世家》中有一段不太被史家引用的文字：

禹荐益，已而以启人为吏。及老，而以启为不足任乎天下，传之于益。已而启与其党攻益，夺之。天下谓禹名传天下于益，已而实令启自取之。

这段话大概许多史家以为会影响大禹的形象而不予采用，其实它应该是真实的。这段话的宗旨是：顺应潮流实现家天下，这是大禹的心愿。但是，为了应付“禅让”的传统习惯，大禹要了个政治手腕：

一面推荐长期当他主要助手的益为继承人，一面又委派启以及启身边的人去当有实权、干实务的“吏”，以架空益。老百姓看到的是干实事的启和启手下的吏。禹晚年的时候，表面上仍冠冕堂皇地宣布禅让帝位给益，同时又让羽翼已丰的儿子启不失时机地夺取政权。

这段话的真实性在一些文献中得到了部分的证实。《晋书·束皙传》引《竹书纪年》曰：“益干启位，启杀之。”可见，当时启的势力在禹若明若暗的助力下，已大大超过其他人。而“启杀益”，说明传子制即世袭制的确立最后还是要靠武力解决问题。摩尔根曾说过这样的话：“世袭制的最初出现最可能是由于暴力才建立起来的，而不大可能是由于人民的心甘情愿。”①这样做，大禹不是成了耍政治阴谋的人了吗？不，这应当说这是一种政治智慧。政治智慧与政治阴谋之间有时只隔着一张纸，就看你的作为是否符合历史潮流。“舜、禹、益相去久远，其子之贤不肖，皆天也。”（《孟子·万章上》）这里所说的“天”，实际上指的是历史潮流。禹推行传子制度，在当时显然是符合历史潮流的，大禹那样做，既减少了社会生活中的摩擦和抵抗，又成全了传子制度的实施，由此，传子制度也随着启的站到历史前台，而成为现实了。

夏启艰难的建国历程

夏启创立夏王国，是一个翻天覆地的大事变。它不只是一般意义上的改朝换代，而是标志着原始公社制社会的终结、阶级社会的开创。虽说建立与原始氏族制度迥异的国家制度的条件大致已经成熟，但是，人们在与原始公社制相对应的“禅让”制的旧轨道上行进的时日太久了，要一下改弦更辙，实在不易。习惯是一种可怕的力量。当一种新制度面世的时候，它总会面临种种巨大的阻力和挑战。

“人有言，至于禹而德衰，不传于贤而传于子。”孟子的学生万章提出的问题，很尖锐，此时距离夏启建国已经差不多有一千七百年了，社会上仍然“人有言”，就是还有人对禹传位于子有质疑，可以想见“至于禹而德衰”这样的责难，不只后世会有，在禹与启父子政权交接的当时也会有。原先是禅让，现在破天荒地要搞传子了，是不是意味着一种道德的沦丧？刚刚站立到历史前台的夏启，必须在这样的诘难面前做出回答和解释。

承继了禹之道的夏启，甚至可以说比他的父亲禹更懂得舆论的力量。“至于禹而德衰”，这是一种舆论的挑战，而回答这种舆论的挑

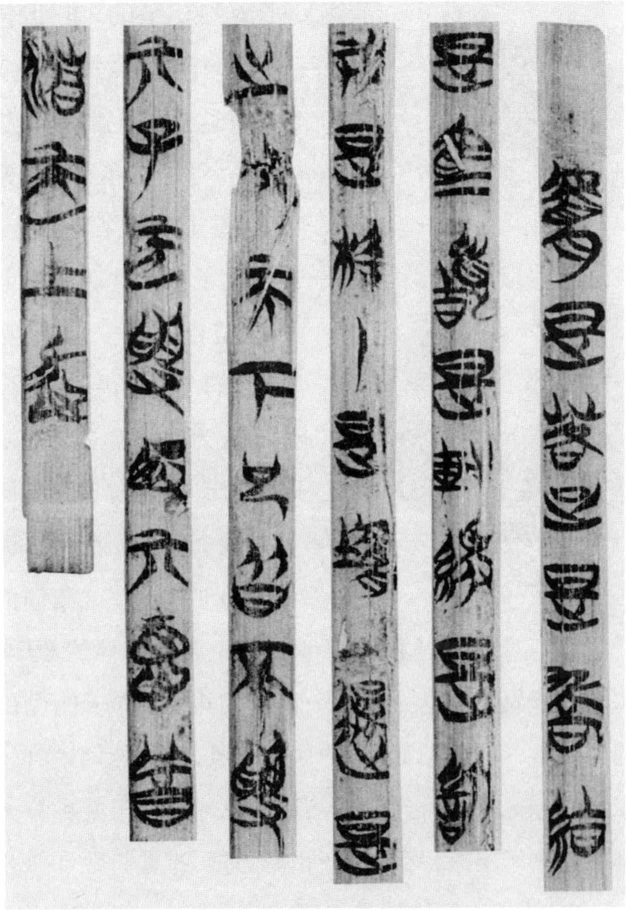

战国楚简《容成氏》(上海博物馆藏)

战的,只能是新的舆论的武器。

在这点上,年轻的夏启显得从容而练达。他在寻找舆论的武器。而一旦寻找到了这种舆论的武器,他就毫不留情地给对手以致命的一击。

夏启的建国之路确实不平坦。从大量史料来看,伯益与启之间,

夏启像

是爆发了激烈斗争的，甚至于兵戎相见。上海博物馆藏战国楚简《容成氏》有这样的记载：禹先是让位给益，可是启不答应，等禹一去世，马上采取了突然袭击，一举击败了益。这在历史上被称为“攻益自取”。一些学者依据孟子说的“益避禹之子于箕山之阴”，认为益被启击败后，并不甘心于退出历史舞台，也没有回到自己的故乡夷地去，而是带着他的队伍徘徊于新都（阳城）的郊甸，试图伺机东山再起。启看情势不对，就断然地下手杀了益。屈原在他的《天问》中就告诉后人另一个故事，也描绘了一种新的斗争格局：他说在这场你存我亡的斗争中，一度夏启的势力居于下风，启猝然间遭到了益的囚禁，可是说来也怪，正当启大难临头之际，却借助于某种势力竟从拘禁的祸难中逃离了出来，然后重新积聚力量，把益打败和杀死。上述种种，由于年代久远，具体的史实可能略有出入，但却道出了这场斗争的剧烈和曲折。

强势的皋陶其人虽然死了，可是，他的集团势力犹在。企图干扰启继位的益，虽然被启以迅雷不及掩耳之势杀了，而其旧部还在。尤其是与夏同姓的有扈氏在关键时刻竟然起兵闹事。而不少百姓也还对传子制度的合法性充满着疑虑，对旧有的禅让制度有着一定程度的留恋。这些，都要求夏启做出应对和决策。

在危急形势下，夏启去了一次涂山。在此时，夏启还有情趣游涂山吗?

其实，这次夏启的涂山之行，不是“游涂山”，而是到涂山去寻找舆论的武器。涂山对夏来说是一块福地——这是启母涂山女的故乡，这是启的生身之地，最为重要的是，这是大禹曾经大会诸侯的风水宝地。此次故地重返，启要寻找建国受命的“祯祥”。对此，《史记 · 龟策列传》作了言简意赅的记述:“自古圣王将建国受命，兴动事业，何尝不宝卜筮以助善！唐虞以上，不可纪也。自三代之兴，各据‘祯祥’。涂山之兆‘从’而夏启世……王者决定诸疑，参以卜筮，断以蓍龟，不易之道也。”

夏启真是个聪明之人，为了“建国”，为了“事业”，他要利用“卜筮以助善”，就是说，通过占卜来证明自己继承父亲王业的正当性。在中国历史上，夏人以信鬼、信神、信上天闻名。夏启显得很大气，他要告诉世人：谁说了都不算数，只有通过卜筮，让上天来说话，这是“不易之道”。

在夏启的主持下，卜筮仪式在庄严的气氛中于高耸入云的涂山顶上开演。焚香祝告，夏启带领众人向上天祷告，最后是巫师宣告“涂山之兆”的结论：从上天那里获取的结论是一个“从”字，这就是中国历史上著名的“从兆”。何谓“从兆”？中国的古典文献《仪礼》中的解释是:“从者，求吉得吉之言。”又说:“从者，纵心所欲也。”巫师按照“从兆”作了解释：上天的意思是，传子是“求吉得吉”之道，也就是当时最大的吉利事，当政者完全可以放开手脚“纵心所欲”地去做。

夏启的舆论造势声势浩大，正气凛然，且天衣无缝。“从兆”并不是启的意思，是上天的昭告！

在“信天”观念达到高度迷信的那个历史时期，夏启这样做的精神力量可以说是其大无比，《史记》说“涂山之兆从而夏启世”，这么一次涂山之兆，胜过十万雄兵，原先振振有词说禅让怎么好的那些人，顿时噤若寒蝉，不敢再发声了。

接着夏启召集天下万国的部落酋长开了“钧台大会”（河南禹县北门外）。从形式上看，这是一次新主上台举办的大型酒会，为的是笼络人心，更重要的是统一认识。在这次“钧台大会”上宣示了“涂山之卜”的祯祥，表明传位给启完全是上天的意思。为了暂时避开夷族的锋芒，夏启又西迁大夏（位于汾浍流域），建都安邑（山西运城）。

不料，百密一疏，同姓的有扈氏还是起兵反启。一场战争在所难免。

为了保证战事的必胜，在征战有扈氏前夕，夏启发表了声势凌厉、措辞严峻的文告，这篇文告就是虽说只有八十八个文字符号，但在中国历史上极为著名的《甘誓》。不少学者认为，这是夏启发布的战争动员令，也是决一死战的宣言书，其中没有豪言壮语和长篇大话，由此也足以证明夏启征服人心的理由就是奉行天命，简洁而震撼人心。原文不长，不妨照录如下：

大战于甘，乃召六卿。

王曰：“嗟！六事之人，予誓告汝：有扈氏威侮五行，怠弃三正，天用剿绝其命，今予惟恭行天之罚。左不攻于左，汝不恭命；右不攻于右，汝不恭命；御非其马之正，汝不恭命。用命，赏于祖；弗用命，戮于社，予则孥戮汝。”

其意是说，夏启将要在甘进行一场决战，于是召集了六军的将领。夏王启号令说：“啊！六军的主将和全体将士，我要向你们宣告：有扈氏违背天意，轻视关乎民生的金木水火土这五行之说，竟然敢怠慢天子所任命的三卿。上天因此要断绝他们的国运，现在我只有奉行上天对他们的惩罚。左边的将士如果不善于用箭射杀敌人，你们就是不奉行我的命令；右边的将士如果不善于用矛刺杀敌人，你们也是不奉行我的命令；驾车的将士如果不能使车马进退得当，你们也是不奉行我的命令。服从命令的人，将在祖庙神主前得到奖赏；不服从命令的人，将在社神神主前受到惩罚，把你们降为奴隶，或者杀掉。

这里就“三正”作些说明。“三正”有几种解释，一种说法是《史记集解》引郑玄的说法：“三正，天、地、人之正道。”又一种说法是“三正”即“三事”，也就是正德、利用、厚生。还有一说，“三正”即为三长，即由天子任命的三卿，提出此说的是清末学者俞樾。通观全文，此处取“三正”即三卿说。

这就是夏启率领将士亲自出征前的檄文，简短但干脆果断，具有极大的权威性和震撼力。

这篇文告的关键词有两个：“威侮五行”、“行天之罚”。

先说“威侮五行”。文告说，有扈氏有两大罪状，其一就是“威侮五行”。五行是金、木、水、火、土，都是与民生关系最密切的东西。你有扈氏破坏了民生资料，这个罪大得不能再大了。其二是“怠弃三正”。这里说的“三正”是指天子任命的三卿，是为民办事的最高层官僚。

再说“行天之罚”。在夏人（后来的历代王朝统治者都这样认为）看来，一个人、一个氏族、一个部落、一个国家，它的生存、发展或夭亡，都是有“天命”管着的。天命是无常的。“天”会根据你的言行决定让你生存发展呢，还是让你凋谢灭亡。由于有扈氏有这样两条大罪状，那么必将采取“天罚”的强力手段，来剥夺其生存的权利。在这篇文告中，明确“天罚”的对象有两种人：一是罪不可赦的、作恶多端的有扈氏，他竟敢起兵谋反，起兵反对上天定下的天子继承人；二是不去身体力行实施天罚的人，即所谓“弗用命”的人，对这些人也决不宽容，有的要被杀死，有的则被降为奴隶。而代表上天实行天罚的，就是夏王。

这种“威侮五行”、“行天之罚”的理论，在此后中国漫长的古代历史中一直运用了两千多年。在一段时间里，可能你是天命所在，但是，如果你敢“威侮五行，怠弃三正”，那么对不起，天会“剿灭其命”。“威侮五行”对历代的统治者起到了警戒的作用，“行天之罚”又是对起义者起到了鼓舞的作用。哪个统治者如果胆敢违抗天命，胡作非为，那么天下人人可以起而诛之，打起“讨伐”的大旗，推翻逆天行事者，建立新的王朝。

在夏启发明的这种理论指导下，中国历史上实现了多次的改朝换代。

夏启构建的“威侮五行”、“行天之罚”的理论，一下把企图起事的有扈氏逼到了历史的死角。大约对有扈氏的战争如风卷残云一般，十分顺利，《史记·夏本纪》只是轻描淡写地用“遂灭有扈氏，天下咸朝”九个字了结。而正是这九个文字符号，宣告了一个新王朝的诞生。

“用岁四百七十一年”

夏王朝的诞生，在中国历史上无疑是一个大事件。它宣告了一个旧的历史时期的终结，也昭示了一个新的历史时期的到来。

随着夏王朝的建立，原始公社制社会终结了，它渐行渐远，成为了留存在子孙后代心目中的一抹历史记忆。

随着夏王朝的建立，在中华大地上创建起了阶级社会的新时代。当时的社会分化已经十分显见——分出贫富来，分出尊卑来，分出强弱来，分出上下来。这样，贫富分化被肯定了下来，私有制度被肯定了下来，尊卑上下被肯定了下来，传子制度被肯定了下来，王朝世系被肯定了下来。过去，包括五帝时代相对混沌和迷惘的家族体系和王族体系，到夏王朝建立时，也就突然地相对清晰起来。夏王朝就是私有制度下王朝体系的第一个产儿。

夏的王朝体系是怎样的？由于年代久远，更主要的是当时还没有文字，因此显得有点模糊，也不可能找到当时人的记录，唯一的希望是后人相对可靠的回眸性笔录了。

我国历来有编写世谱的传统，但存留下来的却十分罕见。在晋代，在河南汲县的一座古墓中发现了后来命名为《竹书纪年》的一组竹简，竹简上录有上自黄帝开始的世谱，其中当然也涉及夏王朝的世谱，据考证其中古代部分可能是战国中叶时人所著。可惜这部竹书纪年后来失传了，其中一些内容散佚到后人的其他著作中去了。在《太平御览》一书中，就引有《竹书纪年》的这样一段极为重要的话语：

自禹至桀十七世，有王与无王，用岁四百七十一年。

虽然语焉不详，但它应该说还是留存下来的最为珍贵的夏王朝的世谱资料。一是它相对出处较早，如果真是出于战国时人之口的话，还可以算是去夏未远，它的准确性也相对要大些。二是这一典籍资料写得比较具体，“十七世”、“有王与无王”、“四百七十一年”，都是具体而微的说法，要伪造也是很难的。

在一些资料中，也有人试图讲清“自禹至桀十七世”的状况，在《竹书纪年》中还提供了残缺不全的夏王在位年数，如禹四十五年，启三十九年，芒五十八年，不降五十九年等，但这些说法都难以求证，只能留存待考了。

“读万卷书”的司马迁是一定读到了我们现在不能读到的书。经过他的梳理，夏王朝的世系大致上浮出了水面。在《史记·夏本纪》中，他把十七世的脉络理出来了：一世是大禹。二世是“禹之子启”。三世是太康，“夏后帝启崩，子帝太康立”。四世是中康，“太康崩，弟中康立”。五世是帝相，“中康崩，子帝相立”。六世是少康，“帝相崩，子帝少康立”。七世是予，“帝少康崩，子帝予立”。八世是槐，“帝予崩，子帝槐立”。九世是芒，“帝槐崩，子帝芒立”。十世是泄，“帝芒崩，子帝泄立”。十一世是不降，“帝泄崩，子帝不降立”。十二世是扃，“帝不降崩，弟帝扃立”。十三世是廑，“帝扃崩，子帝廑立”。十四世是孔甲，“帝廑崩，立帝不降之子孔甲”。十五世是皋，“孔甲崩，子帝皋立”。十六世是发，“帝皋崩，子帝发立”。十七世是履癸，“帝发崩，子帝履癸立，是为桀”。

对夏史的研究，司马迁功不可没。他的研究成果主要表现在如下三个方面：

一是证实了“自禹至桀十七世”。之后，对其认定的那十七世以及十七世的序列，没有任何人提出过异议。可以说两千年来的夏史研究基本上是在司马迁研究成果的基础上起步的。

二是司马迁继承了孔子的春秋笔法，在写十七世人物时，一褒一贬，颇见功力。颂扬夏启的立国，批评太康的失国，针砭孔甲的“德衰”，斥责夏桀的“武伤百姓”，这些都为后世所接受，大致上定下了对夏史人物的评判基调。

三是证实了夏代实行的已是完全意义上的传子制度。十七世，其中十四世是父子相继的，只有两世是兄终弟及的——十四世孔甲的情况略有特殊，从兄长不降手里接过帝位的扃，传子廑，廑死后又将帝位传给不降的儿子孔甲——而兄终弟及的本质仍然是传子制度，在往后历朝历代的传承中也是屡见不鲜的。

20世纪末，国家启动了“夏商周断代工程”。关于夏代断代工程的预期目标，要求定下基本的年代框架。“夏代年代学研究主要遵循两条途径，一是文献中对夏年的记载，二是对夏文化探讨的主要对象河南龙山文化晚期以及二里头文化进行碳14测年，同时参照文献中有关天象记录的推算。”②

“断代工程”专家组首先确定武王克商年，即周始年为公元前1046年，然后参照和综合有关商积年的几种说法，再参照碳14测年数据，向前推出商始年为公元前1600年，这也应是夏亡之年，参考文献所见夏积年，向前推四百七十一年，则夏始年应为公元前2070年。从考古学角度看，基本上落实在河南龙山文化晚期第二阶段，和二里头文化存在的年代也十分吻合。这样推算，又比司马迁《史记》对夏史的研究大大推进了一步，夏商周三代文化才真正连成了一片。有了夏文化的年代立足点，比它更古远的五帝时代的纪年也不再那么虚无飘渺了。

由夏“用岁四百七十一年”，会使人想到整个三代史。这段历史实际上就是从原始社会向阶级社会的转型期，真正的转型成功一直要到秦帝国的建立。这是一个漫长的过程。夏积年四百七十一年，商积年五百五十五年，周（包括春秋、战国时期）积年八百二十五年，三代积年凡一千八百五十一年，接近两千年，与秦以后的整部中华文明史差不多长。一个伟大时代的降生，其艰难困苦、其曲折迷离、其反复征战，是难以用言辞来表达的。而我们对这段转型期的历史研究，恰恰至今还相当肤浅。

转型期的第一个王朝，由于经验的不足和保守势力的强大，往往是短命的。而夏王朝不一样，它不仅很快就站稳了脚跟，还持续了四百七十一年，成为尔后数十个王朝中除商、周外，最长寿的一个王朝，这一历史经验也是值得探讨的。

注释：

① ［美］摩尔根：《古代社会》，人民出版社1960年版。

② 夏商周断代工程工作组：《夏商周断代工程1996—2000年阶段成果报告》，世界图书出版公司2000年版。

06 夏王朝的兴盛

太康失国和“五子之歌”

经过艰苦卓绝的奋斗，夏启创立了世袭的传子制度，据传他的统治长达四十年之久，在此期间，他一直在为巩固这种制度而努力着。但是，一种制度的建立也许相对容易些，而要维护和巩固一种新制度那要困难得多。

启去世后，传位给他的儿子太康，结果是“帝太康失国”（《史记·夏本纪》）。夏王国历史上出现了第一次重大的危机，而这种危机与其说是国家的危机，毋宁说是传子这种新制度的危机。

关于“太康失国”相关的史料确实有点凌乱，西晋人皇甫谧的《帝王世纪》认为，“太康无道，在位二十九年，失政而崩”。这里把“失国”与“失政”等同起来了，就是说，这里所谓的“失国”并非亡国，而只是由于为政不当而失去国家的领导权而已，因此称其为“失政”，统治权旁落他方了。

至于太康为何会“失政”，史书多有记载，综合各种资料，看来重要的原因在于太康自身。

禹王把江山打下了，天下似乎就太平了，坐江山的太康认为可以坐享其成了，因此就松懈了斗志，置身于游玩了。如果从大禹算起，经夏启，到太康时，算是第三代了。历史证明，后世王朝往往会有“第三代腐败”的现象。太康即是如此。《史记集解》引用孔安国的话说：“(太康)盘于游田，不恤民事。”这里列举了相互关联的两大罪状：第一大罪状是“盘于游田”。所谓“游田”，大约相当于后世的游乐场，其中有各种好玩的把戏，尤其可以游猎。太康整天盘桓于游乐场中，乐此不疲，国事当然会荒废了。第二条罪状是“不恤民事”，说他不关心民生，不体恤民众倒悬之苦。这里说的“民事”，在这个以农立国的国度里，当然主要指的是“农事”了，农业生产搞不上去，整个国家的基础就不牢，人们为此而担忧，也是有道理的。

有一种说法，“太康失国”与“五子之歌”，都与启过世前后太康与几位兄弟之间的武力争斗有关。其实，《史记集解》引述了孔安国的这样一段话：“太康五弟与其母待太康于洛水之北，怨其不反，故作歌。”短短数语，却传递了十分丰富的信息：

五子是夏启的五个儿子，太康的兄弟，具体名字不明。《史记·夏本纪》说：“帝太康失国，昆弟五人须于洛汭，作《五子之歌》。”其意是，太康在位不理事，又喜好游乐，在洛水的南面打猎时常不归。兄弟五人都埋怨太康不该如此丧失君德。他们并没有采用武装暴力手段来夺取政权，而是以规劝说理形式来劝诫太康改邪归正。这种做法很有人情味和说服力：其一，五子拥着母亲到洛水边，他们要以母爱的力量来感动对方。原始社会发展过程中有过很长一段时间是母系氏族社会，当时虽然是已经转向了父系社会，但母系的余威犹在。尤其是父亲已经亡故的情况下，母亲的影响力还是很大的。其二，五子以他们的祖父大禹为榜样来劝导，借助榜样的力量。其三，以动听的吟歌形式叙述大禹的教导来规劝。五个弟弟每人唱了一首劝诫他的歌曲，目的是使国家复兴。对这段历史虽有不同说法，但后世学人多以此来解释《五子之歌》。唐人同谷子据典故也曾改编过《五子之歌》，其宗旨在于“民惟邦本，本固邦宁”，以人为本，而不是以神为本。《五子之歌》的大意如下：

一是大禹说过，老百姓可以亲近，而不可轻视。民众为国家之本，本固了国家才能安宁。

二是大禹说过，不要贪图女色，打猎玩乐，嗜酒，居华屋豪宅。只要有此一项，就会导致亡国。

三是陶唐氏部落本来有很广大的土地，因为失德，败坏纲常，导致灭亡。

四是大禹为后世楷模，制定公布了法典，因为太康废弃了法典，导致宗庙祭祀灭绝。

五是我们被后羿逼到洛河对岸，没有归宿，叹息不谨慎的行道而落此地步，真是追悔莫及。

据说太康受到感动，回心转意了。但他悔之晚矣，夷族首领后羿已进入夏王朝的统治中心，拉开了长达四十年的“后羿代夏”历史剧的序幕。

后羿代夏

可以说，在夏族的发展过程中，长期以来是与东夷各族相伴而行的。其间有亲密无间的合作，也有相互之间的争斗甚至杀戮。但是，合作与融合始终是主流，就是在争斗过程中仍然还会有夷夏之间的融会和合作。

夷族与中原的华夏族很早就有十分紧密的合作关系。在大禹治水过程中，夷族首领益曾经是禹的主要助手之一。他的刻苦耐劳和大公无私，得到了禹的赞赏。在治水过程中，他“予众庶稻，可种卑湿”，他是把南方的水稻移植到北方来种植的第一人，此功永不可没。治水成功后，益得到大禹的重用，让他去当掌管山林川泽兼祭祀的官员。责任很重，可他干得很出色。禹晚年，如果实行的是传统的禅让制度，那益理所当然的是主要人选之一。但是，当时传子制度已是大势所趋，由于“益干启”，最后启杀了他。从历史的大势看，启还是做得对的，因为他顺应了历史的潮流。但是，这样夷夏之间也可以说是结下了一定程度的冤仇。

按《后汉书》的说法：“夷有九种，曰畎夷、于夷、方夷、黄夷、白夷、赤夷、玄夷、风夷、阳夷，故孔子欲居九夷也。”孔子“欲居九夷”之说见于《论语》，这本身说明华夷之分是相对的，甚至是难辨的。孔子老家所处的曲阜，本来就是夷人所居的核心地带。九夷族大致分布在今山东、江苏和安徽的北部地区，而每个地区又都是华夷杂处。史前的大汶口文化和山东的龙山文化中，有着古代夷人的大量文化遗存。不论是从考古还是从典籍角度看，华夷之分都是相对的，其间的矛盾和斗争当然会有，但合作和融合始终是主流。

正当太康的五个弟弟对他进行劝诫的时候，原先居于东方的夷人中的一支实现了西进，进入了夏王国的核心地界。应该说，夷人所居的东方，也早已纳入夏王国的版图，这一点常会被一些史家所疏忽，认为夷人的“因夏民以代夏政”是另一个国家的人来主政夏的国政。不是的，他们的西进只是地方向中央进军而已。夷人的首领觉得夏的中央政府内部的兄弟间闹起矛盾，太混乱了，他带兵来到了中央地带，“代夏政”，目的还是要按照他们的规矩把夏国治理好。这也是中华文明发展中常有的现象。应当说，这是得到大多数民众拥护的，否则，就应当被称为“篡夏政”或“夺夏政”才更合理。

跑到中原来的是“有穷后羿”，这个夷族部落首领叫后羿。因居于“穷”地，而称有穷氏。有专家考证：“因山东半岛为海水所环抱，限制了其活动范围，故称有穷。”①既然大海限制了他们活动的范围，在当时的条件下，他们是难以向更东边的海上伸展自己的势力的，但西方是可以发展的方向，这就会与地处西边的夏的核心地带发生摩擦和交融。既然他们当时已是夏王国的一部分，他们的西进也只能算是这个王朝内部的斗争而已。

后羿射日雕像

据《左传》称，有穷氏的首领后羿是“恃其射”而征服夏王朝领导集团的。看来，神话传说故事中，有关“后羿射日”的故事，就是将后羿“善射”的特点，极大地加以神化了。

“后羿代夏”的历史，主要见之于《左传》和《帝王世纪》等典籍，其基本内容是说，后羿进入中原夏的中央机构，大约不到半个世纪的时间，涉及太康、中康、相三世。在这段时间里，大致上可分为两个阶段：

第一阶段是“后羿干夏政”，那是太康和中康时期。后羿倚仗武力打进来后，当起了太康的相。相就是国王的助手，但实际权力操在后羿手中了，什么都要按他的那一套去办。太康不听话，后羿就把他废弃了（有的说是杀了），就自说自话立太康的弟弟中康为夏王，自己仍然当助手。中康是比较听话的，反正当傀儡，一切听后羿的。中康得了个善终，一直到生病死去。中康死后，后羿又让中康之子相继位。

据《史记》记载，帝中康时，又发生了一件大事：当时执掌天文历法的羲、和两个部门的人，不愿听后羿的指挥，故意把天文历法搞乱了。这可是件了不得的事，夏是以农业立国的国度，天文历法一乱，农事就会受大影响。于是，后羿就以中康的名义，派出一位大将军将羲、和征服了，恢复了天文纪事的正常性。

大约相不太听话，也许相还是羲、和闹事的背后指使人，不多久后羿就废除他的王位，自己当起夏王来了，这就进入了第二阶段，即“后羿代夏政”阶段，也就是史书上说的“有王与无王”中的“无王”阶段。“干夏政”是干涉夏的政治，至少在名义上还是禹王世系的人在当政。“代夏政”是直截了当把大禹世系的人赶下台，自己当王，一切都得听他的，一切按他的路子去走。

正当后羿雄心勃勃地想大干一番的时候，他自己的部族内部却生出了枝节。与后羿一起来到中原打天下的另一个名叫寒浞的部族首领趁后羿不备发展了自己的势力，并勾结后羿的“家众”，把后羿给杀了，自己当起了夏王。这段历史也应算在“后羿代夏政”的账上。历史学家作了统计，后羿代夏一共有四十来年的时间，也算是夏代历史上的一件大事了。可是，司马迁在《史记·夏本纪》中没有提及，后人写的《史记索引》称这是司马迁的“疏略之甚”。

至于史籍说的后羿和寒浞“不修民事”，语焉不详。但对后羿被寒浞谋杀事件却有所描述，说后羿醉心于游猎，平时任用寒浞代他治理政务。寒浞对后羿怀有贰心，私自培植自己的党羽，企图篡夺王位。趁后羿外出之时，勾结了后羿的“家众”，将后羿杀了。寒浞取而代之，担任了国王。

传统的说法，后羿是一个英雄式的人物，而寒浞早先追随后羿，后又利用阴谋手段把后羿杀了，显得太残忍。对此历史具体分析，更有利于实事求是地对待错综复杂的历史事件，也更符合历史的客观。

夏代太康、中康、相时期华夷各族的相互关系大体脉络是清楚的。后羿代夏政四十年，事实上切断了夏王朝的世系，对新生的传子制度也是一个巨大的打击。这至少给夏以后的统治者一个警示：要想使传子制度千秋万代地实行下去，那是需要一定的社会文化条件的。

少康流亡中的砥砺

少康流亡的故事是那样的凄楚而动人，真说得上是荡气回肠。少康的父亲相躲在夏人同姓斟灌氏那里。杀了后羿并夺得夏政权的寒浞还是不放心，认为相的存在是对他的一个潜在威胁，于是就派人在斟灌氏那里杀死了相。斩草除根，大禹一脉的后人似乎是被斩尽杀绝了。

没有，没有杀绝。值得庆幸的是，此时相的妻子后缗已经有孕在身。在情急之下，相知道自己的目标大，逃脱不了，于是自己留守在斟灌氏那里，静候着杀身之祸的到来，而让妻子后缗先行逃出斟灌氏地域，来到了斟寻氏那里藏了下来。

在斟寻氏那里大约有半年相对平稳的日子。可是，寒浞还是穷追不舍。天底下没有不透风的墙，当寒浞知道相的妻子后缗流亡在斟寻氏时，追杀的兵众马上来到了那里。也是天不该绝夏，相妻后缗早一步得知了消息，当大兵已经包围了整个村庄的时候，后缗竟神不知鬼不觉地从一个小地洞中钻出了包围圈，从此后缗其人似乎在人间蒸发，再也没有她和她的随从人员的信息了。寒浞无可奈何，在外围地带实行血腥的大屠杀，以剿灭斟灌氏和斟寻氏来作为泄愤报复。

其实，此时的后缗来到了更为安全的娘家有仍氏，在那里生下了属于夏王相的遗腹子，那就是日后的少康。少康在娘肚里时就经受了常人难以忍受的颠沛流离之苦。

以后少康在流亡中不断为苦难所折磨，同时也不断地接受着人生的砥砺。这种砥砺不亚于当年大禹治水经受的考验，也不亚于当年启面对新老制度交替时经受的考验。少康经受住了这种考验，他成为了夏王朝历史上除禹、启之外最杰出的一位王者。这是真正的人生精彩。可惜，司马迁没有具体描写，仅以“帝相崩，子少康立”一语带过，后人称“此亦司马迁所为疏略也”。批评得有理。我们不妨从别处发掘史实，尽可能地彰显这种历史的精彩。《左传 · 哀公元年》载曰：

昔有过浇杀斟灌以伐斟鄩，灭夏后相。后缗方娠，逃出自窦，归于有仍，生少康焉，为仍牧正。基浇能戒之。浇使椒求之，逃奔有虞，为之庖正，以除其害。虞思于是妻之以二姚，而邑诸纶。有田一成，有众一旅，能布其德，而兆其谋，以收夏众，抚其官职。使女艾谍浇，使季杼诱豷，遂灭过戈，复禹之绩。祀夏配天，不失旧物。

这一段略显艰涩的文字，多少揭示了少康人生砥砺的历程。可作下述浅显的分析，让大家了解少康是怎样在人生的熔炉中砥砺成才的。

其一，“能戒之”，即以敌为戒。

“能戒之”，这是一种极为可贵的警惕意识，也是少康后来能使夏中兴复国的中心思想。在极端困难的条件下，寒浞和他的儿子浇对少康步步追杀，而少康为了保护自己，必须隐蔽自己，并不断壮大自己，以期有朝一日克敌制胜。这时的少康是怎么想的呢？《左传》用了这么一句话加以概括：“基浇，能戒之。”“基”者，恨也，你无休无止地追杀我少康，非得让夏王国绝嗣而后快，少康心中岂有不恨之理？但是，单是恨有什么用呢？关键还是要以敌为戒。敌人的凶残，要戒备，要防备自己落入敌人之手。“戒”的另一层意思是戒备自己，使自己不松不懈、不腐不败，永远保持那样一种精、气、神。少康的“能戒之”是他绝处逢生的最强劲的精神力量。

其二，当“庖正”，学会干实事。

在一般情况下，生在帝王家的少康会顺理成章地长大、接班，然后办帝王通常办的那些事。而少康不同，他的幼年、少年，甚至青年时期，都是在颠沛流离中度过的。他必须学会干实事，才能生存下来。

少康先是为有仍氏牧正，后为寒浞所逼，逃到有虞氏，“为之庖正”。“庖正”，是管理膳食的小官，负责掌管饮食，为庖人之长。此事还与祭祀有关，他必须负责选出最纯正、纯色泽的牺牲品奉上祭台。这些，是长于王家宫廷的人，怎么也不知道怎样去干的。干“庖正”这门实事，既可隐藏自己，又可学会掌管政事的本领。

在“民以食为天”的国度里，庖正管理的就是吃喝这样的细碎事。老子说“治大国如烹小鲜”，当“庖正”的学问实在太大了，从中既可获取养生之道，也能通达安邦之理。

其三，积其“一成”“一旅”，从小到大一步一步往前走。

少康在有虞氏那里干得很出色，于是，有虞氏的地方长官就将自己的两个女儿许配给他，并将名为“纶”的这个小地方作为封地给了他。到这时，少康才有了自己真正的立足之地和发展空间。“有田一成，有众一旅”，“一成”是方十里，“一旅”当时是五百人。“一成”“一旅”积累起来，有了这小小的地盘，有了这不多的家众，他就一步一步往大里发展了。这就叫“而兆其谋”，他的复国之谋就肇（兆）始于此时此地。

其四，“以收夏众”，重新积聚力量。“夏众”就是那些受到寒浞及其儿子浇打压而流亡在外的夏人。他们中有上层贵族，也有底层平民。他们流散在各地，无依无靠，过着十分凄苦的日子。现在少康以“复禹之绩”为旗帜召集他们，势必是振臂一呼、应者云集了。他把这些人组织起来，有才能的还给予一定的职官。队伍从五百人起家，很快发展成为一支为数可观的强大武装部队了。

其五，“布其德，兆其谋”，一面传播功德，另一面暗中安排好“复禹”计划。少康把矛头对准了主要敌人。一个是凶残的寒浞之子浇，一个是浇的弟弟豷，他们手里有着过、戈这两块小地盘。少康用武力或离间的手段消灭了过、戈两国，使这两个凶残的敌手因失去根据地而处于危急的境地。

最后，少康收拢了被夷族灭亡了的、与夏同姓的斟灌氏和斟寻氏的“二国之烬”（两国的残余部队），调动起了自己苦心组建起来的新军，与友好的有鬲氏组成联军，浩浩浩荡荡地向中原地区进发，从而“复禹之绩，祀夏配天”，把敌军彻底消灭了，拉开了“少康中兴”的序幕。

从太康到少康的历史资料中，夹杂着诸多传说故事，有些传说故事也过于离奇，因此有人会怀疑它的真实性。其实，《左传》《史记》等史籍所载的这些故事自有其深刻的历史内涵，其中涉及的部族和地名也大都有据可查，太康、中康、少康诸王的称谓也符合古代用天干命名的礼制。正如李学勤先生说的：“我们认为这段故事有它的真实性，这从它的名号——太康、中康、少康中可以得到证明。夏王朝的世系中还有孔甲、胤甲、履癸（桀），也是用天干命名的，这种命名法不是造假的人能够想象得出来的。”②

“天下共主，九夷来宾”的中兴盛况

经过太康、中康、相三代半个多世纪的折腾，到相之子少康时期，夏王朝终于走上了繁荣发展的康庄大道，出现了“天下共主，九夷来宾”的中兴盛况。

“天下共主”，不必说，少康就是大家心目中的“天子”了。那么“九夷来宾”是怎么回事呢？夷，是中国古代对东方各族的泛称，“九”是极言其多。少康赶走的明明是夷族部落，可是连他们夷族“自己人”都来表示祝贺，一则说明寒浞父子的不得人心，同时也说明东夷地方对中央臣服的姿态。可以想见，东方各部族都前来表示祝贺，是不会空手而来的。《后汉书·东夷列传》曰：“自少康以后，世服王化，遂宾于王门，献其乐舞。”他们还带来了喜庆吉祥的歌舞表演！有地方特色的礼物自然也不会少——结合《史记·夏本纪》关于“禹贡”的陈述，那些地方在大禹当“天子”的时候会进贡盛在筐子里的用美丽的小贝壳连缀成的项链，会进贡橘、柚类的水果，那么在少康“登基”的时候这些东西肯定也会有。有轻盈曼妙的歌舞，有琳琅满目的礼物，有心情欢畅的各部族民众，此时的夏朝国都，一定洋溢着喜庆的气氛！

尤为可贵的是，所谓的“少康中兴”不只是简单恢复大禹一脉政治统治的问题，而更为主要的是夯实了这一王朝的统治基础，在治国方略上有一个较为彻底的回归——回归到勤俭立国、艰苦创业的正确轨道上来。

史书上都写道，从夏王朝的第三代国王太康时开始，之所以有“三世之难”(太康、中康、相)，实在是咎由自取。启是一个了不起的君王，但是，大约到启的晚年，功成名就的启也已经有了追求享乐、不事进取的苗头，这一点有些史著已经指出了。到他的儿子太康时就变得很不像话了，“盘于游田，不恤民事，为羿所逐，不得反国”(《史记·夏本纪》集解)这个说法是贴切的，也是写实的。少康上台后，要真正站住脚，就要狠杀奢靡之风，使夏王国的立国基础回归到夏族重“朴”、重“俭”、重“实”的原点上来，回归到夏禹“薄衣食，致孝于鬼神；卑宫室，致费于沟壑”的轨道上来。

少康这样做了没有呢？一定是做了的。

史书上说，少康复国后，做的头一件大事，就是“祀夏配天，不失旧物”。许多史家都疏忽了，没有考虑到他所说的“不失旧物”就是要把大禹乃至夏民族原本就具有的艰苦奋斗的“旧物”重新拾起来，用以实现中兴大业。

“苦身”奋斗是要从夏王这个“第一把手”做起的。少康在这方面做得不错。当时总的形势是北富南贫。“江南瘴疠地，逐客无消息”，这种状况一直到唐代都如此。可是，少康硬是把自己心爱的儿子送到最艰难困苦的越地去。这可是史有明文的。在《史记·太史公自序》中写道：“少康之子，实宾南海，文身断发，鼋鳗与处，既守封禺，奉禹之祀。”这个少康之子名字叫无余，就是越王勾践的二十世祖。少康让儿子无余到那里去，是动了真格的。“实宾南海”，是要他到那里去创业，到那里去开发江南，造福后世。“文身断发”，是要他断绝思归之路，融入当地的风俗中，世代在那里扎根。“鼋鳗与处”，是要无余同普通百姓打成一片，一样的打鱼捉蟹，一样的吃苦耐劳。少康要儿子那样做，可以说是造就了刻苦勤劳的一代越人。后来越国历史上出了一个由于种种缘由失国后“苦身焦思，置胆于坐，坐卧即仰胆，饮食亦尝胆也”的越王勾践。太史公说，勾践的这种“卧薪尝胆”的精神，“盖有禹之遗烈焉！”

由此可见，少康时期进入了一个天下全面开发的大时代。中原地区当然是开发的首选，但边远地区也要开发。少康这个“天下共主”，当得实在，它给天下人带来了实实在在的利益和好处。

《左传·哀公元年》有言“祀夏配天，不失旧物”，夏族的最重大的“旧物”之一是治水精神，而在太康开始的“三世之乱”中，水利也大多被废弃了。说少康“不失旧物”，意味着要重整旧山河，重抓水利建设。夏王朝组织民众进一步治水，任用商侯冥治水，颇得时人称赞。据史料记载，冥是先商族的一员首领，少康时任夏王朝的水利官员，在治水过程中不小心落水身亡，以身殉职。治水的最高长官因治水而身亡，可见当时水患大有卷土重来之势，要不是少康下了大决心治水，真不知“鸿水滔天”的危象是否会重现于天下呢！

治水与发展农业经济是连在一起的。据《国语·周语上》记载：“太康时废稷之官，不复务农。”说太康一定要刻意废除农官和农业，那也未必然，可能是在上层普遍腐败的情况下，没有谁认真地去抓农业了，那些农官也懒散而不管事了。《今本竹书纪年》云：“（少康）三年，复田稷。”“田稷”即田官。这里的“复田稷”也不能简单地理解为重新任命田官，而是对那些不管事的田官下通令，命令他们要尽职尽力把农事抓好。作为以农立国的夏王朝，农业抓好了，就什么都有了。

由此可见，所谓“少康中兴”，“兴”在大禹克勤克俭风气的回归，“兴”在天下南北大地的共同开发，“兴”在水利的重建，“兴”在农业的发展。由于相关史料的缺乏，还不能完整地勾勒出这次中兴的全景图来。但历史上的确存在过这样一次中兴。

这里必须指出的是，所谓“少康中兴”不是一个“代”的概念，而是指一个长达六世七王的相对繁荣、相对稳定的历史时期。周一良、李学勤等著的《中国历史通览》也认为少康中兴是“一段较长时间的中兴稳定局面”，直到“十四世孔甲时这种局面才被打破”。从少康往后推，经历予、槐、芒、泄、不降、扃、廑，时间大约长达百年有余，其间的夏王都比较清明，出现了不少有为之君，这也许是夏王朝的黄金时段。

可能作为少康后继者的予统治时期，是比少康时期要更安宁富足的时期。他被称为帝予，或称为帝杼，在《古本竹书纪年》和《史记》中又有一个很特殊的名称，叫“帝宁”，或直称“宁”。一名之得，皆有缘由。看来，予那时的确是天下太平了，不然人们怎么会称之为“宁”呢？

予是协助少康重新建立夏朝的主要人员之一。寒浞的两个凶残的儿子率领的部队，是予带兵将他们消灭的。少康回归中原后，有史书说“杼作甲”（《墨子・非攻下》）、“杼作矛”（《世本》），说明他没有放松警惕，继续加强武装力量，在国防上保持着强盛态势，使夏的天下共主的地位更加巩固。予即位后，在与夷人的几度较量中一直处于主动位置。《国语・鲁语上》云：“杼，能帅禹者也，夏后氏报焉。”所谓“帅”，就是“循”。杼是能循着禹开辟的治国之道前进的人，因此他死后，夏人就以隆重的“报祭”礼仪纪念他。司马迁则称杼是“复禹绩”的大人物，其意是差不多的。

予的儿子槐，槐的儿子芒，芒的儿子泄，泄的儿子不降，不只继续着夏王朝的强国梦，还与夷族保持着十分友好的关系，对那些既安分守己，又勤于建设的夷人，还实行“加爵命”奖励呢！这当然也反映出中央政权的权威地位。

在“少康中兴”的六世七王时期，夷夏关系总体是和谐的，给后人留下了美好的历史回忆。

《竹书纪年》记载：“少康即位，九夷来宾。”这说明夷人是愿意看到一个强大的夏王朝的出现的。之后，“后芬即位三年，九夷来御”。九夷指的是居于东方的各种夷族人，他们趁少康孙子登夏王位的机会，集体来到中原祝贺。“后泄二十一年，加畎夷等爵命”。加爵命意味着提高夷人的政治地位，也说明夷夏间的关系进一步亲密化。

在汉人写的《后汉书》中，一篇《东夷列传》充满着感情的色彩。文中称：“夷者，柢也，言任而好生，万物柢地而出，故天性柔顺，易以道御，至有君子、不死之国焉。夷有九种。”这段话中可以说全是对夷人的赞誉。其一，“夷者，柢也。”柢，就是树根，是说夷人是有根有柢的人，不是飘忽不定、不负责任的人。其二，“言仁而好生”，是说夷人的品性，既有仁德，又热爱生命，与之相应的就有君子之国、不死之国。其三，“易以道御”，就是说容易在“道”这一点上与华夏人统一认识。这三点应当说是实事求是的，而这种美好的夷夏情感，正是“少康中兴”时打下的基础。该文还明确说，少康中兴以后，东夷这些地方都“世服王化”了。这虽然是一种“中原正统论”的眼光，换一个角度来看，其实不就是一种民族的融合吗？“化”不是武力的征服，不是强权的凌辱，而是春风化雨，潜移默化，是用文化的力量、礼仪的力量来使人心真正归化。

注释：

① 徐中舒：《先秦史论稿》，巴蜀书社1992年版。

② 李学勤：《中国古代文明十讲》，复旦大学出版社2003年版。

07 夏王朝的衰亡

孔甲“乱夏”

夏王朝到孔甲时，已历十三世，孔甲本人是夏王朝的第十四世王。夏王朝的气数将尽，它的衰亡，以至于走向末路，到孔甲之时，已显得是不可避免的事。《国语 · 周语下》云：“孔甲乱夏，四世而陨。”从孔甲算起，夏王朝就跌入了衰微的深谷，后历皋、发、癸（桀）三世，最后为另一个古老而富于生气的族群商所灭。

在司马迁笔下，夏王朝的十七世国君中，重墨而书的只有两人：启和孔甲。启是禹的儿子，是中国实施传子制度后，开启中国王朝世系的第一人，理应重墨。孔甲则是夏王朝由盛而衰的转折性人物，自孔甲之后，夏王朝江河日下，不可挽回。前者是历史正能量的楷模，后者是历史负能量的典型。而且，两个人物都有具体而生动的故事，司马迁把两个人物都写活了。启征伐有扈氏，召六卿，作《甘誓》，神采飞扬，气壮山河。而孔甲其人，“方鬼神”，触犯众怒；“事淫乱”，众叛亲离；“食龙肉”，自食其果。

孔甲“乱夏”，表现在三个方面。

其一，“方鬼神”。

夏代是中华礼仪文明的肇始，这种礼仪文明的极为重要的方面就是“敬鬼神”，就是“慎终追远不忘祖”。按照中华的礼仪制度，对祖宗，要按时祭祀；对上天及山川神灵，要顶礼膜拜。这种从远古一直传承到夏代的礼，集中反映了当时人的生活方式，以及精神信仰和风俗习惯。可是，孔甲视这一切如粪土，采取了“方鬼神”的做法。“方鬼神”中的“方”字，就是“违”、“逆”的意思。就是不仅不按时实施祭祀，而且还违背、违逆鬼神。这当然是不允许的，因为它触动了“夏人信神”这一社会信仰的根本，这当然也触动了夏王朝立国的根本。

其二，“事淫乱”。

“方鬼神”，触动的是虚拟世界，而“事淫乱”，则描述的是现实生活。从某种意义上说，人更多的是生活在虚拟世界中的。一旦失去了虚拟世界，他将也会失去现实世界。孔甲对鬼神世界那样的轻慢，在现实生活中的既“淫”且“乱”也就不足怪了。可惜的是，史书只是声讨式地匆匆忙忙把孔甲送上神圣的道德法庭，说“夏后氏德衰”，却忘记告诉人们孔甲的淫乱实况。这样使我们对孔甲的批评多少流于概念化。

其三，“食龙肉”。

这是一则荒诞的神话故事。为了讲清这一故事，历来惜墨如金的司马迁花费了八十多个文字符号讲述此事。故事是这样的：也许是为了测试孔甲吧，或者说是上天要给这个昏王某种征兆吧，上帝派两条龙降临到了夏宫，一条是雌龙，另一条是雄龙。两条龙在夏宫的庭院里游动，来来往往，不肯离去。昏庸的孔甲对此大感兴趣，他对下属说:“把这两条龙养起来吧!”下属傻了眼,历来有养鸡、养牛、养犬的,可从来没听说能养龙的,于是问他:“大王,龙怎么养啊?我们可不会。”孔甲固执地说:“你们不懂得怎么养,不等于天下没人懂得怎样养龙,快去,去找能养龙的人来。”按照孔甲的指令,几路人马外出到处寻找养龙方面的专门人员。据传,在远古的时候,有专门豢养龙的部落,部落的名字叫“豢龙氏”。陶唐氏尧的后代,有一个叫刘累的人,从豢龙氏的高手“豕韦”那里学得了驯养龙的本领。孔甲手下的人找到了刘累,让他来为孔甲养龙,孔甲为了表示重视,还赐给他“御龙氏”的姓,这当然是极为荣耀的事。

不料,过不多久,一条雌龙死掉了。刘累把死龙煮了给孔甲吃。孔甲吃了后,感到味道分外的鲜美,就对刘累说:“我还想食更多的。”刘累一听,感到这事坏了,夏王孔甲如此贪婪,将来无龙肉给他吃的时候可怎么办?刘累越想越不对劲,三十六计走为上,于是就“惧而迁去”,孔甲恼羞成怒,命人将他杀了,尸体埋在城外远郊旷野。孔甲如此凶狠残暴,使得各部落首领纷纷叛离。不久,天降大雨,又刮起大风,等到风停雨止,城外的山林又燃烧起来。孔甲本来轻慢鬼神,至此也不免将信将疑,不由认定是冤魂在作祟,只得乘上马车,赶到郊外去祈祷。祈祷完毕,孔甲登车回城,走到半路,在车中不明不白地死去了。

这则神话故事的寓意是深刻的。龙是华夏族的图腾,也就是全民族的崇拜对象,后来,孔子把老子视作龙,以示敬畏。它是上天(上帝)赐予的神物。孔甲龙都敢食,而且妄图一食而再食,那么他还有什么胆大妄为的事不敢为呢?

值得研究的是,这里豢养的、可以成为人的美食的“龙”究竟为何物？关于“龙”的原生态物，有蛇说，有猪说，有鱼说，还有“九似”说。我们以为，这里说的可以豢养的“龙”，实际上就是野猪。理由有几条：第一，野猪生龙活虎，颇有龙姿，俗语说“豖突狼奔”，它的生气和活力引起人们崇拜是完全可能的，不是在龙山文化的墓穴中还有“人猪同穴”的现象吗？第二，龙的驯养称“豢”，“豢”字的下头是个“豕”字，“豕”者，即猪也。可见，豢“龙”即豢“猪”，也是说得过去的。第三，养龙的部落称“豢龙氏”，《史记集解》引贾逵言：“豢，养也，谷食曰豢。”谷食的“龙”，不就是猪吗？猪是谷食的，“豢”符合猪的性状。第四，豢龙氏的高手叫“豕韦”，这显然是以职业为姓的。“豕韦”一词中的“韦”同“围”。“豕韦”也就是“豕围”，就是管理猪圈的人。现实地说，“豕围”也就是“猪圈”，是被人们神秘化的所谓“龙围”。第五，还有考古上的依据。在距今六千年的内蒙赤峰红山文化遗址中，出土的“中华第一龙”，就是一条“玉猪龙”，这更进一步证明“猪”确实是神秘化了的“龙”的原形（至少在一些地区的一些部族中如此）。野猪肉比家猪肉味道更鲜美，孔甲这个不务正业的“美食家”，食“龙”不厌也是势所必然的了。

按照神话传说的思路，“天降龙二”是为了试探孔甲的，而孔甲为了一己之私欲，竟至于食龙，这样看来，夏王朝到孔甲时的江河日下，也是不可避免的了。

“武伤百姓”的夏桀

从孔甲到亡国之君夏桀，中间隔着皋和发两代，这两代之君都是碌碌无为之辈，历史上没有留下任何一点有作为的痕迹。

司马迁除在《史记·夏本纪》中提到夏桀之外,《史记》其他地方提及他的竟还有二十九处之多。司马迁不是简单地把夏桀写成是一个暴君了事,而是要从这位亡国之君的所言所行、所作所为中,提炼出“国所以亡”的历史经验教训来。司马迁在《夏本纪》中写下的“武伤百姓,百姓不堪”八个大字,这是用历史的血泪凝成的。历史上的任何英雄好汉,他一旦站到了民众的对立面,敢于挑战民众,挑战历史,那么最终必然会闹到国破家亡、身败名裂的地步。

据史书记载,夏桀是个身材高大、体格强壮、武艺高强的人物。“夏桀手缚豺狼,足追四马,勇非微也,百战百胜。”可就是这样一个貌似十分强势的人物,一旦站立到了民众的对立面,那他势必“威尽势极,闾巷之人为敌国”(《史记·律书》)。

夏桀的“武伤百姓”首先表现在穷奢极侈、劳民伤财上。据说,夏桀不只体格健壮,还颇有点小聪明,建房用的瓦当还是他发明的。这在人类生活史上,是个了不起的创造发明。这一发明本可以为天下寒民造福,让更多的人有所居。可是他不这样,他把这一发明用作谋取私利的手段,为自己造了连他自己也说不清有多少间的行宫。《古本竹书纪年》说,他为了“筑倾宫,饰瑶台”,“殚百

夏桀

姓之财”。为了自己的享乐，他把百姓的钱财都用尽了。他敢这样做，老百姓就敢起而反抗，这就是历史的辩证法。

夏桀作为一个国君，不去组织生产。管子指出，夏桀沉湎于奢靡无聊的游乐生活之中，“桀之时，女乐三万人”（《管子·轻重甲》），这个数字虽不一定是实指，也可能含有某种夸大的成分，但是，桀生活得极为荒淫那是肯定的。他把一个古老的部族有施氏攻打下以后，就把有施氏的“国花”末喜（即妺喜）纳入自己的后宫，从此日夜与这个美貌的女子嬉戏在一起，再也不理国事。一些大臣提醒他，他看作是故意跟他作对，动不动就把人杀了，到最后大家连讲话的勇气也没有了。“桀之放也以末喜”（《史记·外戚世家》），把夏之亡、桀之被放逐归结为女人误国是不对的，但桀的迷恋于声色犬马的确是其自取灭亡的极重要原因。

从个性上讲，桀是个暴虐狠戾之君，他就任夏君后，很快就在他周围形成了一个崇尚空谈、文过饰非、打压正气的谀臣小团体。桀有一个谀臣，名字叫赵梁。这个赵梁真可称之为无恶不作。一、他“教为无道，劝以贪狼”。当时桀还年轻，所有的“无道”之事，都是赵梁教唆的。后宫的那些宫女，也大都是他从民间弄来的。二、他让桀“系汤夏台”，也就是借故把商汤关押在夏台这座监狱里，使夏中央王朝与属下的商族之间的矛盾大为激化了。三、“杀关龙逄（páng）”。关龙逄是桀身边最忠贞的老臣，曾为夏王朝服务了三朝，可称为“三朝元老”，可是，在赵梁的挑唆下，关龙逄被遗弃、被关押，最后被杀害。关龙逄被后世誉为“死谏开先第一人”。关龙逄一死，就再也没有人敢面对桀直言谏争了。

在这个小团体中，除赵梁外，还有干辛、推侈等人。他们控制了朝政的方方面面，谁要是不听从他们的，轻则被监控，重则被杀害。造成了“桀之狗可使吠尧”的那种可悲局面。在桀的那个朝廷里毫无是非曲直可言，你要是当上了桀麾下的一只“狗”，你也可以对像尧这样的大圣人狂“吠”呢！

夏桀无道，众叛亲离。原先与华夏族关系长期良好的夷族，也与桀关系疏远了。商原本是夏王国的属下之国，现在也闹起独立来了。秦的首领大费是大禹治水的最主要助手之一，一直与夏关系良好，桀时是大费的后代费昌主政川地，这时也宣布“去夏归商，为汤御”，甘愿充当商汤的先头部队，去摧毁腐败不堪的夏王朝。最使桀伤透脑筋的是他最心腹的一些地域也正在准备起事。在十分危急的形势下，他召开“有仍之会”，结果连历来最为心腹的有缗氏部落都不参与大会，显露了反叛之心。为了显示夏王朝中央的权威，桀亲率部队征服了有缗氏，然而，“桀克有缗以丧其国”（《左传・昭公十一年》）。桀是把有缗氏打下来了，而他的威望却江河日下。夏王朝的寿数已是屈指可数的了。

人祸又加遇上天灾。桀的晚年，夏王国的中州地区又适逢连年的大旱。圣人曰：“伊洛竭而夏亡。”（《国语・周语上》）伊洛是夏王朝的生命源泉，大旱，大旱，接连二百多天的不下雨，使横贯华夏大地的伊洛这两条大河都干涸了，夏王朝还有几天的生命力呢？

司马迁之所以在那么多篇章中一而再、再而三地提到桀这个反面人物，目的是要后人从中吸取历史的教训。《尚书大传》中说到，桀曾经自诩为是一颗经天纬地的太阳，可是，民众不需要你这样的“太阳”。民众的回答是：“时日何曷丧？予与汝皆亡！”他们愿与这样的“太阳”同归于尽。

商汤代夏

夏桀政权最后是被作为夏王国部属的商部族打败而灭亡的。

夏与商的关系历来十分密切。在五帝时代，夏、商、周三个部族是天下的三驾最有影响力的“马车”。商在东方，周在西部，夏居其中。大禹治水成功后，夏启子承父业，水到渠成地继承了天下的领导权，实现了由氏族公社制到家庭私有制的转化，建立了中国第一个父子相传的王国，在夏王国存在的四百多年间，商、周与夏的关系实际上是中央与地方的关系。如果说夏是天子的话，商、周则是一方诸侯。商的始祖契曾是禹的治水助手。周的始祖后稷曾是舜时的农官，夏王国建立后仍任农官。这种局面一直维持到夏桀时代，夏桀的无道引发了自下而上的革命，在商的带领下，爆发了推翻旧王朝、建立新

商汤像

王朝的一场伟大的斗争。

夏桀与商汤是同时代人，两者表面上还保持着君臣关系。汤是商部族的第十四代传人。汤看到夏桀无道，就着意发展自己。他大量吸纳能人、才人，其中一个叫伊尹、一个叫仲虺的被汤任命为左右相。伊尹是有莘氏的奴隶，汤娶有莘氏之女为妻，伊尹作为陪嫁的奴隶来到了汤身边。仲虺是世代夏官，其本身也是夏负责监造车子的一个官员。看到夏桀的腐败不堪，就弃桀投奔商汤而来。汤用这两人为左右相，让他们辅助兴国大计。

伊尹像

夏桀与商汤虽是同时代人，但两人走的不是同一条路。夏桀"武伤百姓"，成天迷恋于美酒和女色，根本不顾及百姓的死活，走的是一条亡国之路。而商汤着力于理民生、施仁政，走的是一条兴国之路。

"商汤代夏"的过程在《殷商史》会详述，这里有一则著名的历史故事值得一书：有一天，商汤外出，只见有人在野外张开罗网抓飞禽走兽。此人在四面都布下了罗网，口中念念有词："我要让天下四方的飞禽走兽，都进入我的罗网！"商汤走上去，对那人说："那样做太过分了，不就是要一网打尽吗？"那人问："那依您的高见，该怎么办？"商汤说："听我的，把三面都撤了吧，只留下一面就够了。"撤了三面以后，商汤祝告道："要左边去的，你就向左边跑吧，要右边去的，就向右边跑吧，只有认同我的主张又没有新的主意的，就到我的网里来好了。”这话很快传到了诸侯那里，大家都说：“汤的德性真伟大啊，他施仁政都施到禽兽那里了！”

这个“网开三面”的著名历史故事，用生动的事例告诉人们：“汤革夏命”是自觉自愿的事，来不得半点勉强，只有那些真正感到非得“革”夏王朝“命”的人，商汤才会带领他们一起去造夏的反。其实，商汤越是这样说，大家越会感到商汤的大气和仁爱，也越会有更多的人加入反夏桀暴政的行列。

为了削弱夏的势力，商汤步步向西发展。他以帮助夏的亲邻小国葛祭祀为名，以迅雷不及掩耳之势消灭了葛国。汤灭葛后，桀很不高兴，他感受到了来自东土的一股势力的威胁，忙召汤入朝，并把汤囚在夏的国家监狱夏台里面。这时，伊尹、仲虺就设法营救商汤。他们投桀所好，搜集了大量珍宝，还有美女，源源不断地送给夏桀，并向桀说明汤并无异心。夏桀是一个贪财而没有一点儿政治远见的人，收到伊尹、仲虺送来的重礼之后，就放了商汤。他身边的人警告桀：“商汤是个有雄才大略的人，此人一放，后患无穷啊！”桀的心早被一大堆的金银财宝和那些美女迷惑住了，轻描淡写地说：“放了就放了，怕什么。他敢作乱，再抓他也不迟。”他还不知道，正是这个商汤，是他未来的掘墓人。

汤回到商地后，又趁夏桀不注意间出兵灭了亲夏的韦国、顾国和以冶铜闻名远近的昆吾国。汤的势力所向披靡，“十一征而天下无敌”。这三个夏的忠诚属国的被征服，为消灭夏势力准备了条件。而沉溺于酒色中的桀对这些竟一无所知。

汤在取得这些胜利之后，按照伊尹的谋略，突然间停止了对夏的进贡，为的是观察形势。桀为此大怒，说：“怎么，商汤这样做，是想造反了吗？”就令“九夷”发兵攻商。“九夷”的大部分部族都按兵不动，但仍有少数几个部族起而攻商。汤觉得灭夏的条件还没有完全成熟，于是马上又恢复了对夏的纳贡。但第二年又停止了纳贡。桀为此暴跳如雷，马上又命夷军攻商，这次九夷的每一个部族都按兵不动，谁都不愿为夏桀这个暴君卖命了。商汤高兴地拍案而起，说：“夏桀已经陷于彻底孤立的境地，夏亡是旦夕之间的事，起兵吧！”于是，商汤发出了动员令，号召全军向夏桀发动总攻。

两军会战于鸣条（河南封丘东或山西安邑界内），在战争打响之前，汤发布了誓师词，这就是中国历史上著名的《汤誓》。

这是讨伐夏桀的檄文。史官记录的这篇誓词，文亦不长，不妨照录如下：

> 王曰：“格尔众庶，悉听朕言。非台小子，敢行称乱！有夏多罪，天命殛之。今尔有众。汝曰：‘我后不恤我众，舍我穑事，而割正夏？’予惟闻汝众言，夏氏有罪，予畏上帝，不敢不正。今汝其曰：‘夏罪其如台？’夏王率遏众力，率割夏邑。有众率怠弗协，曰：‘时日曷丧？予及汝皆亡。’夏德若兹，今朕必往。”
>
> “尔尚辅予一人，致天之罚，予其大赉汝！尔无不信，朕不食言。尔不从誓言，予则孥戮汝，罔有攸赦。”

誓词分两部分，第一部分说明兴师征伐的原因，第二部分申明赏罚的办法。其意是：“来吧，你们各位！都注意听我说。不是我小子敢于贸然发难！实在是因为夏王犯了许多罪恶，上天命令我去讨伐他。

商汤像

“也许现在你们中有人会问：‘我们的国君不体贴大家，让我们荒废了我们的农事，现在又何必要去征讨夏王？’这样的言论我早已听说过，但是夏桀有罪，上天说要惩罚他，我敬畏上天，不敢不去征讨。

“也许现在你们还会问：‘夏桀的罪行到底怎么样呢？’我说，夏桀耗尽了民力，苛刻剥削夏国民众。民众大多怠慢不恭，不愿同他合作了，他们还说：‘你这个自诩的太阳什么时候才能消失？我们宁可同你一起灭亡。’请看，夏桀的德行败坏到如此地步，所以，我一定要去讨伐他。

“我期望你们辅助我，行使上天对夏桀的惩罚，只要大家尽力了，我将重重赏赐你们！你们不要不相信，我决不会不守信用的。倘若你们不遵循我的誓言，我就让你们去当奴隶或杀掉，以示惩罚，没有谁会得到赦免。”

商汤在檄文中的口气是那么凛然，同时又以自问自答的方式消除听众的顾虑，由此也充分说明商汤看准并把握了夏桀正处于天怒人怨的困境中。从表面上看，“时日曷丧？予及汝皆亡”这一句话是诅咒太阳的，其实是用太阳来比喻夏桀。商汤在动员中历数夏桀的暴行，真实反映了夏国民众痛恨暴君的心情，将之揭示得淋漓尽致。这篇誓词表明商汤“必往”的决心已定，义无反顾。

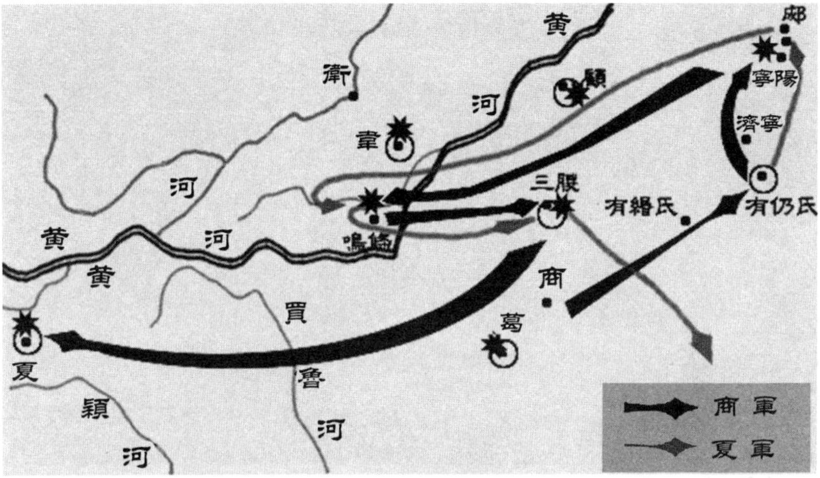

鸣条之战示意图

从夏启建立政权时的《甘誓》，到讨伐夏末代君王桀的《汤誓》，时间流逝了近五个世纪。一个王朝终结了，另一个新兴的、朝气勃勃的王朝即将建立。虽然时间相隔是那么久远，可是，那笔调，那语气，那语意，那誓词的主旨，是那样的一致，一致得简直会让人认为是出于同一个人的手笔。

五百年前这话是新生的夏王朝的创建者启对逆时代潮流而动的有扈氏说的，五百年后这话是新生的商汤对没落腐败的夏末代国君桀说的。

时代变了，对象也变了，但是有一点没有变：只有新生的、朝气蓬勃的代表人物敢说出“行天之罚”之类的话。

这是一个民族的心声：正义必将胜利，邪恶终会败亡。

当然，《汤誓》比起《甘誓》来，还是有进步的。这主要表现在新生的统治者更加重视民众的力量上。

"鸣条之战"碑

"鸣条"一战，夏桀被打得落花流水。夏桀带领败兵逃到南巢。在南巢，走投无路的夏桀对最后伴随在他身边的几个人狠狠地说："我真后悔啊，当年要是将商汤杀死在夏台，我就不会落到这个地步了。"随行的人深深地低下头，没有去回答他的话。夏桀在临死前说这样的话，除了进一步证明他的不可救药外，其他什么都说明不了。他永远也不会懂得，一个逆天行事、与民为敌的暴君，是不会因为某一人物的消逝而改变他的命运的。如果当年商汤被杀，会有另一个商汤来承继他的事业的。

夏桀最后死在了南巢。中国第一个世代相传的王朝终结了，代而兴起的是以汤为开国之君的商王朝。

夏王朝的权威 08

“王”字内涵的变迁

先秦时期说到“三皇”、“五帝”的时候，交叉的情况十分常见，有时说黄帝是“三皇”之一，有时又说黄帝是“五帝”之一，反正意思差不多，就混着随意用。但是，不管是“皇”还是“帝”，有一个基本的意思，那就是“大”。称“皇”称“帝”的人，自以为受命于天，就会有天地间“唯我为大”的感觉，也会有人世间“唯我为尊”的想法。

“王”的基本观念也是“大”，即所谓“物之大者，王也”。在这点上，与“皇”和“帝”没有什么区别，因此，古时就有人说：“今之王，古之帝也。”（《左传·僖公二十五年》）但是，“王”这一观念的出现，必然是有它的缘由的，而且，“王”的内涵也随着时代的变迁而变化着。

那么，为何典籍中多把“五帝”后的三代领导人称作“王”呢？这代表着一种观念上的变化，也可以说是观念的深化吧！“皇矣上帝，临下有赫”，总认为自己是上帝派到下土来统治下民的，权威来自上帝，因此什么都不用怕。而称“王”者就不太相同。孔子曰：“一贯三为王。”汉代的大儒董仲舒说得更透彻：“古之造字者，三画而贯中者，谓之王。三者，天、地、人也，而贯通之者，王也。”（引文均见《说文解字》）这明显比简单地认为自己是上帝派来统治民众的观念在认识上要深入了一步。你要当“王”吗，你就要学会把天时、地利、人和三者贯通起来，这里尤其重要的是重视了人的因素，天帝认可你了，地皇认可你了，还要看民众是否认同你呢！“一贯三为王”，最主要的是看你是否得民心、合民意。失去了民心，你就什么都不是了，你那个“王”当然也就当不成了。

董仲舒说“贯通之者”，事实上是在说，重在贯通，难在贯通。要把天时、地利、人和三者贯通起来，不容易，做到了，就谁都会承认你是“王”。

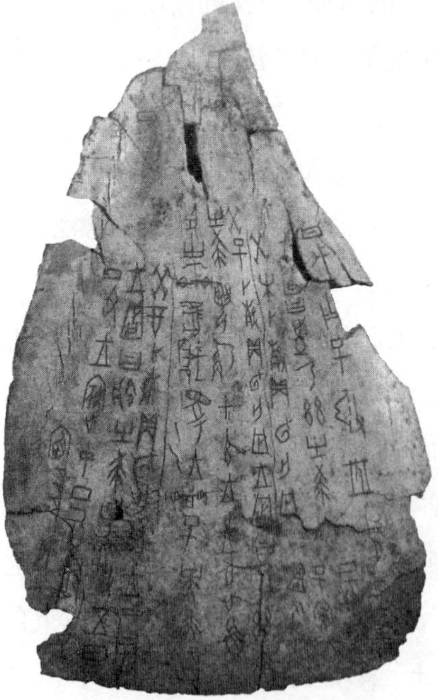

甲骨文

《大禹谟》相传是舜、禹、皋陶、伯益在一起畅谈治理天下大道的篇章。当伯益说到“无怠无荒，四夷来王”时，禹深有感触地说：“德唯善政，政在养民。水火金木土谷唯修，正德利用厚生唯和，九功唯叙，九叙唯歌。”这就是禹提倡的养民“九事”——一是防治水患（水），二是制作金属器具（金），三是防火用火（火），四是保护山林（木），五是注重土木建筑（土），六是播植五谷粮食（谷），七是开展道路建设（正德），八是着重为民服务（利用），九是关注民生问题（厚生）。在大禹看来，只有这九个方面做好了，才可以称“王”，人家才会承认你是“王”，关键之处还在于得民心。

这样看来，大禹这一代“王”，还有上一两代的尧、舜等，他们除了也会有天命观念外，想得更多的是怎样“无怠无荒”地为民做一些实事，怎样为社会办一些好事。可是，到了禹之子夏启一代就又有些不同了。他了解得很清楚，要坐稳王位，为民做好事固然很重要，但在斗争如此复杂尖锐的情势下，还得靠掌握好自己手中的武力。当大禹把王位传给启的时候，情势十分危急，要不是禹早就把部队交给了他指挥，后果很难设想。启在一篇军事宣言中说：“用命，赏于祖。弗用命，戮于社，予则孥戮汝。”（《尚书·甘誓》）其意是说，全军官兵听着，如果你们听从我的命令勇敢击败叛逆的有扈氏，那我将在祖庙前隆重嘉奖你们。如果你们不听话，不奉行命令，那我就会在社台上处置你们，根据情节轻重，或者把一些人杀掉，或者把另一些人降为奴隶。结果这支军队大显神威，把有扈氏彻底消灭了。

古文字学家告诉人们，在甲骨文中，“王”字就是“斧”、“钺”两字的变形。所谓“王”者，就是要动用武装力量，保卫自己“王”的地位和镇压叛逆者。

在夏代的四百七十一年间，环绕着一个“王”字，可说是刀光剑影，争斗不断。有夏王主动征战他方的，也有边远地区的所谓夷狄打到中原来试图取而代之的，更多的是为了争夺王位而兄弟相残的。不管怎样，使用的手段就是武装。大概“成者为王败者寇”这个观念，在夏商间已有了。

夏王实际上是三位一体的。

首先，夏王的“天下共主”身份。这个“主”字，比“王”字多了一“点”，实际意思是一样的，“天下共主”，其实质就是“天下共王”。夏王通过氏族联盟，通过异族联姻，通过政治结盟，通过军事征战，通过经济手段，把那么大的“天下”都“共”在自己这个“主”身边了。这种“王”、“主”混用，在春秋战国时期诸子百家的文献中还可以看到，而其源头可能就是夏代。

其次，夏王的军事统帅身份。国王这个统帅下面是六卿的军队。那些担任“六卿”的人，也是亦政亦军，平时管理政务，关注民生，战时参与军事，但都要对国王负责。其实，当时“天下”的各方也都有军队，国王通过与某方联军以打击另一方的形式，调动他们，使他们为自己所用。

再次，夏王的最高祭司身份。不是说“王”就是通天、地、人吗？而通天、通神、通鬼，是通过祭天、祭神、祭鬼的形式来实现的。当时，有专职的祭司和占卜师。比如，在祭祀和办理某一大事前，要进行占卜。夏代已有了占卜术，《左传·哀公十八年》：“《夏书》曰：‘官占，惟能蔽去，昆命于元龟。’”另有二里头文化时期出土的卜骨为证，当然这些卜骨上只有某种符号而没有文字。到了殷商时期甲骨

甲骨文卜辞

文的占卜是非常神秘的，一条完整的甲骨卜辞应该包括序辞（叙述占卜的日期和贞卜的人物）、命辞（记录所卜问的具体事情）、占辞（记录视兆的人判断吉凶的话）以及验辞（应验的话）。夏代的占卜要比商代的占卜简单些，就是把各类兽骨放在火堆上烤，以显现的各种不同裂痕来加以解读。这些前期事务都可以由专业的巫师去做，而最后的解释权却牢牢掌握在王的手中。各类祭祀活动也一样。夏启即位时的所谓“涂山之占”，占卜的最后解释权完全掌握在夏启手里，巫师的昭告是不能违背夏启的意志的。

这样看来，“王”的观念是不断进步和发展着的。从简单的天、地、人的“贯通之者”，到“天下共主”之主，到走向王的武力色彩，这是一大进步。而从王的武力武装色彩，到王的“天下共主”、最高军事统帅、最高祭师三重身份的三位一体，又是一大进步。而这些进步是通过数百年、甚至上千年的文明演化得以发生、发展和完成的。

观念是现实生活的抽象。“王”的观念不断以升级版的形式出现，从一个视角说明了王权的提升和强化。

王城——夏王朝权威的旗帜

夏所世代居处的地方，长期以来被称为中土、中方、中州，意思即是所谓的天下之中。最早“中国”的观念，即起始于夏人的头脑之中。

夏族人发源地的地理位置十分优越，它处于洛阳盆地的东部，背依邙山（即著名的“北芒山”），南望嵩岭，安然坐落在古伊、洛河上游交汇处北岸微微隆起的高地上。伊河和洛河的交汇处，史称“夹河地区”。据《偃师县志》说:“夹河地区,历朝历代,洪涝灾害不断。”可是,由于夏族人所居之处的一大片土地高出四周有百来米,因此这里得天独厚,地理生态环境极佳。尤其是大禹治水成功以后,这里成了一片被绿色覆盖的大地。山上是郁郁葱葱的森林,平原上是肥沃的湿土。被后人赞为形胜甲天下的“地理王国”。

优越的地理位置使这里成为了文化杂交的处所。这里地势平坦开阔,交通便利;气候温暖,物产丰饶,保证了农业生产的丰收,使之能养活密集的人口,也有利于军事防守,又是四方文化的辐辏之地。农耕社会和畜牧型农耕(游牧)社会的交流交融,粟作农业与稻作农业的交流交融,鼎文化和鬲文化的交流交融,青铜文化与玉石文化的交流交融……文化的杂交,使这块土地上的人们充满着勃勃生机,并率先进入了阶级社会,建立起了一套完整的国家机器。

夏王朝建立之后,为了确立国家的权威,就着手在伊河之滨进行王城的建设,以作为王朝权威的一面旗帜。如果说伊洛平原被称为“天下之中”的话,那么王城所处的位置则是中心的中心了。在夏王刻意建造的王城中,集中体现着夏王朝的礼仪、饮食、服饰、交通、婚娶、庆典、丧葬、娱乐、建筑、教化、律令等制度,通过这些制度的展示,达到垂范天下的作用。在王城建设中,最为核心的是宫殿的建设。《周易·系辞》:“上古穴居而野处,后世圣人易之以宫室。”在中华大地的地平线上,第一个建筑起宫室的是夏王。

有人说,王城和宫室的出现,是国家产生的重要标志,此话是有道理的。

据传说和一些文献资料显示,夏曾在阳城(今河南登封)、帝丘(今河南濮阳)、安邑(今山西夏县)、斟寻(今河南偃师)等地建立王城（相当于后世的国都），在豫东的商丘、帝丘、原、老邱也可能建立过王城。有的说，夏人在那么多地方建设王城，证明夏人当时还没有过上定居的生活。我们认为这一推论是不确的。夏王朝的农业那样发达，早已过上定居生活是毋庸置疑的。这个王朝在四百七十多年的历程中建都处达到七八处是不足为奇的，原因可能有多方面。至今为止，这些夏代王城的庐山真面目还没有全部揭开，不知这多处王城的规模、特色、次序如何，只能留给日后的人们去解读和认知了。

迄今为止，有一座王城的面貌是清晰的，那就是二里头王城遗址（不少专家推测，它就是文献中说的斟寻王城）。我们就以它为例证，约略剖析夏王城建设的初衷吧！

先要研究的是，夏先王为何会想到建王城于偃师？“河洛毓秀地，古亳帝王都。”偃师地区土地肥沃，气候暖和，且四塞坚固，南依嵩岳，北临黄河，东控虎牢，西扼崤函，伊、洛两水在境内逶迤百里，最易守而极难攻，是一处“河山拱戴、天成帝居”的理想之所。最早在偃师建都的帝王，乃是传说中的五帝之一帝喾高辛氏，《史记·五帝本纪》云：“帝喾，都亳。”《集解》注曰：“亳，今河南偃师是也。”之后，先后有夏、商、东周、东汉、曹魏、西晋、北魏等七个朝代在此建都，正所谓“洛阳十三朝，古都半在偃。”而二里头等几个村落所在的地区，四周环山，中间是一道狭长的盆地，它坐落在伊、洛两河之间的夹河滩上，地势平坦，土地肥沃，环境优美，正是一块建设王城的风水宝地。今天，站在王城平整广阔的旧址，依然可以发现，这里的地势高出伊洛两河约百余米，这可能也是监督治水的需要吧。

夏王在此地建王城，本身是在向天下万邦发布夏王朝山河永固、无可撼动的积极信息。对此，偃师博物馆有诸多展示。

二里头遗址，绝对称得上是一座保存完好的“中国第一王城”。开阔的地域、坚实的宫墙、大片的居住地、纵横的道路、巍峨的宫殿、大型的冶铜作坊遗址、级差分明的墓葬，这些都用无声的语言告诉人们，静静地躺在地底下四千年的它，正是一座夏朝王城。

二里头遗址位于偃师市西南九公里的地方，整个遗址包括二里头、圪档头、四角楼、寨后和辛村五个自然村。这是一个相当广大的城市区域，虽然没有发现城墙，但从华美而坚固的宫墙看，建筑者是完全有能力和技艺建造城墙的。有能力建城墙而不建，我们可以作这样的猜测：它从一个侧面反映出当时的夏统治者的自负与自信。他们相信没有城墙也能固守自己的领地和城区，保卫城中人们的安宁。

专家称赞二里头遗址是具有王者气派的王都。当年建有各种层次的建筑物，最夺人眼球的是壮丽无比的宫殿和宗庙，还有祭祀用的特殊建筑。尤其是一号宫殿和二号宫殿，真让人叹为观止。就拿一号宫殿来说吧，坐北朝南，东西长一百零八米，南北宽一百米，总面积在一万平方米之上。宫殿面宽八间，进深三间，殿堂正南七十米处是宫殿的大门，在东西北三方还有侧门呢！雄伟殿堂的四周是围墙和廊庑，殿堂前面是开阔的庭院。宫殿区四周均有宽达十米到二十米的大路向外部延伸。大路纵横交错，大体呈井字形，这样使王都的内部和外部都贯通起来。如此精细合理的配置，就是四千年后的后人看来也还是了不起的。

这样一个具有王都气派的大都会，有专家估计，这里的居民至少有6 200户，总人口在31 000人以上。[①]真是了不得，在四千年前，夏的一个王都的人口能达到三万多人，这在当时的世界上也是少有的吧！据西晋大学问家皇甫谧在《帝王世纪》一书中的估计，夏禹时“天下”的人口有13 553 923人，而一座王城（当时肯定不止一座王城）就占了全体人口的差不多四百分之一，这是很了不起的现象。

我们说王城是夏王朝权威的一面旗帜，正是从二里头这座王都人口的众多、物业的兴盛、手工制作的先进、宫殿的巍峨这样一些方面说的。天下的人只要到王都来走一走，看一看，那么，肯定会被那里的王家气象所征服。

研究一下王城中居民的身份，那是十分有意思的事。居住在这座王城的居民，按身份区分大约有三大类：以王为首的贵族阶层；以手工业者为主体的自由民身份的平民阶层；由无业者组成的城市贫民和以家内奴仆现身的贱民阶层。

罐

鼎

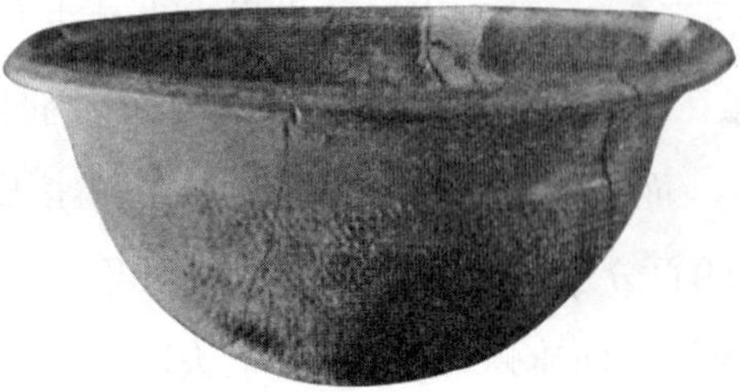

盆

甑

贵族在夏代是一种客观的存在。在夏王朝建立之前，万邦林立，作为天下共主的夏首领进行了一系列的征伐战，“用命，赏于祖”(《尚书·甘誓》)。凡是在战争中立了功的，都可以受到嘉奖，从而使一些人步入了贵族阶层，他们的居住地大都在王都内。官僚系统的日益完善使更多的人进入了贵族营垒。原先公仆性质的任职者，蜕变成了骑在民众头上作威作福的主人。

这些贵族，生时居华屋、食美食，死后还要把荣华富贵带到另一个世界去。现在二里头发现的唯一的一座大型墓葬，面积在二十平方米以上，墓深六米多，墓内填土全为夯筑，墓内应该有大量随葬品，可惜已被盗空，仅余下少量朱砂、漆皮及蚌饰品，还有随葬的狗骨架一具。即使如此，还是可以看出墓葬者的气派。恩格斯指出：“文明时代的基础是一个阶级对另一个阶级的剥削。”②王城中贵族阶层的出现正是社会进入文明期的一个重要标志。

手工业者是王城中自由民的主体。他们是不小的一个社会群体。他们中有铜器工、玉器工、石器工、漆器工、白陶工、黑陶工、灰陶工、印纹釉陶工(可以说是原始青瓷工)、陶塑工、嵌绿松石工艺工、蚌

三足盆

豆

制品工、海贝加工和制作工。这些手工业者大多聚集在手工作坊之中，当然也会有个体设摊进行手工业活动者。

这些以手工艺谋生的平民的生活境况并不算差。要在王城立足，得有一份不错的手艺，而有了这份不错的手艺，生活也就差不到哪里去。他们的生活状况可以在二里头王城中等水平的居屋中得到体现。他们的住房都是地面建筑，木架，有木柱，柱下有础石，房基由夯土筑成，泥草拌和的墙面。有的住房是单间的，有的几间相连。房间小的是四十到五十平方米，最阔气的有八十五平方米。在这样的王城中，这些以手工艺见长的自由民能建造这样的房舍，说明他们经济上还不错，过得去。

显然，王城中还存在着无业者组成的城市贫民。偌大一座王城所占有的土地是最肥沃的，也可以说是人们心目中的风水宝地。这里原先是有农耕者世代居住的，现在为了建筑王城，就会把他们从原先赖以生存的热土上驱赶走。这些人一旦从土地上被无情地“解放”出来，立刻成了游荡的、无所事事的城市贫民。而战争中的俘虏

绳纹扁足陶鼎（夏代饪食器，巩义市出土）

黑陶壶形盉（夏代酒器，伊川县出土）

灰陶绳纹澄滤器（夏代，河南博物院藏）

灰陶三足盘（夏代水器，巩义市出土）

以及部分赤贫者，则成了主人的奴仆。

王城中发现的大部分小型的半地穴房舍，就是城市贫民和家内奴仆居住的地方了。二里头发现的一个破烂的半地穴房舍，屋内东西长2.9米，南北宽2.15米，合6.2平方米左右。在这么狭小、低矮的居室中，至少要住一家三四口人，他们过的是怎样的日子啊！至于那些当奴仆的，还要时时提防被拉去当作牺牲活活杀掉呢！

这里有必要说一说人殉、人牲问题。人殉最早发现于河南濮阳西水坡属于仰韶文化时的墓葬中，时间是公元前4500年左右。墓主是壮年男子，旁边殉葬的分别是一个十六岁的少年和一个十二岁的少女，两人的手都被压在骨盆下，似被反绑着，女孩头上被砍，显然是在反抗时受到击打导致的。最早的人牲见于西安半坡长方形房子的房基下，作为人牲的带砍痕人头骨被放在祭盘里。这说明人殉、人牲起于夏王朝前，到夏代时作为一种文化已相当“成熟”。在二里头遗址的王城里，人牲现象比比皆是，人殉现象也更普遍。在二里头遗址大型房子的基址周围发现好多人骨架，有的明显捆绑，有的身首分离，有的与牲畜同埋，这些都是人殉现象。阶级社会的权威是建筑在社会不平等基础上的，用奴隶、城市贫民、城市无业者的躯体去奠基、去祭祀鬼神，这种权威当然是血淋淋的，但在当时看来却是合情合理的。

王城，这里既是王者的天堂，又是贫民阶层和失去自由者苦苦挣扎的地狱。贵贱有等、贫富有差，这本身就是王城这面旗帜所宣扬的必然之义。

“夏后氏官百”

“官”这个观念在《尚书》中就有，在《皋陶谟》一文中说到了“俊乂（yì）在官”。“俊”，是有才干；“乂”，是能治理。意思是有这两方面品格的人，才能当“官”，才能参与社会管理。不过，那也有个发展过程。在原始公社制社会时期，包括尧、舜、禹时期，所谓的“官”，就是公仆，就是利用自己特有的才华能力为社会做出贡献。到了夏代，“官”成了强力机构，成了国家机器的主要部件。东汉许慎释道：“官，事君也。”这个解释是极为精准的。原始社会的“官”是为民公仆，而夏王朝开始的“官”是助君统治，两者是不能同日而语的。

夏王朝要宣示自身的权威，就势必要组建自己的官僚系统。《礼记·明堂位》中说“有虞氏官五十，夏后氏官百，殷二百，周三百。”该书的作者把“事君之官”（即阶级社会的官僚体制）的起点划在虞舜时，有一定道理，因为舜的所作所为，已经颇有一点“君”的味道了。作为“五帝”中的最后一“帝”，距组建王国的那个“王”已经相去不远了。不过上述这段话的重心不在于“事君之官”起于何时，而是意在说明官僚体制是逐步完善的，而不管是虞时代，还是夏时代，都还是开创性的、不完善的，所以有学者称之为“早期国家形态”，也是有道理的。③

可以说，夏代已经形成了粗线条的、职责分工较为清晰的中央官僚体系，即核心统治集团。

关于核心统治集团的形成，在《尚书·甘誓》中有所涉及。在夏启发动对有扈氏的征讨战争开战前夕，“乃召六卿”，在夏王的誓词里又称他们为“六事之人”。后来，司马迁写《史记》时，照引了《尚书》的说法。但是，应当说疑问还是有的：“六卿”是六个助王治理国家的“人”呢，还是六个“卿位”？“六事之人”明明是讲六个方面的国事，怎么就一定是六个人呢？直到后来墨子在《明鬼下》中载录《甘誓》（文中称为《禹誓》）才明确称为“左右六人”。不过那不一定是《尚书》的原意，而是墨子的观念。

这些文献资料只是告诉人们，在夏代已经形成了统领全局的、以国王为首的核心统治集团。每当有国之大事时，国王首先与他们商讨，意见一致后再推向全国。这个核心统治集团有几人呢？三人也好，六人也好，六人以上也好，并不重要，重要的是这些当官的要有“助君”之心。

核心统治集团下面是分掌各部门职能的官员。梳理一下，比较重要的官员大致有如次十官：

一是农官，即所谓的“稷”。夏与以后的商、周一样，是以农立国的国家，自然要将农官放在特别重要的位置上了。据文献记载，夏时的农官为“稷”。早在虞舜时后稷就管理农业事务，还把南方的稻引进到北方来。到夏桀时，不重视农业，整个国家处于混乱之中，担任后稷之职的农官感到夏王朝已没了希望，就举家逃离了夏的王城。

二是掌四时之官。这直接与农业有关。根据相关史料记载，掌四时之官为羲，早在尧帝时代就由羲仲、羲叔、和仲、和叔管理这方面的事务，看来，至少在夏兴盛之时，这方面的工作是非常得力的，不然不可能有传世的《夏历》的问世。不过，《史记·夏本纪》说：“帝中康时，羲、后湎淫，废时乱日。”若如《史记》所记录的那样，那倒是个不小的损失。

三是掌水利之官。在万国时代，夏与共工是最重视水利的部族，这个传统也一直被继承了下来。在《国语》上还记载有夏的一位叫冥的水官因兴水利而殉职的故事，后来，夏、商两代人都还祭祀他。

四是掌膳馐之官，名为“庖正”。这里的“正”也就是“政”的意思。庖正实际上是管理食品卫生、食品营养的官。“民以食为天”的国民，因此特别重视食道。这也是始于夏的中华传统文化吧！

五是畜养之官，即所谓“牧正”。牧正是管理六畜的养殖、繁衍、优生的官员。少康的母亲逃到有仍氏，在那里生下了少康，少康长大后，就在那里当“牧正”。在中国文化中，管理百姓也叫“牧”，叫“牧民”。从管理和养殖牲畜中，也可以懂得不少治国安民的道理。

六是负责官员给养的官，名为“车正”。官员多了，就要考虑官员的给养管理问题。当时官员外出要派公车，除了少数官员外，大部分官员公车不可能一人一辆，那就要有人调度，因此这方面的官员叫“车正”。原先当夏桀时车正的仲虺，后来看到夏王朝灭亡在即，就逃到商部族去当了“相”，成为助商汤灭夏的主要谋士。

七是掌礼仪之官。中国是礼仪之邦，礼官应当是很重要的一个职官，但现在这方面的史料不多。礼官除了规定礼仪程式，也应规范不同场合吟咏不同的诗、演奏不同的乐、行不同的礼。另外，夏礼后虽被商礼、周礼所继承，但又不同于商礼、周礼，这些都有待于深入研究。

八是布告和宣示政令之官，称“遒人”。《左传·襄公十四年》引《夏书》曰“遒人以木铎徇于路”。“徇”相当于公示、公告。作为宣示官员的遒人，坐在公车里摇响木铎，大声向世人宣布新闻和其他消息，这相当于后世的新闻发言人。

九是卜筮之官。夏人信天、信神、信鬼，在决定国之大事时，总要由卜筮之官“问道于鬼神”，经过一番神秘的通神活动，最后宣布相关决定。

十是刑狱之官，称大理。《礼记·月令》：“命大理瞻伤、察创，决讼狱，必端平。”郑玄注：“治狱官也。有虞氏曰士，夏曰大理，周曰大司寇。”当时将按照相关法律去定罪，称为理正。

夏代整部国家机器是运转起来了，但总的来说还处在初创阶段。

名为“夏后氏百官”，实际上还有许多部门处于无人管理状态。就是上面列举的十个方面的官吏，职责也还不是太明确的。中央的官员是有了，与天下各地的管理人员和管理部门怎么衔接，也有待研究。当时夏王作为天下共主，管理天下的方式一是会议，二是巡视，此外当然还有更细密的举措。

宽严相济的夏代法制

夏代是从原始氏族社会走向阶级社会的起始点，因此，它与原始社会最大的区别，就在于统治者和被统治者两大对立阵营的形成与发展。大权在握的夏代的统治者需要社会稳定、生产力发展，广大的夏代统治区域需要有强有力的手段加以治理，而夏的民众当然也需要生活安定有序。正如马克思所说：“构成这种统治权力的，不仅有武装，而且有物质的附属物，如监狱和各种强制机关，这些东西是以前氏族社会所没有的。”④所有这些，都在呼唤某种意义上的“法”的出现。虽然距离第一部成文法的颁布还需要一千多年的时间（公元前536年，郑国执政子产将郑国的法律条文铸在象征诸侯权威的金属鼎上，向全社会公布，史称“铸刑鼎”，这是中国第一部成文法典），但夏人对“法”已经不陌生了。

据传，原始社会末期已经有了“法”的萌芽。有这样一条资料：“黄帝之治也，置法而不变，使民安其法者也。”（《管子·任法》）这里说的“置法”应该指的是设置法律，建立法制体系，这里说的“使民安其法”说的是执法的过程。“仁、义、礼、乐、名、法、刑、赏八者，五帝、三王治世之术也。”（《尹文子·大道下》）这条资料说的是中国式法制

刖人守门鬲（日己方彝）。刖刑是仅次于死刑的判刑，可见当时肉刑的凶残暴虐。

从形成起就是将礼、法紧密结合在一起的。从五帝时法的萌芽到夏代法制的初步形成，已有一千多年的历史了。夏朝开始有肉刑，包括刖足在内。到了周代，刖刑普遍施用，文献中有不少记载。春秋时诸侯各自为政，各国国君袭用夏刑对臣下或百姓动辄使用刖刑。

无论哪个文明社会，都得建立法纪，“无法”就“无天”，民众的行为就没有约束，社会就会失去秩序。礼仪之邦，当然不是只停留在道德的层面，广义的“礼仪”包含法制，这应当是明确的。夏代是刑法制度的开始形成期，并初步建立起了五刑制度，有一些罪名及定罪量刑的基本原则。《左传·昭公六年》载“夏有乱政，而作禹刑”。后人大多将“禹刑”作为夏朝法制的总称。

有学者认为，“夏朝为了维护统治集团的利益，制定了严酷的刑法。”⑤此说值得商榷。一是制定刑法单纯是为了“统治集团的利益”，还是包括民众利益在内的更广泛的利益；二是在刑法问题上，夏代究竟是不是“制定了严酷的刑法”；三是执法过程中，是一味严苛，还是宽严相结合。

镶嵌十字纹方钺（夏代）。钺是古代的兵器。此方钺大而重，使用不便，还有绿松石作镶嵌，当是仪仗用具。

中华法系的发轫，与民族的传统和习惯有着千丝万缕的联系，因此它打上了深深的习惯法的

石钺（夏代，偃师李楼出土，洛阳博物馆收藏）

烙印。五帝时代，包括传承五帝的夏代诸王，他们在刑法的制定上始终遵循着两条原则，或者说，有着两条底线。一条是尽孝的原则和底线。《史记》在讲述禹治水时，特别强调了他“薄衣食，致孝于鬼神”，这里强调的是广义的“孝”，当然也包括人世间的孝。章太炎先生认为，《孝经》提倡的内容，就是夏代的法律。（《孝经本夏法说》）《吕氏春秋》引《商书》也说，“刑三百，罪莫大于不孝”。孝在夏统治者心目中是一条底线，谁突破了，谁就要受到惩处。另一条是战事的原则和底线。“国之大事，在祀与戎。”（《左传·成公十三年》）祀与孝相连，戎与战相关。在原始社会向文明社会过渡过程中，战争是不可避免的，“大刑用甲兵，其次用斧钺；中刑用刀锯，其次用锥凿；薄刑用鞭扑，以威民也。”（《国语·鲁语上》）夏要统一天下，做天下共主，谁要是阻止之，那不客气，就要“大刑用甲兵”了，这也是一条底线。

由此可见，夏代的刑法制度结合了“法”与“礼”，既反映了统治阶级的意志，又与民众利益相关联。中华民族世世代代“家”与“国”千丝万缕剪不断、理还乱的联系，从夏法已可见一斑。

那么，按“为家尽孝”与“为国尽忠”这两条底线行事的处于先进地位的夏王朝统治者，刑法是否能称之为严酷？这里可以做一点分析。

夏代在刑法的执行上，的确有“严”的地方。早在良渚文化遗址中，已发现玉制或石制的钺，在当时是一种威严的象征。后因形制沉重，灵活不足，终退为仪仗用途，常作为持有者的权力象征，起到威慑作用。

传说中的禹刑，是上承于自古传下来的五刑制度的。五刑都是肉刑。肉刑的制定本身就是严格执法的表现。所谓五刑，一名为“墨刑”，也就是在脸上刻不规则的花纹；二是“劓刑”，就是所谓的“截鼻刑”；三是“刖刑”，即断足之刑；四是“宫刑”，割去生殖器之刑；五是“大辟”，即死刑。哪些人该实施五刑呢？那是有严格规定的。“夏刑三千”（《尚书大传》），为何规定的条文要多达三千条？就是为了严格执法。条文分得越细，实施起来越精准。因此，“严”字的第一义是严格，而不是无端的严厉。

“严”的又一义是对那些罪恶深重的人犯决不姑息。夏刑是从皋陶之刑中演化出来的。《左传·昭公十五年》引《夏书》说：“昏、墨、贼，杀，皋陶之刑也。”“昏”，是扰乱社会视听，明明是自己的罪恶，却嫁祸于人；“墨”，“贪以败官为墨”，这是犯贪污罪；“贼”，“杀人不忌为贼”，那是抢劫杀人罪。对这样一些罪犯的严打，一定程度上体现了社会的公平正义。

“严”还有一义常常被人们忽视，那就是打击要十分精准，在“罪”与“非罪”一时还弄不清楚的时候，宁愿作非罪处理。这是十分重要的。“夏书曰：与其杀不辜，宁失不经，惧失善也。”（《左传·襄公二十六年》）这是一条特别重要的资料。谁都知道，人头落地是再也装不上去的，因此，在罪证不足的情况下采取“与其杀不辜，宁失不经”的方针是真正意义上的严于执法。

除了上述三层意义上的严于执法外，夏代十分注重执法中的宽严相济。

“宽”一是体现在“赎刑”制度的建立上。“夏作赎刑。”（《世本·作篇》）由于没有文字记载，赎刑的具体条款无从知晓。但是从推理看，无非是以钱赎罪和以劳役赎罪两大方面。不管怎样，赎刑制度的发明本身是一个伟大的创举，这种刑法制度后来被继承了下来。司马迁以“诬上”罪被处以死刑，要是没有赎刑制，那肯定是被马上处死了，也就不会有传之千古的伟大史著《史记》了。太史公在死与赎刑之间选择了赎刑，以宫刑代死，留下了性命，成就了千秋大业。

“宽”还体现在“象刑”制的推行上。在法的实施过程中，除了一些人会被处以实刑外，尧、舜、禹这些圣君还发明了“象刑”制度，对确有悔改表现者，可以用他物代理处罚，只是象征性地给予处罚。

就是这样以“五刑”为基准的刑法的实施，在具体执行中还是十分小心谨慎的。帝舜和大禹一再强调，一面是要严格执法，让老百姓高兴、让老百姓放心，同时还要根据具体情况区别对待，可以不杀的尽量不杀，可以改流放的尽量改流放，可以用金钱赎罪的尽量让人赎罪。帝舜说：“钦哉，钦哉，惟刑之恤哉！”（《尚书·尧典》）意思是说，要谨慎啊，要谨慎啊！用刑者要心存忧惧啊！几代夏王正是怀着这种“忧惧”之心，接过前代刑法的接力棒的。

可以说，夏代法律在执行中是宽严相济的。危及社会安定、破坏民众生活的，将会受到严惩；至于其他罪行，则谨慎区别对待。而对那些犯罪后确能真心悔改的，还有“象刑”这种象征性的惩戒手法。当时社会，大多数人的流动性比较小，在一个熟人社会里，“象刑”对犯罪的人形成的心理压力是巨大的，你有没有切实的悔改，大家都看着呢！而周围的人也能很好地以你为戒。不能不说，“象刑”是很有先进性的。现在的社区监管，就有些与之类似吧！

《尚书·大禹谟》记录了这样一段话：“戒之用休，董之用威，劝之以《九歌》，俾勿坏。”这段话可以看作是大禹针对民众的教化措施。这里强调的是用圣人的权威来警戒民众，用潜移默化的礼乐来熏陶和感化人。这是一种德治的思想。

有这样一则历史故事：“哀公问社于宰我。宰我曰：‘夏后氏以松，殷人以柏，周人以栗，曰：使民战栗。’”（《论语·八佾》）孔子听说后，知道自己的学生是在曲曲折折地批评当时“使民战栗”的严刑和暴政，但又感到鲁哀公其实并不握有实权，对暴政他也无能为力，因此说了一段模棱两可的话：“已成定论的事就不要去说了，已经做定了的事就不要去劝谏了，过去的事就不要去追究了。”

《尚书·甘誓》有“戮于社”之说，就是说“社”是杀戮犯人的地方。鲁哀公与宰我，还有孔子讨论的不是简单的用什么树木制作社之神主的问题，而是讨论要实现国泰民安，简单地用严刑峻法行不行的问题。宰我和孔子，向往的还是“夏后氏以松”——既有一定的法规，又保持宽松的社会氛围，这才是长治久安之道。

夏代四百七十一年的长久统治，不断完善的夏代刑法功莫大焉；而几代夏王在执法过程中的仁德之心，使社会保持一定的宽松氛围。把法治与德治有机结合起来，正是夏人留给后世的宝贵财富。

作为中华第一朝，夏王朝的立法不只在于刑法，还有军事方面的立法，夏启说的“用命，赏于祖，弗用命，戮于社”（《尚书·甘誓》），这是一种严格的军事立法。还有赋税立法，“夏后氏五十而贡”（《孟子·滕文公上》），“任土作贡”（《尚书·禹贡》），这些都具有赋税立法的性质。最为难能可贵的是，当时还有了自然资源管理立法。“禹之禁：春三月，山林不登斧，以成草木之长。夏三月，川泽不入网罟，以成鱼鳖之长。”(《逸周书》卷四) 这里说的“禹之禁”，就是禹制定的法规。把法规的触角伸向保护自然资源的领域，这是夏代极其高明之处。

注释：

① 宋镇豪:《夏商社会生活史》，中国社会科学出版社1994年版。

② 《马恩选集》第四卷，人民出版社1995年版。

③ 谢维扬:《中国早期国家》，浙江人民出版社1995年版。

④ 《马克思恩格斯全集》第21卷，人民出版社1965年版。

⑤ 詹子庆:《夏史与夏代文明》，上海科学技术文献出版社2012年版。

09 夏朝划时代的文明进步

新时代和新文明

自大禹把王位传给自己的儿子启，启又通过一系列的征战和整饬建立了夏以后，中国历史实现了巨大的转型，进入了一个伟大的新时代。

这是一个以国家的建立为标志的新时代，这是一个摆脱了原始公有制社会而创建起私有制的新时代，这是个开创出王朝传子制度的新时代，这是个孕育王者权威的新时代。

开创这样一个新时代的重任会落到大禹和他的子孙们的头上，有其一定的历史必然性。可以说，大禹家族占尽了天时、地利、人和之优势。

天时。“鸿水滔天，浩浩怀山襄陵，下民其忧”，遍及天下九州的

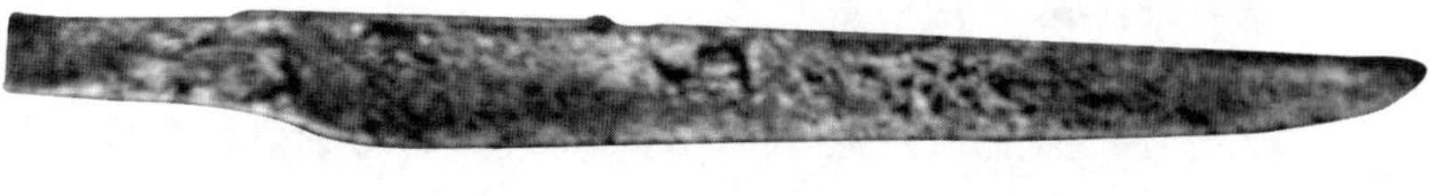

二里头出土的青铜工具

石镰（二里头出土）

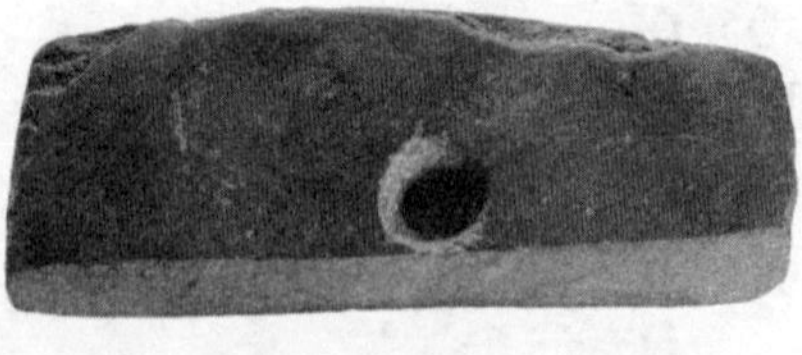

石刀（二里头出土）

大洪灾（科学证明，这是历时数百年的全球性大洪灾）对禹这样的大英雄来说，既是大考验，又是大机遇。要在平时，一个诸侯（部族首领）在天下要树立起权威来实在不易，可在这非常时期，只要谁有能耐把洪水给治平了，谁就是民众心目中真正的大英雄。治水成功后的大禹威望节节高升，就是个明证。在短短数年间，大禹一下成了刑法政令的象征，“不如言，刑从之”（《史记·夏本纪》），谁不听大禹的话，刑法就处置谁。这个机会是上天给他的。

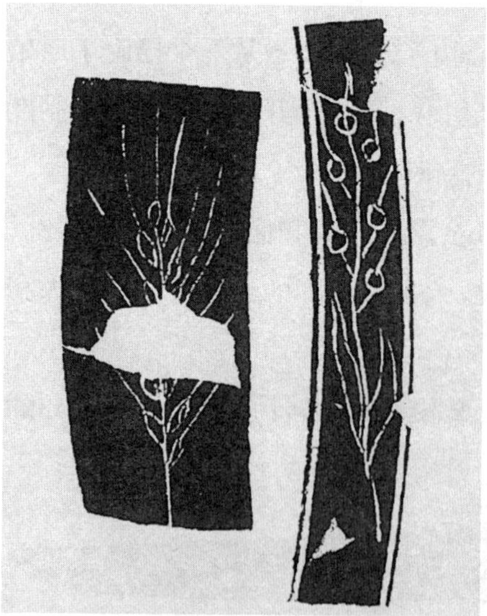

陶器上农作物图像（二里头出土）

地利。夏部族长期居处“天下”的中心地带，这不只指地域，也指经济和文化。夏部族长期生活的地区大致上是：西起今河南省西部与山西省南部，东至河南省和山东省的交界处，北入河北省，南接湖北省。这一地区的中心是中岳嵩山地区及其周围的伊水洛水流域。这一地区的土地肥沃，易于耕种各种粮食作物。而且，大禹治水的重点又在那里，禹在自己的家乡“尽力乎沟洫”，是花足了大力气的，使那里的大片“湿地”变成了“桑田”。治理了伊洛平原地区后，然后才是黄河流域其他地区以及长江流域的治理。

人和。大禹传子之时，老一辈的“天下共主”帝舜已经故去，与禹政见上并不一致的强力人士皋陶也很快亡故（有学者怀疑是非正常死亡），集聚在禹及其子周围的是庞大的禹一脉相承传下来的姒姓家族。在这庞大家族中即使有像有扈氏这样的叛逆，也是孤掌难鸣，成不了什么气候的。

天时、地利、人和这三个根本性条件，使以“中夏”命名的中原地带的经济文化走在了“天下”的前面，为创建一个崭新的时代准备了物质、文化以及社会心理方面的必要条件。在二里头遗址中，出土了炭化的大米粒和粟粒，另外，采集到一口陶尊，在其腹部刻画着一穗有六个带芒稻粒和两层稻叶的水稻图像。这证明了，中夏地区正在创造着新文明的夏人，他们的眼界是那样的开阔，他们比其他地区早上千年就打破了“北粟南稻”的格局，在自己的土地上既种起了粟，又种起了稻。经济永远是社会发展的基础。夏人将北方经济（代表作物是粟）和南方经济（代表作物是稻）融会于“中夏”，这本身就是其成为称职的“天下共主”的必要条件。

夏比起五帝时代来，不论是官僚系统，还是贡赋制度，以及丧葬礼仪，都完全是一种新体制、新格局。比如说“夏五十而贡”，孟子说实际上就是“什一而税”，这在生产力已经达到产出有剩余的情况下，是有很大的刺激性的。过去是公有制，吃大锅饭，干多干少一个样，现在可以十份中上交一份，九份归自己，谁不想把事情干得更好些，自己也可多得些呢？可见，新生的夏王朝创建起来的种种制度，本身就是社会前进的巨大驱动力。

还有一点过去是被人们忽视了的，那就是当时人们目力所及的“天下”范围内的统一。李学勤先生说得好：“有些人主张秦始皇第一次统一中国，这是不够确切的，因为夏、商、西周已经有了统一的局面，秦不过是在春秋五霸、战国七雄的并峙分立之后，完成了再统一而已。长期的统一，为中国文化带来了相当普遍的共通性，由中原以至边远，在很大程度上道一风同。”[①]夏在中国历史上第一次出现了统一的格局，这是值得大书特书的一个大事变。当时遍及全国的大水灾本身当然是一件坏事，禹的带领各地民众治平洪水、划定九州，又使坏事变成了促成全国统一的好事。人们至少产生了这样一个观念：“天下”民众不管是居于中原还是边地，实际上已经是一个一损俱损、一荣俱荣的利益共同体。这种认知是在治水过程以及长期的交往过程中形成的。当时天下各文化区的形成，九州向中央的进贡，中央对地方管理人员的委派，九州之间经济、思想、文化方面交往的频繁，都说明了，就在当时，类似邦联式的一统局面已经形成。这是中国社会发展历程中具有重大意义的一个大事变。

新制度、新规范、新格局的力量是伟大的，它为社会的新文明准备了必要的、良好的条件。夏代能快步迈入历法时代、青铜时代、玉石时代，没有新制度的巨大驱动力，简直是不可想象的。

历法时代

德国著名史学家维尔纳·施泰因教授穷四十年岁月，写成了《人类文明编年纪事》一书。在该书的《科学和技术分册》中，历法是作为拓展出人类一个新时代的重大事件被重墨书写的。因为历法的“创造”意味着人类对天体的认识和掌握已经进入了一个新时期，意味着人类对日、月、星、辰的观察取得了巨大的阶段性成果，意味着农业文明的相当程度的发展。

施泰因教授是对世界各国古代的历法进行了深入而严谨的考察的。在他的著作中，写上了“公元前4221年，相传埃及创造了历法”这一条，但是这显然是基于传闻的埃及人自己的说法，没有得到世界的公认。施泰因对此的评述是“这一‘最早的历史年代’没有实际意义”，他一下子站在科学的神圣殿堂上把这一没有任何科学依据的说法给否定了。

在施泰因教授看来，世界上最早、也是最权威的历法有两部：一部产生于公元前2772年。在埃及属于新石器文化层的一个骨灰瓮的盖上，发现了刻有可解释为阴阳历的符号，这一年，埃及开始实行365天为一年的历法，无闰年。过了47年，即公元前2025年，中国出现了一部划时代的伟大历法。他在《人类文明编年纪事》一书中写道：

> “中国人开始使用循环阴历，19年为一循环：在每一循环中，12年各为12个月，7年各为13个月（原先使用的阴历，每年为360天）。”②

这就告诉人们，公元前21世纪，世界上两个最古老的文明古国——埃及和中国，各自带着自己创造的历法，奔走在世界文明征程的最前列。由于这两个国家的领跑，世界开始走进了历法时代。

施泰因说的“中国历法”，显然就是我们常说的“夏历”。很显然，作为一位有世界影响的史学家，他是对夏代的历法作了仔细的考察和研究的，不然就不可能连“19年为一循环”的运算方程都能知道。

在传说中，汉之前有所谓的先秦“古六历”:《黄帝历》、《颛顼历》、《夏历》、《殷历》、《周历》、《鲁历》，这种说法早就有学者表示怀疑，认为“皆秦汉之际，假托为之”。也有人以为，“古六历”或许有之，但已毁于秦火，无可查考了。但是，有一点是公认的，历史上确有“夏历”，而且它的影响力及于几千年后。

在中国，最热闹的是除夕夜的辞旧岁，最让人充满期待的是新一年的正月初一。这个过春节的源头就在夏代，其标志乃是“夏历”。尽管“夏历”早已佚失，但它定下的种种“规矩”却通过口口相传、通过其他一些古籍保存下来了。据《尔雅》记载，“年”这个名词在中国出现得是比较晚的，在黄帝、帝尧、帝舜时期，称“载”，一载就是一年；到了夏代，称“岁”，“年年岁岁花相似，岁岁年年人不同”，“岁”指的是人的年龄，把“年”说成“岁”可能与夏人重视以人为本有关吧；到了商代，又改称“祀”，因为中国是“慎终追远不忘本”的国家，商人重鬼神，认为一年一“祀”是最大的事，因此也就把年称为“祀”了；到了周代，才正式用“年”这个称谓。但是，过年也罢，度岁也罢，意思是一样的，都是按历法定下来的规矩过日子。

古代农业社会是“靠天吃饭”的，也就是说，农业的发展有赖于天时地利。夏代的农业较前取得长足发展，靠的就是当时有比较先进的历法。正因为如此，夏历又被称为农历。有了这部历法，农业的丰收就有希望了。夏代有许多与酒和饮酒相关的故事传说，二里头

大戴禮序
右大戴禮十三卷總四十篇隋志所
載亦十三卷而夏小正別爲卷唐志
但云十三卷而無夏小正之別矣
文總目則十卷而云三十五篇無諸
本可正定也蓋自漢興得先儒所記

《夏小正》被收入《大戴礼记》的书影

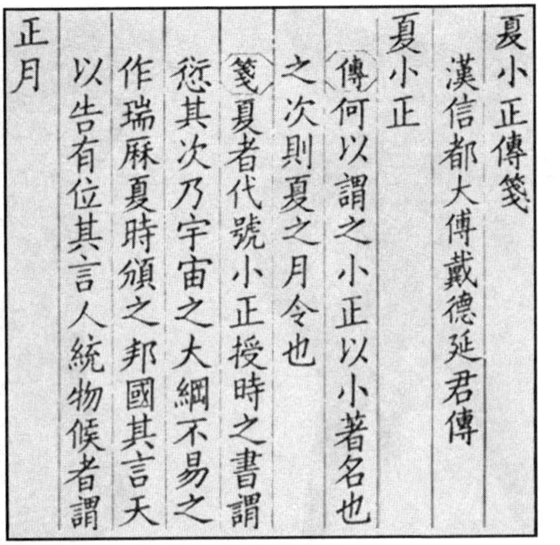

夏小正傳箋
漢信都大傅戴德延君傳
夏小正
傳何以謂之小正以小著名也
之次則夏之月令也
箋夏者代號小正授時之書謂
從其次乃宇宙之大綱不易之
作瑞厤夏時頒之邦國其言天
以告有位其言人統物候者謂
正月

《夏小正传笺》书影

出土的物品中又有那么多酒器，这是当时农业有了相当发展的一个明证。农业的发展要求天文历法为之服务；同时，天文历法的制定，又促进了农业的发展。被列为当时世界上最先进的“夏历”的制订和推行，证明了当时夏代的农业也是走在世界前列的。

可惜的是，“夏历”的全貌由于当时还没有文字而没有保存下来。所幸的是它的精华保留在了现存的《大戴礼记》的《夏小正》一文中。《夏小正》的文献价值是很高的，它是我国最早的天文历法著作。《夏小正》以正月为岁首，因此人们又习惯地把“夏正”指代夏历。

《夏小正》是由“经”和“传”两部分组成的，全文总共只有四百多字。它的内容是按一年十二个月的序列，分别记载每个月的物候、气象、星象和有关重大政事，特别是生产方面的大事。这些的依据主要是天象，天象中除北斗星的不同星象外，主要是月相。“月有阴晴

二里头文化中的陶酒器

圆缺”，人对月相的关注度是最大的。每个“月”的时间概念来自月亮的圆缺周期，即所谓月之“朔望”。“朔”是月球运行到地球和太阳之间，地球上的人看不到月光的月相，那是每月的初一；“望”是每月的十五日，这时人们能“望”到圆盘般的满月的月相。夏历最大的依据是月相的变化，由此来计时、计日、计月，也计年。

《夏小正》的文句十分简约，其省文的程度不下于甲骨文。大多数是两字、三字或四字为一完整的句子。其指时标志，以动物变化为主，也以星象指时，那些星象都是比较容易看得见的亮星，如参辰、织女等。

《夏小正》反映的当时农业生产的内容包括谷物、纤维植物、染料、园艺作物的种植以及畜牧、渔猎。对蚕桑和养马尤为重视，对马的阉割也首次见于该文献。《夏小正》的这些记述的正确性当然还有待考查。在二里头遗址发现的兽骨中，以牛最多，其次是猪、羊、狗、鹿的骨架，还发现有牛、猪、羊、狗、象等形状的陶塑。

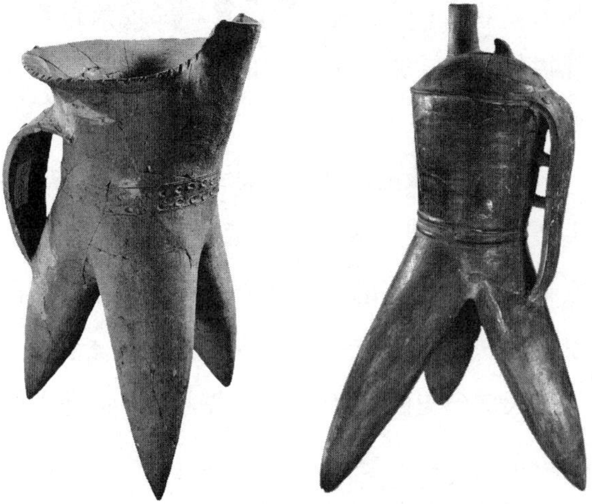

二里头文化中的陶酒器

孔子非常推崇“夏法”。在回答“为邦”之道时，孔子首先提出要“行夏之时”(《论语·卫灵公》)。《礼记·礼运》载：“孔子曰：‘我欲观夏道，是故之杞，而不足征也，吾得夏时焉。’”这里的“夏时”、“夏道”是什么含义呢？郑玄注曰：“得夏四时之书也，其存者有《夏小正》。”《史记·夏本纪》也说：“孔子行夏时，学者多传《夏小正》云。”由此可见，司马迁是读过那时留存的比较完整的《夏小正》一书的，它述说的就是“夏时”。这也表明，《夏小正》在春秋之前已成书，春秋时期的杞国(可能还不止杞国，杞国为夏之遗民所建)还在使用它，并用它来指导当时的农业生产和日常生活。

有学者以为，“三代以上，人人皆知天文。”③这是确实的，因为进入农业社会以后，人们过的是靠天吃饭的日子，每个务农的人不知天，就吃不上饭。但是，长久下来，大家又感到，那样的“人人皆知”，由于只凭个人经验，“知”的程度是很浅显表象的。这种“人人皆知”，实际上又是“人人皆不知”，这才有了尧、舜、禹时代专门以观天象为务的“官员”的设置。经过数百年的探究，形成了一定的规律性认知，那就是所谓的“夏时”。《今本竹书纪年》载：“夏禹颁夏时于邦国。”

《夏小正》虽然还没有四季和二十四节气的明显概念，但记载的生产事项，包括农耕、渔猎、采集、蚕桑、畜牧等，都是按物候、气象、星象来指时的。它记载上古先民所观察体验到的天象、气象、物象，形象地反映出上古先民对时令气候的朴素认识，可以说是华夏民族数千年天文学史的初始阶段，《夏小正》正是人们上千年观象授时经验的结集。

有关夏代的文献与考古，经碳14测定，夏文化年代即在公元前2070年至公元前1600年，正同《夏小正》星象的大部分记事从天文学测算所得的年代相吻合。在二十八星宿尚未认识完备之前，先民观察星象并不全是取南天昏中星等为依据，而是以明亮大星的中、流、伏、内移动态势为准的，这在一定程度上反映了夏代农业生产的发展水平，在《夏小正》中保存了中国最古老的天文历法知识，这是毋庸置疑的。同时，这也说明中国古代很早有了熟悉天文、制定历法的专职人员，天文学和历法早就很发达。李学勤先生的《〈夏小正〉新证》对此作了分析考证，将《夏小正》的某些经文，与卜辞、金文及《尚书》等文献相对照，证明《夏小正》确实有古老的渊源，它的成书当在夏商之时，甚至更前，而绝不可能如某些学者所说的是在战国时期。④

夏历把中国社会带入了一个识天象、明农时、勤耕作、实民生的全新的历史时期，夏历所创导的以正月为岁首、以月亮绕地球一周为一年、以十二月或十三月（闰年时）为一年、以三年一闰、五年二闰、十九年七闰为规范的历算，一直在中国延续了几千年，对中国农业的发展和中国社会的文明走向，所起的作用是怎么估价都不为过的，对世界文明史也有着内在而深刻的影响。

青铜时代

青铜时代是一个伟大的时代。在中国，这样一个伟大的时代是由夏王朝来开启的。正如李学勤先生明确指出的："二里头文化是青铜文化，没有问题。"⑤

为了迎接这样一个伟大时代的到来，世代生息在这块土地上的我们的祖先，从发现铜矿石，到从中冶炼出含有大量杂质的铜块来，再到制作出黄铜物件来，最后通过更为复杂的冶炼过程和工艺手段锻造出青铜器皿来，其间足足奋斗了两三千年。

在陕西临潼姜寨一座仰韶文化时期的房屋基址中，考古工作者发现了半圆形的残铜片，含锌，且明显是经过冶炼的。经碳14测定年代为公元前4700年左右，那可是比传说中的黄帝时代还早一千多年。

公元前4700年，这是个多么值得中国人引以为豪的年代数字，它比在伊朗的雅希亚发现的冶炼于公元前3800年的铜块，还早了差不多一千年。

经过一千多年的苦苦摸索，中国的金属冶炼技术有了突破性的进展。考古学家在甘肃东乡属于马家窑文化的林家遗址的一处房子基址的北壁下，惊喜地发现了一把青铜刀，刀的长度为12.5厘米。经树轮校正测定为公元前3100年左右，也就是跨入"五帝时代"的前

以酒器为主的青铜器

夜。铜刀为锡和铜的合金制成。

当然，这只是一件个案，不能说当时的中国已经进入青铜时代了。按理说，有了一，就会有二，有三。可是，发现甘肃的这一青铜制作以后，多年来再也没有发现同类的青铜器物，一直到以后的千年间都如此。甘肃人的这一发明是失传了吗？有待于探讨。

历史的长河又静静地流淌过了近千年。到了公元前2100年前后，石破天惊，祖国大地上的青铜器具在多地喷薄而出。这是一个让人惊喜、让人惊讶的时代，从青海、甘肃、陕西、河南、山西、河北、京津、内蒙古、山东，以及大江南北一带，都发现有年代早于或相当于二里头文化的青铜器或者制造铜器的遗存。

一个时代，一个以青铜为标志的伟大时代到来了，而足以代表这个时代的是夏王朝，是二里头文化。

不少文献资料和传说故事诉说了夏代制作青铜器具的情状。禹铸九鼎的故事长期以来盛传不衰，所言“禹贡金九牧，铸鼎象物”，就是指以九州所贡的青铜铸为九鼎，上面有九州的物象。先民认为手里有了九鼎，不管走到哪里，即使碰到妖魔鬼怪，也会逢凶化吉了。

传说，禹的儿子启也曾命人在昆吾铸鼎。昆吾是一个著名的产铜的地方。可它在哪里呢？现在一时还弄不清楚。据查，在太行山中，特别是中条山中，都是有铜矿的，今天的临潼东南山中也有铜矿。而这些地区又都在夏王朝的控制范围内。不过，青铜是铜和锡的合金，而这些地区又都没有锡可开采。锡从哪里来？从一些考古资料看，很可能是从长江流域来的。《尚书·禹贡》说到扬州时说：“贡金三品”，“其包括橘、柚、锡贡”。由此看来，三种贡品中就有一种是锡。有了扬州贡来的锡，就可在中原合铸青铜了。

带翼铜铃（夏代，偃师二里头Ⅴ区出土，河南博物院收藏）。铜铃简单质朴，带有早期青铜器特点，是中国最早出现的有舌青铜乐器。夏、商、周三代文化之所以被称为礼乐文化，因祭祀以乐、朝会以乐、歌诗以乐、宴飨以乐。音声不正则斥以为淫声，甚至上升到亡国之音的高度。

青铜的制作本身就是两地或多地协作的产物，因而，青铜时代也是物流的时代。没有物流，就难有青铜的制作。

二里头遗址出土那么多铜器，可贵之处在于它们不是从别的什么地方运送来的，而是当地铸造的。二里头遗址发现的青铜器制作工场在遗址的东南部，规模很大，有一万多平方米，那里发掘出了制作铜器用的陶范，铸铜用的坩埚，铸造过程中残留下来的铜渣。由此可以想象，当年这里的铸铜工场有多少工人在那里日夜不休地劳作。如果让时间倒流，可以还原出当时的劳作场面的话，一定是很有震撼力的。

夏代青铜兵器的制作和运用，是一件里程碑式的大事。在那个时代，战争不断，谁赢得了最先进的武器，谁就赢得了一大半的制胜

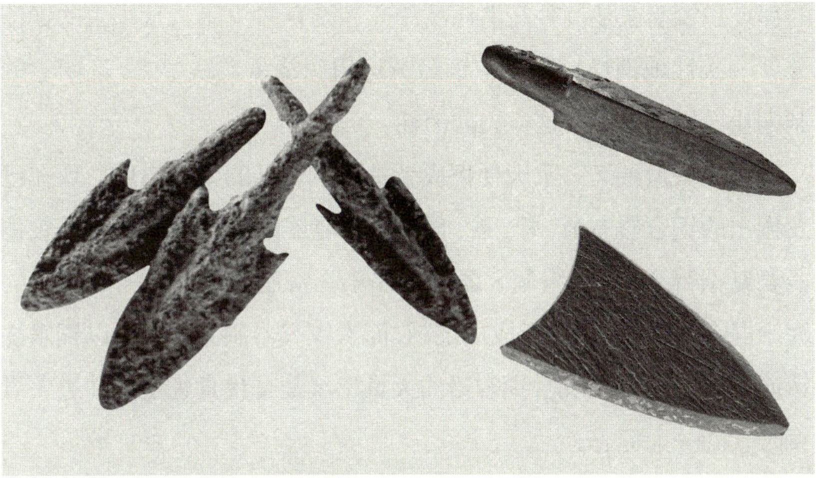

二里头出土的各类箭头

权。所以《越绝书》在谈到兵器发展史时说，神农氏“以石为兵”，黄帝“以玉为兵”，禹“以铜为兵”，春秋五伯“以铁为兵”。可见，夏王朝掌握的是最时尚最先进的武器，夏天下共主的地位之所以牢不可破，铜武器的制作和实战中的运用是很重要的原因。有专家认为，二里头这座王城之所以没有城墙，与夏掌握着比敌手更先进的武器有关——夏是青铜武器，对方是笨拙的木石武器，还用得着城墙来抵挡对方吗？这种说法不无道理。

二里头遗址发现的铜制武器有钺、戈、刀、镞等，可以说都是进攻性的武器，从中也可以看出一个朝气蓬勃的新王朝的那种奋发进取精神。一些专家特别指出，在二里头的青铜武器中，以铜箭镞的出现为最多，也最为重要。这里有两个要件：一、箭镞是一种远程的、先发制人的武器，可以射杀敌手于百步之外，这在当时是最具杀伤力的；二、夏敢于制造那么多铜箭镞，说明其制铜业已经发展到了相当的程度。铜箭镞是一种高消耗品，“开弓没有回头箭”，放出去的铜箭镞就一次性地消耗掉了。把铜箭镞运用到战争实践中去，证明它的制铜业已经承受得了这样大的消耗。

二里头遗址又一重大挖掘成就是青铜容器的大量出现。现在已发掘出的铜容器有爵、斝、盉、鼎等。铜容器的制作工艺相比一般铜器要复杂得多，也比陶制容器的制作难。陶制容器的原料是柔软的泥水混合物，可以用手捏成后烧制，而青铜容器制品就必需以铜水浇铸而成。因此，可以说，铜容器的大量出现是夏代真正走向并进入青铜时代的一大标志。

青铜容器比起陶容器来说，其优势是明显的。一个优势是它的坚固性。陶器虽好，但它是一种易碎品。青铜器就弥补了陶器的这一弱点。它的强势之处就是坚固、不易碎。与坚固相联系的是它的庄重性，进而演变成神圣性，因此青铜容器一问世，就立刻取代陶器成了祭祀用的神器。所以青铜容器，不管是鼎还是爵，从一开始就既是生活中的食器，又是祭祀中的神器。

二里头遗址青铜器的另一大成就是它作为日常工具走进了寻常百姓家。这些工具有：锥、凿、锛、锯、纺轮。《管子·海王》中说，当时工匠“必有一斤一锯一锥一凿，若其事立”。意思是说，工匠日常最离不开的是一把斧（斤）、一条锯、一只锥、一根凿，其实，人们为了家庭日用之便，也都需要这些常备生活用品的啊！

由此可见，我们说夏代进入了青铜时代，是实实在在的，是看得见摸得着的。青铜给夏王朝带来了强盛，青铜给夏王朝的民众带来了更多的方便和福祉，青铜让夏代文明切切实实地上了个台阶。

玉石时代

玉学专家徐正伦说:"懂得古玉就懂得中国人,懂得中国文化。因为玉的文化就是中国七千年的文化,玉的故事就是中国十多亿人的故事!"(《细说古玉》)从一定意义上说,徐先生说得是有道理的。世界上还没有一个国家会如此广泛地"怜香惜玉",也很少有哪个国家的人们会视美玉如人生,说出"宁为玉碎,不为瓦全"这样千古流传的誓言来。

如果说玉文化有七千年历史的话,那么,在这十分漫长的历史进程中人们对玉的感受和理解前后又是不尽相同的。它至少可以划分出三个相互衔接的阶段来。

第一阶段:感受玉之"美"的阶段。

许慎说:"玉,石之美者。"(《说文解字》)玉之坚实、圆润、光滑、和谐,这种种美感对具有灵性的人们来说是一下能感受到的。生活在距今1.8万年前的山顶洞人,虽然他们的日子过得十分艰难,但也懂得将碎玉石打了洞串成项链挂在胸前,以享受玉石之美。距今七千来年的河姆渡人,他们除了种植水稻、造船远航外,还制造了大量的玉制品,如玦、璋、璜、珠等,随身佩带,死后则作为一种随葬品。这种现象在北方的红山文化中也有所发现。在红山遗址中,还有大

玉璋(夏代,偃师二里头遗址出土,洛阳博物馆收藏)

量的玉制动物造型，如玉龙、玉鸟、玉蚕、玉鸮、玉蝉蛹、玉龟等。以玉制作的动物比动物本身更美丽、更永久。这样做，反映了人们的一种动物崇拜情怀。

第二阶段：以玉象征人的身份和地位，并加以礼仪化的阶段。

到距今五六千年的时候，社会的贫富分化已经相当厉害，一小部分原先的氏族和部落首领，成为社会的特权阶层，这时，光洁、富丽、珍贵而在数量上又比较稀少的玉石就自然而然地成为权势者手里的玩物和宠物。

在大汶口M10号墓中，长眠着一位看来相当尊贵的老妇人。她头上插着象牙梳，颈部缠绕着大理石和松绿石（一种玉石）串起来的项链，手戴玉石指环，左腕上方戴着玉臂环。墓中还随葬了九十多件陶品、猪头、兽骨、鳄鱼鳞片等物品。这座极其奢华的大墓，充分反映出了当时日趋严重的贫富分化，而从这一贵夫人身上可以看出，当时的人们已经把玉看成是财富和地位的象征了。

在良渚文化遗址中，玉石还成为原始巫师手中通天地、敬鬼神的法器。这些玉器有玉璋、玉璜、玉璧、玉琥、玉琮、玉圭，这些玉的礼器，代表了一代的礼仪。当然，这些玉器也是葬器。很显然，也只有地位尊贵的人才能享受这些玉制品的伴葬。

第三阶段：玉器作为权力象征化以至王权化的阶段。

夏王朝的建立，意味着玉石文化进入了一个全新的历史阶段，只有这时，真正意义上的玉石时期才算开始了。在这个时期，谁拥有了高贵的玉石制品，谁就拥有了财富、地位、权力，甚至王权也是用玉石来昭示的。

《尚书·禹贡》有这样的记载：大禹治平了洪水，划定了九州，制

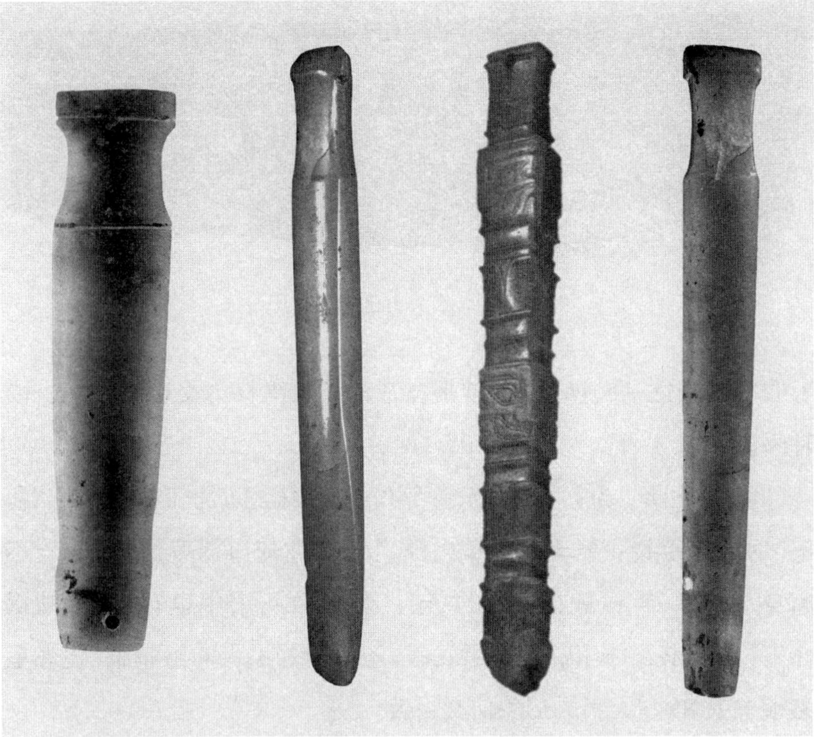

二里头出土的各类玉柄形器

定了禹贡制度，天下的官民也都安顿停当了。东到达大海，西到达沙漠，从南方到北方，王者的政令教化都可以到达了。这时，“禹锡（赐）玄圭，告厥成功”。就是帝舜赐给大禹一根玉制的、深黑色的圭，一是奖掖其治水的成功，二是以示将权力转交给了大禹。这是以“玄圭”象征权力的起始，也可以说是真正的玉石时代的肇始。

《尚书·舜典》有“修五玉”的说法，孔颖达疏云：“五玉，公、侯、伯、子、男所执之圭璧也。”在舜当时，公、侯、伯、子、男这些称谓未必有，但是，作为天下共主的帝舜给属下的官员授圭璧那是会有的。

玉铲（二里头文化玉石器）

玉的功能的这一转换，可能就是在帝舜和大禹权力交接的前后一段时间。

至于王者，为了显示自己身份的特殊，更是玉不离身。《礼记·曲礼下》说："君无故玉不去身。"孔颖达疏曰："玉，谓佩也。"不离身，就是一直佩戴在自己的身上。《老子》一书中也有"圣人被褐怀玉"的记载，"被褐"即穿黑衣服，圣人穿着黑色的粗布服，但怀里必须有玉，这与大禹的形象何其一致！

在有夏一代，令地方各州贡玉，成为显示王权的一个重要方面。据《史记·夏本纪》记载，除中央所在地冀州本州免贡外，大约有一半以上的州要求必须"贡玉"。如扬州要求"贡金三品，瑶、琨、竹箭"，"瑶"和"琨"都是质地上乘的玉。梁州"贡璆"，"璆"也是梁州产的名玉。雍州"璆、琨、琳、琅玕"，这里贡的玉有四大类之多。荆州贡"玑、珠"，指的也是玉石品。看来命令地方贡出玉的各种优良的原料，一方面是显示王权，另一方面可以利用这些优质的玉石原材料，制作出种种玉器来，供王家使用。

二里头遗址的地下发掘也显示了其玉器品种的繁多和制作的精美。那里出土的玉制品有玉刀、玉钺、圭、玉戈、璋、玉戚等。这些玉

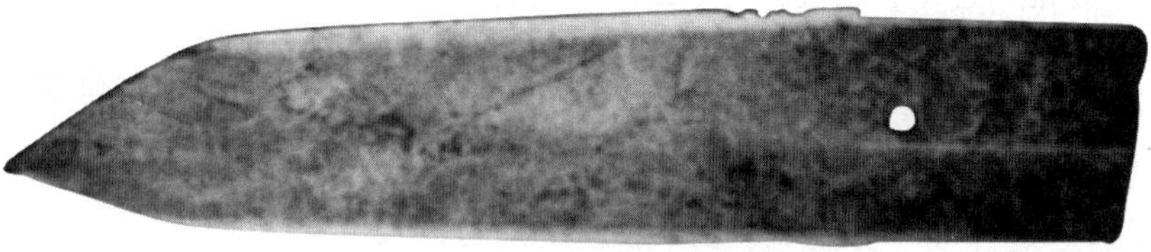

玉石戈

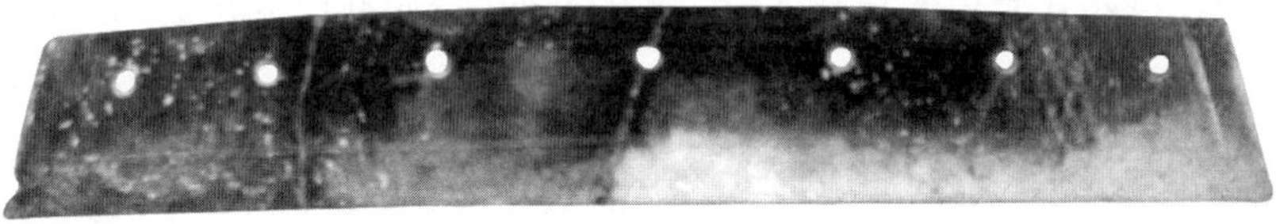

玉石刀

器有两个鲜明的特点：一、有相当部分的玉器是与武器、武力相关联的，这本身显示了玉与夏代国家制度的紧密联系。这些玉制武器不只是在告诫外敌的不可轻举妄动，也是在告诫国内的敌对势力要老老实实。有人会说，这些“玉武器”并不是实战用的兵器，而只是具有象征意义的东西。是的。我们认为，“玉武器”唯其具有鲜明的象征意义，它的威慑力和震撼力就显得更大。它似乎是对人们说：“玉武器”是神圣的，也是圣洁的，它昭示的是神的意志。谁敢违背神的意志而乱说乱动，那势必受到神灵的“天罚”。“玉武器”把“天罚”这个中国的传统观念实体化了。二、有些玉器是直接宣示王权威严的，如“圭”，本身就是权力的象征，获得“圭”的人，就可以运用手里的权力，为王国尽力，像夏禹就是从获取玉圭开始走向赢得天下共主的宝位的。

在二里头遗址的一座墓葬中，发现了绿松石的龙形器。该器放在墓主人的骨架之上。龙头朝西北，尾向东南。全器由两千余片各种形状的绿松石组合而成，每片绿松石的大小仅0.2到0.9厘米之间，厚度仅0.1厘米。绿松石龙为巨头、蜷尾，龙身起伏错落有致，色彩绚丽。联系到古文献中历来有蛇纹和龙纹是禹和姒姓族群的象征的说法，这是否进一步证明了夏王朝就是龙的传人呢？

夏王朝用丰富的玉石制品昭示世人：当时的人们在对玉石的使用上，已经从实用的层面走向审美的层面，走向礼仪的层面，走向象征的层面。其后数千年，玉石内涵的不断拓展与丰富，玉石文化的不断深化与升华，正是发端于此。

注释：

① 《李学勤讲中国文明》，东方出版社2008年版。

② [德] 维尔纳·施泰因：《人类文明编年纪事》，中国对外翻译出版公司1992年版。

③ 顾炎武：《日知录》，上海古籍出版社1985年版。

④ 李学勤：《古文献丛论》，上海远东出版社1996年版。

⑤ 李学勤：《中国古代文明十讲》，复旦大学出版社2003年版。

10 为礼仪之邦奠基的夏礼

夏礼和中华传统礼仪

夏礼的存在是毋庸置疑的，诸多历史文献都有相关记载，尤其是以“好古”著称的孔子，在《论语》一书中反复提到了夏礼，并毫无保留地加以褒扬。他的“栖栖一代中”，很大程度上是为了弄清夏礼的内涵和脉络，为他一贯倡导的礼治寻找思想源头。孔子曾经说过：“夏礼吾能言之。”孔子是他那个时代最有学问的人，他了解夏礼，而且“能言之”，可惜他没有用文字的方式将夏礼明确无误地表述出来。

关于夏礼的地位问题，孔子是这样表述的：“殷因于夏礼，所损益，可知也；周因于殷礼，所损益，可知也。其或继周者，虽百世，可知也。”（《论语·为政》）这是关于礼仪传承的最具经典意义的一段表述。这里讲述了与“礼”相关的四个时间段：一是夏代之礼，就是在夏代四百七十一年间形成发展起来的最古典的礼仪制度。二是殷代之礼，吸收夏礼的精华并根据殷商的社会实际加以“损益”形成发展起来的礼仪制度。三是周代之礼，吸收夏、殷之礼的精华并根据周的社会实际加以“损益”形成的礼仪制度。四是周以后直至百世以后之礼。孔子在这里讲述了自夏起到孔子之后三千年（“百世”，中国传统以三十年为一世，百世即三千年）间礼仪的传承问题。商礼“因于”夏礼，周礼“因于”商礼，以后的百世又“继于”夏、商、周之礼，这样看来，夏代不就是中国礼仪文化的思想源头么？简言之，是夏礼为中国这个礼仪之邦奠下了基础。

在此可以探讨一下夏礼的特点。

其一，夏礼“朴”。

礼仪是社会生活的人文，与社会风尚息息相关。夏禹是一个朴素的人，作为原始社会的最后一个部落联盟首领，他身上多多少少还留存有即将逝去的那个“天下为公”的大同社会的朴素印记。他带领治水大军十三年如一日地辗转在河川、山岭，没有那种朴素而实在的精神气质怎么行呢？夏礼是大禹首创的，它当然体现了大禹本人及部落群体的人格和风格。

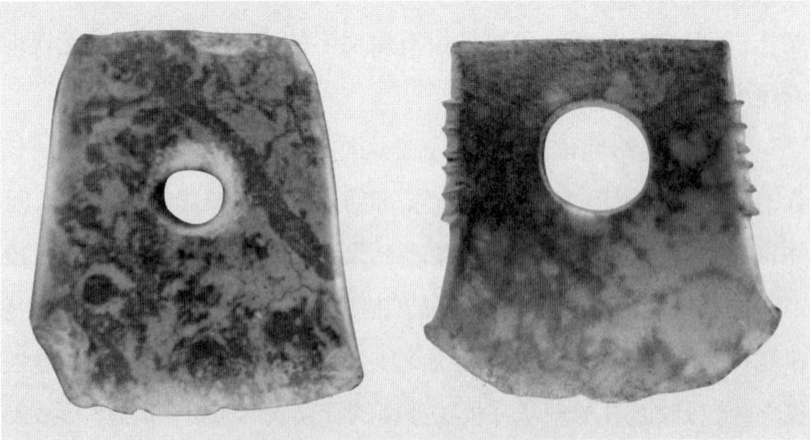

钺与戚（被认为用于宫廷礼仪之器）

就拿祭祀文化来说吧，夏礼中的祭品就以“朴”为特征。朴者，本原本质之谓也。《论衡·量知》有言：“无刀斧之断者谓之朴。”张衡《东京赋》亦注：朴，质也。“玄酒明水之尚，贵五味之本也。”（《礼记·郊特牲》）“夏后氏尚明水，殷尚醴，周尚酒。”夏在祭祀时敬献给天、地、祖宗的是“玄酒”和“明水”。何谓“玄酒”？就是从洁净的河里取来的纯水，色深黑，故称为“玄酒”，其实它根本不是酒，这里以“酒”名之，只是表示对神灵的敬重而已。何谓“明水”？就是用铜鉴从草叶上取下的晶莹的露珠。河中的清水，草叶上的露水，那是最自然、最本质的东西，用来祭祀天地祖宗，岂不朴哉！而商、周就不同，他们用的“醴”、“酒”都要比夏用的“水”高贵得多，不过那样一来，“朴”的本色也就完全失去了。

大禹的不用酒祭祀，自有他的道理。《战国策》中有一段记载说，有一位名叫仪狄的人发明了酒，就拿来进献给大禹。大禹饮了几口，觉得甘美异常，但饮后晕晕乎乎的，于是认为那并不是什么好东西，下令杜绝制酒，并疏远仪狄其人。在禹之时，及夏代兴盛之时，祭祀之礼尚且如此，朋友聚会也该是清茶一杯吧，真正是“君子之交淡如水”啊！

夏人除以水祭祀和以水待客外，还以水生野菜作为祭祀品。夏人有一句名言：“居山以鱼鳖为礼，居泽以鹿豕为礼，君子谓之不知礼。”山中本不出鱼类，如果你硬是用珍稀的鱼类去祭祀，说这种人“不知礼”是理所当然的。河泽边居住的人不会去饲养猪之类的动物，谁要是偏要拿猪去祭祀，说这种人“不知礼”也是理所当然的。夏人居于水边，水边有的是水草和水菜，他们就用现采的最新鲜、最上乘的水菜祭祀，表现了他们的诚心。这是在他们的历书《夏小正》

中被正式记录的。

其二，夏礼“俭”。

“俭”，就是简朴、俭省。系“朴”的延伸。礼仪本身就是生活的写照。夏人生活中爱惜财力物力，礼仪当然就一切从简了。

孔子的学生林放问老师，礼的根本是什么。孔子回答说：“这在现在是个大问题，在我看来，礼与其铺陈奢华，不如简朴些好；丧事，与其仪式搞得那样隆重，倒不如真正悲伤点好。”这里，孔子批评的是铺陈奢华的礼仪，表彰的当然是简朴的夏礼了。

礼之“俭”者，“简”也。“简”在哪里呢？从《史记》等文献中我们还是可以爬梳出简朴夏礼的某些痕迹来的。

商周以后，被称为“礼之本也”的婚娶之礼是最繁复的。按照《礼记》和《仪礼》的记载，在确立婚姻前，先要行“纳采”礼，就是男方向女方送一只雁，告诉女方已被选择为男方的对象；第二步是“问名”，表面上是问姓名，实际上是问对方生辰八字，供男方选用；第三步是“纳吉”，就是男方根据女方供给的生辰八字，进行仪式繁杂的占卜，如占卜得到的是不吉祥的兆头，就不告知女方了，卜得吉兆，就告知女方；第四步是“纳征”，即纳聘礼以为婚姻之征；第五步就是“请期”，男方请求女方同意婚期。这五步中还有许多具体细微的事情要做。然而，这五步还只是确立婚姻关系的开始，从确立婚姻关系到举办成婚大典还有若干步骤。可是，夏代的婚礼就绝不会如此繁琐，它多少还有着原始社会的遗风，大禹与涂山女的婚配就是一个明证。三十未娶的大禹带领治水大军来到涂山地区，见到了年轻美貌的涂山女娇，不久就喜结连理。婚后第四天禹带着治水大军走了，女娇十个月后生下了启。他们的婚姻自主、美好、简约，天长地久。

与婚礼相对应的所谓“世之大礼”是丧礼。在《墨子》一书中记述了大禹死后的丧礼，这也可以作为夏礼“简”的一个有力佐证。据说，禹治水成功后，开始巡行天下，结果劳累过度，病死在会稽山。临终，他对身边的人说，丧事要尽量办得简朴些，死后就穿平时穿的衣服，里外三套衣衫就够了。前文有述，大禹交待有一口三寸厚的薄皮棺材就可以了，外头再不用打棺椁，免得浪费钱财。棺材掩埋要有一定深度，免得上头的人会闻到臭味；但也不要太深，太深了地下的黄泉水就会淹进棺内；最重要的是，“收余壤其上，垄若参耕之亩”，把土壤再厚厚地覆盖在棺材上面，好在上面种上庄稼。由此可见，大禹俭朴的丧葬之礼是那样的实用，这礼那礼，最终考虑的还是民生。

其三，夏礼“圆通”。

“圆通”者，处事灵活也。在夏人看来，礼为生活所用。生活本身是最权威的，夏礼因生活而圆通。历来有所谓的“夏夷之辨”，夏与夷之间民风民俗也有不小差异。可是，夏人走出去，与各方夷人能打成一片，做到入乡随俗。“禹袒裸国”，就充分说明夏礼的圆通性。而夷人到夏地来，也很少有隔阂，更没有受歧视的现象。夏王朝建立以后，成为夏官的，不少就是夷人。这可以说是夏礼宽松的一个明证。在考古发掘中，南方的吴越文化，西部的川蜀文化，与中原的二里头夏文化十分相似，甚至是你中有我、我中有你，在中国这样的礼仪之邦里，没有宽松的礼文化，不同地域之间的交往是不可能如此之好的。

夏人在对夏礼解释和应用时，往往力求圆通，并不死扣条文。众所周知，“三年之丧”是夏丧礼的主干部分之一。按照这一礼仪规范，父母亡故了，做子女的要为父母守丧三年，就是当官的，也要回到家中为父母守丧，不然就是“不肖子孙”。可是，如果遇到特殊的情况，也可以松动，也可以灵活变通。此说有文献依据。一个国家的公职人员，三年居丧期间，如果恰逢国有大事，那么，“夏后氏三年之丧，既殡而致事。”（《礼记·曾子问》）在这种情况下，只要办完逝去父母的出殡（即所谓“既殡”），当子女的就可以为国“致事”了。还有一种情况，刚巧“家丧”与“国丧”（丧父母与丧国君）碰在一起了，那“三年之丧”怎么体现呢？夏代在这方面又作了变通：平时，三年间你得守在家中为父母尽孝，可是，国君出殡的那几天你一定得去。这样一来，家与国两头也都顾及了。

夏礼的圆通表现了礼的高度生活化，以及礼的高度人文化。

其四，夏礼的“尽善”和“尽美”。

礼以乐成。在夏代，礼的进行过程中，往往有乐的陪伴。礼和乐是同一种文化的两个方面。在孔子看来，韶乐是既尽善又尽美的。韶乐一般指的是舜乐，是虞舜时代的音乐。但是，因为舜代与禹代是交错和连接着的，因此韶乐又往往是与禹的政治生命连接在一起的，舜决定禅让帝位给禹时开了一次“四岳大会”，大会上奏的就是韶乐，而最后审定和指挥韶乐演奏的正是禹。夏王朝建立后，在众多礼仪场合奏的也是韶乐。夏代具有朴、俭、圆通特质的礼仪，再配上“尽美矣，又尽善也”的韶乐，使夏代的礼仪大为增色。同时，夏人结合夏的特点，在韶乐的基础上将其改造成为所谓的“禹乐”或“夏乐”，被夏人和后代人普遍接受，这样，在文化领域“韶夏”就成了优雅古乐的代名词，夏礼也更趋完美了。

夏礼在践行过程中，往往以歌舞助兴，用来渲染气氛，激荡情绪，引导程序，张大仪式。夏代的礼、乐、舞自成特色。大禹在治水过程中积劳成疾，“手不抓，胫不毛，生偏枯之疾，步不相过，人称禹步”(《尸子·君治》)。后来，不少巫师、道士将“禹步”神圣化、程式化为“三步式”的巫术禹步，再后来有不少民众又让巫术禹步回归世俗，形成“巫俗多效禹步”的局面，这样，禹步成为了夏代世俗社会的一道特殊的风景线。人们在举办婚礼、成年礼、祭祀礼时，一面是夏礼格局，“韶乐”和“夏乐”交替伴奏，一面是人们情不自禁地翩翩起舞，跳起“禹步舞”来。此情此景，我们完全可以像孔子般地赞上一句:“尽美矣，又尽善也。”

行文至此，可以作如是之归结：夏礼不仅为商、周二代的礼乐文化奠基，实际上也为我们整个中华民族的礼仪文化奠基。这种礼仪文化是原始公社制社会向私有制社会转化那个大时代的产物，它既留存了原始公社制社会的若干精彩内涵，又追加了新进社会特有的某些要素，因此它的生命力是强盛的。而具有原始社会最后一人和私有制社会第一人的特殊身份的大禹，成为人们心目中永不殒落的偶像，给予我们这个民族无穷的精神力量。

“始诸饮食”的夏礼

中华民族把食放在民生的首位，称之为“民以食为天”。因此，饮食之礼也就成为一切礼仪的起始点，所谓“夫礼之初，始诸饮食”(《礼记·礼运》)。人先得吃饱吃好了，才谈得上去干其他别的事。在社会生活中，饮食永远是第一位的。在洪水泛滥的大禹时代，更是谁能解决百姓的饮食问题，谁就能得到民众的拥戴。

饮食之礼，可以分为“大礼”和“小礼”两大类。

饮食之大礼指的是社会的领导人解决民众饮食问题的决心和具体行为及实际效果。荀子有一句名言，叫做“礼者，圣人之所履也。”圣人如果能使社会财富丰足，民众有吃有穿，这才真正是饮食文化中的“礼之大者”。没有圣人带领大家为丰衣足食而奋斗，锅子里根本没有可吃的东西，还去讨论餐桌上的礼仪，有意义吗？

大禹是夏代饮食大礼的创导者和实施者。当时是“鸿水滔天，浩浩怀山襄陵，下民皆服于水”，怎么办呢？禹一面致力于治平洪水，一面着手解决民众的饮食问题，“与益予众庶稻鲜食”。禹叫他的助手益马上解决民众的粮食问题和鸟兽类的肉食问题，这是应急性的措施。到得引导九川的水入了海，田间的积水也疏通到河中去以后，“与稷予众庶难得之食。食少，调有余补不足”。当时禹一面是分配好手头现有的食品，另一面在“食少”的情况下，“调有余补不足”，相当于配给供应，让大家都有得吃，但都吃得不怎样饱。那样按理办事，总比饿死人好吧，这也是礼啊！更主要的是把精力放在发展生产上，组织所有民众生产自救，多少年后，理所当然地解决了饮食问题。

太康失国后，相当长一段时间国家的命运堪忧，主要问题还在于饮食之“大礼”没解决好。这一乱就是数十年。后来出了个中兴之主少康。他是在有仍氏那里出生的，长大后由于他的出色表现，在那里当上了食官“庖正”。“庖正”管的是民众的饮食问题，他在有仍氏所干的第一件大事就是“以收夏众”，把流落在外头的夏国民众收编起来。他后来打回夏国，靠的就是这支力量。如何“以收夏众”？第一条就是让他们有得吃有得穿，然后才能组织他们，利用他们的力量打回夏国去。

夏王国历史上三个最有为的君主——禹、启、少康——都是懂得

“食之大礼”的圣人一级的人物。

夏代的食文化中，包含着某种忧患意识。《鬻子》称夏禹“一馈而七起，日中不暇饱食”，禹一想到天下还有那么多老百姓还吃不饱肚子，在那里经受着苦难，他自己就吃不下饭、睡不好觉。他是以自己的善行来为百姓做出榜样。禹曾经十分严肃地对他的臣属说，有人如果胆敢“作福作威玉食”，不顾及民众的死活，吃得好吃得舒畅，铺张浪费，鱼肉民众，那到头来，一会害了国家，二会害了自己的家庭。

食文化中的具体礼节，那只是“食之小礼”而已。夏代处于原始社会向阶级社会转换交替的大时代，因此，在食礼上也体现了那个时代的特殊色彩。

夏人相信他们的食品是上天赐予的，至于大禹等圣人，只是“替

形态各异的陶器（二里头遗址出土）

天行道”而已。因此，他们在有吃有喝的同时，想到的是过节时的祭祀上苍。据相关文献记载，祭天的食礼尽管很朴素，但必须是按时的。《礼记·礼运》有这方面较为具体的记载：在祭天之食礼开始时，人们在石头上烧烤黍米和猪肉，作为奉献给上苍的祭品，并在就近的地上凿一个小坑当酒樽，再在这个“酒樽”中倒上清水，然后人们围着就地筑起来的祭台唱歌、跳舞，用硬泥块当鼓槌，以大地为大鼓，即所谓的“抟土为桴，筑土为鼓”，以此来表达对天地鬼神的敬意。祭完鬼神，祭祀者就将祭品一食而尽，夏人以为这样做是人神共享，是最为符合夏礼的。

在夏代，有一年一度或数度的“合族聚食”的礼节。这是原始社会遗留下来的礼俗，不过此时也打上了阶级社会的某些烙印。整个家族聚在一起，载歌载舞，共饮共食，对于强化亲情的确是很

形态各异的陶器（二里头遗址出土）

有好处的。如果是一年一次，那必定是放在正月的某一日的。在原始社会时，所谓聚食主要是团聚，聚食时可以为所欲为。而当夏代时，它的主题变为“合族以食，序之昭穆，别之以礼义”(《礼记·大传》)了。这种“别之以礼义”比较充分地表现在宴席的座次上。席有主次，一席间也有长幼尊卑之分，坐错了位次轻则被斥责，重者被处罚。这种“合族聚食”，一般在聚食开始时，会由族长训词，“教之尊长、养老、见孝悌之道”。这时的合族聚食已是严肃有余而宽松不足了。

二里头遗址出土大量形态各异、花样百出的陶器，从个体观察来说，有深腹罐、圆腹罐、花边罐、有舌罐、捏口罐、有耳罐、高领罐、瓮、高领尊、大口尊、小型高领尊、矮领尊、盆、平底盆、刻槽盆、三足盘、圈足盘、鼎、鬲、甑、甗、豆、簋、壶、碗、碟、杯、爵、角、鬶、盉、斝、觚等等，

形态各异的陶器（二里头遗址出土）

从这些千姿百态的陶器中可以想见夏代民众的饮食等生活状况。夏代已进入了家天下时期,小家庭的每日餐饮称为“常食”。“殷因于夏礼”,从殷商的常食可以想见夏的常食。殷人一日两餐,上午九、十点钟一餐称“大食”,下午睡前一餐称“小食”。想来夏人常食的情况也差不多。地下发掘表明,夏代已有刀、叉、箸(筷子)等食具,可以肯定的是,夏代人不再像原始人那样抓食了。

夏礼的基石:孝礼

梁漱溟先生在《中国文化要义》一书中说:“中国文化是孝的文化。”夏代是中国孝文化的生成期,可以这样说:孝礼是夏礼的基石。

夏禹是五帝的最后一帝舜的直接政治继承人,也是舜的孝文化的直接继承人。在《史记·五帝本纪》中,太史公写下了凡是炎黄子孙都耳熟能详的“孝感动天”的故事:舜的父亲是个瞎子,舜的母亲很早就离开了人世。后来,舜父又娶了妻,生了个名字叫象的儿子,这是个很傲慢无礼的孩子。舜的父亲很爱后妻和后妻生的小儿子,常想杀死舜。一次,舜在家筑仓廪,当舜爬上仓廪的上端时,舜父在下面纵火,想烧死他。可舜就是利用手中的两个斗笠,飞下了仓廪。又有一次,舜父要他去凿井,当他下到井底时,舜父与小儿子象就一起下土实井,想把他埋死在井下。但是,舜似乎早有准备,他先前已在井下另挖了一条通道,当井口被封死时,他从另一通道奇迹般地出来了。虽然如此,舜还是对一家人很好。“顺事父母及弟,日以笃谨,匪有解(懈)。”他的孝顺的名声在二三十岁的时候已经名满天下。

当时尧正在寻找后继者，大家都推举舜，尧于是把两个女儿嫁给舜，让舜到最艰难的地方去历练。舜不管是耕种在历山，还是捕鱼在雷泽，或者是制作陶器于河滨，他所到之处都得到老百姓的拥戴。“一年所居成聚，二年成邑，三年成都”，他所到之处，经济文化都有所发展。后来舜践天子位后，还是十分孝顺他那个瞎子父亲，“往朝父瞽叟，如子道。封弟象为诸侯”。

舜的这些作为，后来被人以“孝感动天”之名编在“二十四孝”中，成为最为感人的二十四孝“第一孝”。

很显然，禹开拓的夏之孝礼，是深受舜孝行的影响的。如果从“舜年二十以孝闻”开始算起，禹与舜日后的接触有五六十年之久。据《史记》记载，舜是在六十一岁时践帝位的，当了三十九年的天子，而在他身边最受他信用的是被他称为“唯禹之功为大”的大禹。很特殊，在舜当天子二十二年的时候，“舜乃豫荐禹于天”，这说明了两人在思想和观念上是完全一致的。禹作为舜“孝”的观念的传人，是没有问题的。

可以说，禹自身的行为，为夏的孝礼定下了基调。这可从三个方面理解。

其一，孝祀。

在中国古代，按照一定的时节祭祀自己的祖宗和山川之神，这叫“孝祀”，或者叫“享祀”。在《史记·夏本纪》中说到：“禹居外十三年，薄衣食，致孝于鬼神。”这句话的基本意思是，大禹虽然十三年在外治水，但他宁愿自己的生活过得很艰难，也从来不忘“孝祀”这一礼仪。二里头遗址发现多处与祭祀有关系的建筑基址，如“坛”、“墠”等建筑遗存，更证明这一点。二里头遗址2号殿是祭祀先王的宗庙，也就是“夏后氏世室”①

“孝祀”的对象是“鬼”和“神”。这里说的“鬼”是一个特定的概念，专指自己已经远去的祖先。在远古时代，人的祖先意识淡薄，实行“泛祭”，就是什么鬼都怕，什么鬼都祭。到了夏代，祖先意识明确了，也有了明确的“代”的意识，从“我”推上去一代二代三代的“鬼”是谁很清楚，于是就有了祭祖或者说是祭“家鬼”的专项行动。孔子是反对“非其鬼而祭之”的，要祭的就是祖宗之“鬼”。这个“鬼”一直往上推，当然可以推得很远，推到“人文初祖”黄帝。祭祀的另一对象是“神”。这也不是什么神都祭，而是名山大川之神，就是在冥冥之中主宰名山大川命运和人的命运的“神”。

这样一来，禹，也可以说是夏代吧，也许开了两个礼仪之初始：一是“慎终追远不忘本”（《论语·学而》）的礼仪之始。二是开了祭名山大川之神的先河，后来秦始皇、汉武帝的作为，都可以看成是继承了夏的礼仪传统。

祭祀，要备丰厚的祭品，这代表祭祀者的诚心，正如孔子说的“祭神如神在”。中国古籍上有“祭祀丰絜”的说法。丰者，丰厚也。絜者，洁净也。对夏人来说，这种说法怕只对了一半。夏礼是以朴、俭著称的，清水、水菜的供奉是夏代祭祀的本色，如果太“丰”了，就不是夏代的祭祀礼仪了。当然，洁净还是要的，否则祭祀者的诚心无以体现。诚则灵，供奉者的诚心是十分重要的。孝祀又叫享祀，祖宗和山川之神真正的享受不一定是大鱼大肉、山珍海味，而是祭祀者的一颗虔诚的心。因此，真正的孝祀，从一定意义上讲又是一种“心祭”。

其二，孝敬。

夏礼强调的是子女对父母要孝敬，在任何情况下都要尽到孝道。这样的观念，大抵上是从舜对其父、以及禹对其父的行为中引申出来的。这是两个都有着巨大缺陷的父亲。舜的父亲自从娶了继妻以后，对舜极尽打压之能事，还几次想杀害儿子。禹的父亲虽说也想尽力于沟壑，但是孤高自傲，治水的方法又不太对头，结果把天子托付给他的治水大业给搞砸了。这就提出了一个问题：这样的父亲值得孝敬吗？

在舜那里，在禹那里，答案是肯定的，就是说，还是得孝敬。理由大致上有那么几条。

第一，出于父母子女间的血脉关系。人与其他动物不同。其他动物生下来后，当母亲的将羊水舔干，往往它顷刻之间就能自个儿行走。而人不行，人有“三年之抱”，他必须在父母的怀抱里一点点成长，三岁（当然是虚岁）以后才能自个儿独立行走。这“三年之抱”是任何父母都给予子女的恩惠。正是从这个意义上说，“谁言寸草心，报得三春晖”？人长大以后对父母怀报恩之心，也是人性不同于兽性的重大区别。孝敬这一观念在古典文献中一再提及，如前所述，舜在天子之位身体力行，使天下尽知并成为全天下皆需遵循的行为规范，而他自己成为孝敬的典范人物，这是毋庸置疑的。

第二，当子女的可以通过自己的行为感动有缺陷的父母。这一点十分重要。有些人看到自己的父母有这样那样的缺陷，一种可能是自艾自叹，认为倒霉：怎么会生在这样的家庭中。另一种是由此而厌弃有缺陷的父母。这样而引发的家庭不幸比比皆是。可是，中国传统文化告诉我们的处置方法要积极得多，就是千方百计地感动有缺陷的父母。这方面，舜不愧为二十四孝第一孝，他用自己伟大的人格精神感动了他那位糊涂得可怕的“老爸”，最后使之幡然改悔。后来禹在说到舜时，认为舜的可贵之处在于“于父母，负罪引慝”，就是说，把父母的罪责当做自己的罪责，在父母面前诚心诚意地启发他们，最后使顽劣的瞽叟也“允诺”改过了。这叫什么？叫“至诚感神”（《尚书·大禹谟》）。只要我们当子女的有“至诚感神”之心，相信顽劣父母也是能感化过来的。

第三，从父母身上吸取教训，走好自己的路。历史的事实是：禹的父亲鲧是一个失败的英雄，他治水九年，容易吗？用后人的话说，是没有功劳，也有苦劳，但结局是失败，而且被帝舜流放了。而禹是成功的英雄。禹的成功来之不易，他是吸收了父亲的经验教训而取得成功的。在《史记·夏本纪》中有那么几句读之让人动情的话：“禹伤先人父鲧功之不成受诛，乃劳身焦思，居外十三年，过家门不敢入。”这是怎样的一种情怀啊！《国语·鲁语上》还说：“鲧障洪水而殛死，禹能以德修鲧之功。”禹将其父亲未竟的事业接过来，从父亲的经历中吸取教训，使自己做得比父亲更好，弥补父亲的过失，兢兢业业做出成绩。是的，他不仅做到了，而且做得太好了！滔滔洪水终于治平，这样的“以德修功”，让自己的家族重新扬眉吐气，最终光耀了门庭。这就是作为圣人的禹心目中的孝敬。

当然，要实施如是之“孝敬”，得有一个良好的社会条件，那就是“罚不及嗣；赏延及于世”（《尚书·大禹谟》）。如果父亲有不足，甚至犯了罪，就罪及子女，那当子女的还会有什么机会去感化父母和比父母做得更好？作为三代盛世的第一代夏，当时的人们就有那样一种“罚不及嗣”的胸怀和气度，只有那样，才能使孝敬父母之风畅行于天下。

其三，慈幼。

“慈幼”这种提法，早在三代时就有了，“上爱下曰慈”，被称为“慈”者，可以是父亲，也可以是母亲。“慈于子者不敢绝衣食，慈于身者不敢离法度，慈于方圆者不敢舍规矩。”(《韩非子·解老》)韩非子的这三句话，较为全面地总结了历史经验，反映了中国传统社会对“上爱下”的理解。

“不敢绝衣食”。孩子还小，当父母的理应使之衣食周全。早在舜时，帝舜就对主管教化的司徒契说：“契，百姓不亲，五品不训，汝为司徒，而敬敷五教，在宽。”(《史记·五帝本纪》)经过百年未遇的大洪水灾害以后，社会上出现了“百姓不亲，五品不训”的偏颇。所谓“百姓不亲”，指的是各宗族之间的不亲善。所谓“五品不训”，《史记集解》解释为“五品，父，母，兄，弟，子也”，“五品，五常也”。也就是处理好家庭关系。在家族所有制转化为家庭所有制的关键时期，这个问题提得实在及时。而衣食上的抚养在家庭中是最基础的，也是相当重要的。夏代是紧接着帝舜的统治而来的，这方面的教育确不可少。《夏本纪》说禹这个人“其仁可亲”，别看他“三过家门而不入”，但从内心里他对孩子还是既“仁”又“亲”的。

“不敢离法度”。这方面，五帝中的最后二帝都为人们做出了榜样。尧子丹朱，是个不肖之子，尧就决然不把帝位传给他，因为不管是禅让，还是后来的传子，当时定下的“法度”是“传于贤者”。后来舜在公开场合批评尧子"丹朱傲,唯慢游是好",要求一切年轻人引以为戒。后来舜的儿子也不贤,因此不能传位给他。在当时人看来,"法度"是一条底线,这条底线是怎么也不能突破的。就是禹传位给儿子启,当时主观上也不是有意要创造出一个传子制度来,而是因为"夏启贤",没有这一条,禹也不可能答应传位给儿子,就是答应了,百姓也是不会答应的。又是启贤,又是传子时机业已成熟,就水到渠成地产生了这样一种传子制度,真可谓时也、运也。

"不敢舍规矩"。"不以规矩不能成方圆",这是中国人传之千秋的古训。教子,即教之以规矩也。禹怎样教夏启的,虽没多少具体的说法,但是,应当说,禹的一生的所作所为,本身就为启立下了为人处世的规矩。禹的孜孜国事,禹的面对"洪水滔天""过家门不敢入"的精神,禹的刻苦耐劳,"致孝于鬼神"的作为,不就是活生生的为启画出了人生的方圆吗?

"以天下养"的养老思想

在《礼记·礼运》中,该文的作者借孔子之口,描述了"大同社会"的美妙图景,说在那样的社会中,"人不独亲其亲,不独子其子,使老有所终,壮有所用,幼有所长,矜寡、孤独、废疾者皆有所养。"后来孟子把这一思想进一步发扬,名之为"以天下养"。他对当时的大国之君梁惠王说了这样一段流传千古的话:"老吾老,以及人之老。幼吾幼,以及人之幼。天下可运于掌。"(《孟子·梁惠王上》)

《礼记·礼运》和孟子的这段话,实际上只是对原始公社制社会的一种追忆，其中当然也有着美化和理想化的成分。原始社会的确能做到“老吾老，以及人之老”，的确具有“以天下养”的性质，但由于当时生产力的低下，物质的普遍匮乏，社会对老人“养”则“养”矣，但有多少老人能过上称心如意的美满日子，实在是很难说的。

不过，在原始社会向私有制社会转化的夏代，当时的统治者的确是雄心勃勃的。当时，大水治平，社会稳定，国家富足，生产力水平也已经大大超越于原始社会的那种缺吃少穿的状况。在那种社会条件下，包括大禹在内的夏统治者就试图实施新的历史条件下的“老吾老，以及人之老”，那时人们刚步入私有制社会，原始公有的余风犹在，当有人提出一套社会养老的方案的时候，还是颇能得到社会的响应的。

首先是要把养老、尊老的礼节普及于全社会，使社会的每个家庭都懂得养老和如何养老。“孝子之养老也，乐其心，不违其志；乐其耳目，安其寝处，以其饮食忠养之。孝子之身终。终身也者，非终父母之身，终其身也。是故父母之所爱亦爱之，父母之所敬亦敬之，至于犬马尽然。”（《礼记·内则》）这是曾子说的。他说的养老方面的要求，不只是专指夏代，但也理所当然地包括夏代在里面。

这里说了几层意思：一是要“安其寝处”、“以其饮食忠养之”，这是最基础的，就是要让老人住得好、吃得好。二是要“乐其心，不违其志”，要让他们心情舒畅地过日子，这就是孔子说的“心养”。三是要“孝子之身终”，当儿女的要一辈子当孝子当孝女，让老人享受终生。

如此一来，每个家庭都负起了养老的职责，那么整个社会的养老事业就更有希望了。

与家庭养老并行不悖的是，夏代还提出了一个社会养老的大问题。在一些文献中一再提到了这个问题，很值得加以关注和研究。在三代时都关注到了社会养老问题，而且都有一定的制度。“凡养老，夏后氏以飨礼。”何谓“飨礼”呢？综合各种资料看，大致上有这样的概貌：

一是由乡村的相关组织出面开展的针对老年人的礼节性和生活性的活动。“飨”和“乡”在一定意义上是通的。每个老人都有自己所在的乡村，因此由乡出面最实在，也最有普遍的意义。这种以乡为单位开展的老年人活动，相当于后世的社区活动。

二是所谓“飨”，是集会和祭祀“一身而二任焉”的活动。老人容易有孤单感，由乡里出面组织活动能解决孤单感的问题，而且都是乡里乡亲的，平时就熟，容易交流感情。同时，老人需要感情寄托，祭祀可以解决这一问题。每年的十二月中，经常进行以乡为单位的祭神、祭天、祭地、祭祖活动，而参加的对象主要是老人。

三是“飨礼”本身就有聚餐的内涵在。“飨”字的一旁是“食”字，集聚在一起，当然要请大家美美地吃一顿了。再说，“飨”与“享”通，飨礼是很实在的礼数，就是要让老人们物质上好好享用一下。所以很多文献上把“夏后氏以飨礼”，解释为“乡人相聚一起宴饮也”，这也是说得通的。

应当说，这种“飨礼”是很有价值的。老人有的是闲工夫，这种又是祭神、又是聚会、又是宴饮的活动，毫无疑问是一种十分值得提倡的活动。有人说，这种活动大概一年只搞一次，而且言之凿凿地说大约是在年终岁末的十二月。笔者认为这是不确的。既然它明确是中国历史上夏代的一种“养老模式”，那它应该是日常化的(如西方人的做礼拜一样)，按中国人的传统，或十日一次，或一月一次，这是极为可能的。

夏代，包括后来的商代和周代，养老既有一种相对成熟的模式，又有行之有效的物质举措。“五十异粻，六十宿肉，七十贰膳，八十常珍，九十饮食不离寝，膳饮从于游可也。”《礼记》中的这段话很重要，年过半百的老人，可以吃比一般人不同的细粮，年过六旬的老人可以隔天吃一次肉，七旬以上的老人可以在吃肉外每月加一餐美食，八十以上的老人可以经常吃山珍海味，九十岁以上的老人饮食不离身，饮料和食品可以随时送到他的旅游地去。如此的养老，实在太美满了。

夏王朝对有特殊贡献的老人制定了特殊政策。据史书记载，“夏后氏养国老于东序，养庶老于西序。”(《礼记・王制》) 这里的“国老”，是指有特殊贡献的原先有贵族身份的老年人士，“庶老”指有特殊贡献的出生于庶民的民间草根。他们地位不同，但因为都有贡献于国家和社会，因此国家一律采取养起来的特殊政策。

夏王朝的尊老、养老传统，是值得后人发扬光大的。

“慎终追远不忘祖”

不忘祖宗恩泽，永记逝者功业，这是中华民族的传统美德。“礼也者，合于天时，设于地财，顺于鬼神，合于人心，理万物者也。”(《礼记・礼器》) 亿万黄帝子孙把“顺于鬼神”的情怀，凝聚成了慎终追远的祭祀礼仪。

应当承认，比较完整意义上的祭祀礼仪，是成就于夏王朝的。史称“夏造殷因”。“夏造”，在礼仪文化上，夏王朝是有创造精神的，“殷因”，“因”者“顺”也，殷商王朝只是顺着夏王朝创建起来的礼仪文化走下去而已，然后是代代相因，由殷而周，由周而秦，由秦而汉……一路地因袭下去，最后建设成了中华的祭祀礼仪文化。

祭祖，是一个全方位的概念。人来到世间走一趟，实在不易。人死了，总有值得怀念的地方，因此，总有他的“好”处，作为子孙后辈，都得纪念他们。这就是中国人崇尚的“人死为大”的观念。每当逢年过节，每当某一先人的忌日，总会把先人们“请来”，祭以礼拜，祀以酒菜，最后再烧化以纸钱，让他们高高兴兴地“离去”。子贡尊师之德给后人树立了光辉典范。鲁国大夫叔孙武叔在人前贬低孔子而抬高子贡，子贡听后非常气愤。他当即以居处为喻，说老师的围墙高十几丈，屋内富丽堂皇，不是一般人看得到的；而自己不过只有肩高的围墙，一眼就可望尽。他还把老师孔子比作太阳和月亮，说他光彩照人，不是常人所能超越的。《孔子圣迹图》有图描写：孔子死后，子贡悲痛万分，在孔子墓旁结庐而居，一直守墓六年。当然现代不宜提倡此法，但这种尊师感恩精神值得永世传承。

但是，人们往往忘记了全方位祭祀之外的另一面，就是对有大功大德于后人的祖先应重祭和重祀。三代“圣王”立下了这样的重祭、重祀规矩：“夫圣王之制祭祀也，法施于民则祀之，以死勤事则祀之，以劳定国则祀之，能御大灾则祀之，能捍大患则祀之。”（《礼记·祭法》）说得实在太好了。这里提出了五种人值得全体民众永远加以祭祀的。这五种人是：

第一种人是“法施于民则祀之”，即能够制定法制、并努力推进法制实施的人应重祀。当然，中国古典文献中的“法”是宽泛的，既指相应的法律和法规，又指道德及生活中的重要规范。

第二种人是“以死勤事则祀之”，即能够忠于职守、甚至以死殉职的人。夏代才刚刚进入阶级社会，职守的观念在不少人的心目中还比较淡薄，强调这一点很重要。

第三种人是“以劳定国则祀之”，即有治国安邦功勋的人。从五帝时代开始有了天下的观念，而从夏开始的阶级社会把“天下”赋予了“国”的概念，谁能把天下这个“国”安定下来，他就是国民的大恩人，值得人们永远纪念他。

第四种人是“能御大灾则祀之”，即能够带领民众抵御各种自然灾害的人。中国是农业社会，所以《礼记·祭法》特别强调了“能御大灾则祀之”，“大灾”中首当其冲的是危及农业生产。而能够保护农田、使老百姓有吃有穿的人，最值得怀念。这一点，作为大禹子孙的夏人最有资格提出来。

第五种人是“能捍大患则祀之”，即能够捍卫国家领土主权、将国家从危难中拯救出来的人。这可能也是阶级社会提出的一个新命题吧！

作为黄帝子孙，我们应当永远记住圣王提出的这“制祭祀五条”。这五条告诉人们，我们不是为祭祀而祭祀，祭祀先人的目的还在于激励后人，使我们这个古老的民族变得更坚强、更果敢、更有理性的头脑。

那么，有人一定会问：夏人是否依据这“制祭祀五条”做了呢？应该说，做了，而且做得很好。“夏后氏禘黄帝而郊鲧，祖颛顼而宗禹。”（《礼记·祭法》）夏人重祭的就是这样四个人，他们依次是：黄帝、颛顼、鲧、禹。

夏民为何要重点祭祀这四人？

首先是黄帝。“黄帝正名百物以明民共财。”（《礼记·祭法》）这句话的意思是说：黄帝为万物确定了名称，使民众不致怀疑，而且言行、取舍都有准则。说白了，黄帝是天下真正的共主，是中华人的人文始祖，值得天下华人共祭。

其次是颛顼。“颛顼能修之。”其意是说，颛顼能继承黄帝未竟的事业，通过刻苦自励，把事业推上一个新高度。在五帝中，应当说颛顼时代是最平稳、民众最安居乐业的时代，仅此一条也值得人们永远纪念。

再次是鲧。鲧是个治水失败的英雄，失败的英雄同样也值得“郊祭”。郊祭是一种在郊外举行的祭天神的祭礼。主要是祭天神，夏人在郊祭天神时把自己的祖先鲧请来“配享”。鲧为治水大业出了力，因此有这个资格。

第四是禹。“禹能修鲧之功”。鲧没有成功，作为鲧的儿子，苦苦修炼，经十有三年，终于把治水大业完成了。禹之功可谓大矣。

夏人的这四祭，可以说为华夏民族日后的祭祀立下了规矩。何人该祭、何人不该祭，有夏人的规矩在，后人可以变通，但不能违规。

在祭祀过程中，夏人最看重的是一个“敬”字。“君子生则敬养，死则敬享，思终身弗辱也。”（《礼记·祭义》）意思是说，君子当父母在世时就要恭敬地孝养他们，当父母去世后，就要恭敬地祭祀他们，君子思考的是自己的行动怎么才不会辱没父母的名声。一个“敬”字，把夏祭礼的精义写得清清楚楚。“夫祭者，非物自外至者也，自中出生于心也。”（《礼记·祭统》）从这个意义上讲，真正的、具有最高价值的祭祀是“心祭”，是一种发自内心的对先人的诚意和敬意。

夏人反对祭祀上的繁文缛礼。“祭不欲数（繁），数则烦，烦则不敬。”（《礼记·祭义》）这是夏代人的观念，也是中国传统文化的观念，如果太讲究礼数了，相反就“不敬”了，就会违背建立祭祀活动的初衷了。

注释：

① 杨鸿勋：《初论二里头宫室的复原问题——兼论“夏后氏世室”形成》，《建筑考古学论文集》，文物出版社1987年版。

11 夏代民生掠影

养民“九功”

大禹治水成功之后，年事已高的帝舜便准备禅让帝位于大禹。据传在只有舜、禹和禹的治水主要助手益参加的一次小型会议上，帝舜最后一次考察大禹，要他谈谈治国安邦的方略。大禹回答道：“德唯善政，政在养民。水、火、金、木、土、谷唯修，正德、利用、厚生唯和。九功唯叙，九叙唯歌。”（《尚书·大禹谟》）

二里头2号宫殿基址出土的陶排水管

这就是彪炳千秋的大禹养民“九功”。

“九功”，顾名思义就是要取得九个方面的成功。而这九个方面，又可划分为两大部分，第一部分后来舜将之归结为“六府”，讲得通俗一点就是六件实事。第二部分归结为

“三事”，就是三个方面的关系。

治国“六府”，也就是治国的六件实事：一是疏通河道、修筑河堤防止水患卷土重来（水）；二是制作铜制农具，提高生产效率（金）；三是提高火食（熟食）水平，保障百姓健康（火）；四是控制树木砍伐，鼓励植树造林（木）；五是改进土木建筑，改善居住条件（土）；六是发展农业生产，广种五谷杂粮（谷）。这六件实事，关系到民生的方方面面，做好了，民生的改善就有了基础。

值得注意的是，大禹在讲六件实事时，仍然把防止水患放在第一位。这是可以理解的。长达数百年的大洪灾留给华夏民众的记忆实在太深了。现在，经过大力治理，虽然洪水基本已经治平，但仍需时刻警惕。

治国“三事”，也就是要处理好治国过程中三个方面的关系。孔颖达在解释“正德、利用、厚生”时说：“正德以率下，利用以阜财，厚生以养民”。这个解释很得体。一是上与下的关系。这里的“正德”，当然要“正”的是全体国民的道德品质，但是，首先要“正”的是上层高官的风气，只有他们率领下面的广大官员共同走正道，才能影响民风民俗、民情民德。上行下效，“正德”是要处理好高官与下层一般官员的关系问题，“德”之“正”，是要从朝廷的核心集团抓起的，核心集团风正气清，“正德”的问题就成功了一大半。二是官与民的关系。这里着眼于“利用”问题。孔颖达的解释是：“利用者谓在上节俭，不为靡费，以利而用，使财物殷阜，利民之用。”“以利而用”，说得多好啊，只有有利于民众的才去“用”，不能把财物“用”在官员的日常靡费上，一分一毫都力求为民所用。只有这样，财物才能殷阜。三是国与家的关系。讲的是“厚生”问题。厚生即是厚民，让老百姓的家庭生活过得好了，家富了，民厚了，国自然强了。郭沫若先生说过："科学的基本要求就是大禹说的利用厚生，为人民服务。"民生厚实了，国家才能强盛，说到底，民生诸事总是第一位的。

帝舜听了大禹的养民"九功"之后，给予了至高无上的评价："六府三事允治，万世永赖，时乃功。"——养民中的六件实事和三大关系，如果真的得以实施，那是千秋万世治平天下的依赖。"时乃功"，就是说：大禹啊，你的功绩可大得很哪！

从大禹的"养民九功说"可见，在夏代向上发展的时期，当时的领导层的确是把精力放在解决民生问题上的。大禹打出的"厚生"这面大旗，是有一定实际内容的。

"邑"和"邑人"

夏王朝时期人们的居住条件和居住环境如何？这是大家感兴趣的问题。现就某些文献资料和地下发掘资料，来寻找这方面的蛛丝马迹。

大家知道，在原始社会时期，哪怕是它的晚期，人们是"聚族而居"的。同一个氏族乃至于部落的人居住在一起。他们有着共同的血缘、有着共同的信仰，以及共同的氏族首领。可是，从传说中的黄帝时代开始就有点不同了，"万国"中那些首领都自命为诸侯，"诸侯相侵伐，暴虐百姓"，把原先的氏族、部落、部落联盟格局给打乱了。再加上从帝尧时代开始直至大禹时期长达数百年的可怕的大洪灾，人们南下、北上、西奔、东漂的现象比比皆是，这就更是大大改变了人们原先的生存格局。最后，好不容易大禹治平了洪水，所谓"众民乃

仰韶文化遗址（郑州西山）

定，万国为治”。当然，众民的安定也是相对的，随着生产力的发展，人们为了生产和经营上的需要而东奔西走的现象有的是，这是已被地下的某些发掘证明了的。

在这种情况下，要原封不动地回复到当年完整意义上的氏族生活模式，已是不太可能的了。但是，要彻底废除延续多少万年的氏族制，更是不可能的。面对如此现实，夏王朝的统治者想出了一个妙招：建立“邑”制。

“邑”是一个很奇妙的字眼。根据后来甲骨文和金文的解读，该字的上半部“口”，标志着划定的地域；该字的下半部“巴”，似人形。这样，夏王朝根据新的情况，把一定地域范围内的“人”组织起来，形成一个个最基层的行政单位，给它一个名字就叫“邑”。“邑”就是生活在同一地域的人群聚居组织。

“邑”这个行政单位，妙就妙在恰到好处地解决了当时实际存在的人口居住交错性很大的问题。住在同一个“邑”中的，必有某氏族和某部落的主体，那也没关系，氏族和部落的血缘亲情因素照样可以发挥作用。这同一个“邑”中还会有若干“外来户”。原先实施的氏族制是排他的，他族人如进入族中就或被驱逐出去，或被就地杀戮，或被降为奴仆。但现在建立的是行政区划性的“邑”了，你不能排斥“外来户”，因为在同是“邑人”这点上，你们是平等的。我们可以给夏代的“邑”下一个这样的定义，它是仍然有很强氏族色彩的地域与居民相结合的行政性组织。

夏时对“邑”的划分还是很初始的，也可以说是很粗糙的。有大邑，也有小邑，大小由之，因地制宜。

“禹都安邑”，那是个有数万人的大邑，这个大邑中有姒姓人，也有从姒姓中派生出来的夏后氏、有男氏、斟寻氏、费氏人，这可能是安邑中居民的主体，但也会有姒姓以外的人，还会有夷人、蛮人、狄人，从“邑”的角度看，他们都是“邑”的主人。“禹子启居夏邑”，那个邑也相当大；“仲康入十室之邑”，那是个只有十家人家的小村落，也算是个邑，也有像模像样的建制和组织。

甲骨文中有“乍邑”的说法。“乍”者，“作”也，或者说是“筑”也。可见“邑”不是简单的自然村落，它要加以建设，才被行政上认可下来。“邑”既然是“乍”起来的，那可能还会有一些划分势力范围的标志性建筑。还有，由谁来管理“乍邑”呢？它属于六官中的司徒管辖，因为他统管地上所有的人事，因此司徒又称地官。

具体到“邑”的日常生活，它的管理由“里宰”这种官吏来实施。“里宰”作为夏王朝的基层干部，有的说夏制以七十二家为里，有的说二十五户、一百户，都无从考证了。“里”的管理者通常称里宰，也有称为里人、里长、里正、里尹的。据史书记载，他们通常为邑人做这么几件事：

一是家庭管理，包括人口管理和登记，家庭财富的登记。家庭财富中最重要的是六畜、车辆等。在当时，如果这个家庭是“有车族”，那说明这家人家的生活状况至少是在中上了，养猪的多少也是贫富的标志。

二是农业管理，包括督促民众按时耕作，最重要的是组织同一邑里的人众在农事上的互助合作。这样看来，“里宰”的重要工作是组织生产。有专人负责组织生产，这是社会的一大进步。可以设想一下，如果需要有数字化的管理，记录牛几头，鸡几只，人数口，没有文字，也该有图画吧。只是当时的载体有限，不像殷商记录在龟壳之类不朽坏的东西上，所以暂无考古的实物发现。

三是税务管理，每年的税赋通过他们实施征收。

四是政令管理，上头有什么政令需要下达，由里宰来宣示。当时是否由里宰敲着木铎宣示政令法令，不得而知。当时还没有正规的文字，看来也只能口耳相传了。

五是安全管理，当时实行民兵制度，兵器发放到邑中，由里宰经常检查兵器是否丢失，兵器是否损坏，要不要补充等。

二里头遗址中大量的一居室、二居室的存在，说明夏时小家庭已较为普遍，这是夏王朝实施“家天下”的社会基础。

夏代的民居已经像模像样了，二里头遗址发现的民居，房址平面呈方形或长方形，有与当时地平面齐平的地面建筑，也有深入地下一米上下的半地穴式，大小不一，室内有烧灶。房屋柱基有的用石础，有的用夯土墩。地面建筑在建造前先清理地基，挖掉浮土，再填上净土，层层夯实，到与地面齐平时，再敷上细沙，平整表面，用火烧烤，令其坚实，然后建房，整个房屋建成后再分割成一间一间的家居小屋。这些井然有序的造房工艺，在当时条件下，没有夏政权指派的里宰的监工和指导，要把民居建造得如此齐整划一是不可想象的。

在里宰的指导和统一规划下，夏民居室的条件大为改善了。不少邑中人家除有“门”之外，还有了“窗”，有了排除室内油烟的“通气口”。屈原的长诗《天问》中说到的一些故事还告诉人们，夏邑人居住的最大突破在于发明了木制的床榻和“可卷可释”的草席或竹席。荀子说：“越席床第几筵，所以养体也。”（《荀子·礼论》）人类直接睡在大地的怀抱里有上百万年之久，到夏代才移身于床第之上，这对于人类的“养体”功能是极大的提升。

邑人的食谱

从文献以及地下发掘资料看来，大禹提出的“水、火、金、木、土、谷唯修，正德、利用、厚生唯和”的养民“九功”方略，在夏王朝是认真实施了的，不然就不会有夏王朝的兴盛，也不会有夏民邑人食谱的如此丰盛。

襄汾陶寺遗址墓葬出土的人骨，经碳14测定数据表明，陶寺人生活的年代为公元前2085年左右，属于夏纪年的初期。那里的邑人以粟为主食，而且在墓葬中有丰盛的粟积余。晋南夏县东下冯遗址第三、四期的一些灰坑中，发现了很多炭化粟粒，有一坑内堆积的炭化粟粒厚达40—73厘米。那可不得了，堆积那么厚的炭化粟粒，少说也有几万斤，够一个居民点的人食用上一段时间的了。这种粟粒的堆积向后人显示了在夏王朝的重视下农作物的丰收景象。大禹说的“烝民乃粒，万邦作乂”（《尚书·皋陶谟》）并非虚言。“烝民”者，指的是大多数民众也。大禹的意思是，夏王朝的目标就是要让大多数的夏民能吃饱肚子，只有那样，万邦才能大治。

为了达到“烝民乃粒”的“食政”目标，夏王朝还大力拓宽食物品种。从河南洛阳市洛河南的关林皂角树遗址出土了大量二里头文化时期的小麦、粟、黍、豆、高粱、水稻等炭化粮食遗存。其中大多数粮食品种是中原地带的传统作物，而豆类是从东北引进的，水稻也是从江南一带引进的。为了改善民生，夏王朝的统治者大大拓展了活动范围，从东北地区，到当时还相当荒蛮的江南地区，纵横数万里，在交通条件还相当落后的四千年前，实在不是件容易的事。夏王朝的“政在养民”方略使邑民的食物越来越丰盛了。

夏代人有两大类食物，即所谓“根食、鲜食”。一类是“根食”，即根生植物，上面说到的“五谷”、“六谷”、“九谷”之属皆为根食，主要指粮食作物，也包括一些蔬果品。另一类是“鲜食”，夏人认为，凡鸟兽新杀则为“鲜”，主要指动物性肉类食品，也包含有若干鱼虾之类的水产品。

夏族原先是一个以“根食”为特色的族类，大禹的“治国九功”也重在粮食作物的栽培，夏族人的祭祀文化同样长期以水菜和粮食作物作为祭品，与周人的以全羊、全牛祭祀是完全不同的。但是，随着夏人对天下统治权的获取，随着各地交流的强化，夏王朝对畜类的养殖普遍了起来，“鲜食”上餐桌也普及了起来。

在晋南襄汾陶寺出土的龙山晚期墓地中，大型墓用整头猪实行随葬，在中小型墓葬中发现猪的下颌骨，而且数量不少。这说明猪这种畜类正在更多地为夏人所接受。

家畜家禽的养殖在夏的中后期得到了极大的重视。夏代家畜至少有猪、犬、羊等，稍后又有马和鹿。家禽有鸡、鸭、鹅等，大概鸡是最早饲养并饲养得最多的，在甲骨文中就有“鸡”字。总是先有事实后有文字，鸡在夏代得到普遍饲养应该是可以肯定的。

据史籍记载，狩猎野生动物后来成为夏统治层的一种冠冕堂皇的活动。据说夏王启就对田猎很感兴趣，有了收获就与下属一起大吃一顿野味。后羿在位的时候，对游猎更是视为常事。夏王予为了获取鲜食，刻意东征。夏王芒要求九夷与他一起“东狩于海”，收获也很可观。夏王孔甲更是个田猎的高手，常会出入于山岭之间。夏桀“力能伸钩索铁，手搏熊虎”，对野猎的兴趣大大高于治国。这些典籍所记虽未必全是事实，但当时某些夏王对狩猎很感兴趣那是可

商代青铜公鸡（四川广汉出土）。昂首翘冠，十分传神。

灰陶鸡形壶（云南元谋出土）。壶口为鸡头，腹部呈元宝形象为鸡身，器上刻点线纹作羽毛状，造型新颖。

陶鼎（夏代，偃师二里头遗址出土，洛阳博物馆收藏）

以想见的，这也从一个侧面反映了夏代食物的丰富。

鱼类食品也开始登上夏人的餐桌，方法有网捕、垂钓、弓箭射杀、鱼鹰捕捉等，在二里头遗址中发现鱼钩是一个明证。甲骨文中还有“王鱼”的记载，这说明夏、商二代的王者有时还会有带头去河边捕鱼的雅兴呢！不过，那时鱼还是稀有食品，不然后人不会说出“鱼我所欲也，熊掌亦我所欲也”的话来了。

夏人对谷类作物的食用一般称为“粒食”，也就是整粒的食用。当时的粮食加工还不发达，一般把粮食收割后，脱去粮食的外壳，就用煮、蒸、烤等方法整粒食用。这种方法据传从神农氏时代就开始了，“米而不粉”的食用方式已经维持了一两千年，夏以后还要维持千把年。到有了磨盘以后才能进入“粉食时代”。

夏人早就有粒食和蔬菜同食的习惯。白菜、芹菜、雪里蕻、荠菜等是常用的下饭菜。《夏小正》有云：“正月囿有韭。”这就说明了两点：一是当时夏人是常食韭菜的，因为这种菜营养好，又有一定的杀菌力；二是当时已有了种植蔬菜瓜果的菜囿、菜圃了，商代甲骨文中有“囿”和“圃”二字，这也证明了商前之夏人种植蔬菜现象的客观可能性。

种植粮食的大田和种植蔬菜瓜果的园圃同时出现，说明夏代农业经济已经有了长足的发展。夏人食谱的如此完备，这多少与夏王朝贯彻大禹定下的养民“九功”是有关联的吧！

尚黑右衽的夏装

大约在距今一万年以前，中华祖先已告别了赤身露体的野蛮时期，进入了以衣蔽体的文明初始阶段。“黄帝尧舜垂衣裳而天下治”（《周易·系辞下》）。在中华文化中，“垂（穿）衣裳”成为“天下治”的一个重要因素。“衣者，依也”。到了进入阶级社会的夏代，服饰进一步成为发挥避寒暑、蔽形体、遮羞耻、增美颜、塑仪表这些实用功能的依托。

中国历来认为“服以旌礼”（《左传·昭公九年》），既然衣服属于礼的范畴，而且是礼仪的一面旌旗，而中国的服饰文化又是夏、商、周一体的，那么，这里参照殷、周二代地下出土的服饰资料，便可大致推断出夏代准确的服饰状况。

根据地下发掘资料，可以发现夏商时期中原地区的衣服款式大致上有这样数种：

一、流行的款式是：上衣与下裳分开。上衣衣长及臀，袖长及腕，窄袖口。这种上衣便于劳动，也便于身体的活动。下裳是带褶的

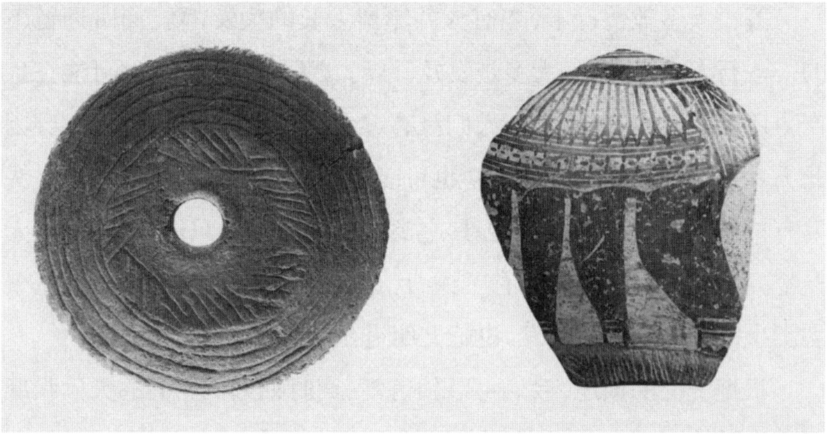

纺轮、纺锤（河姆渡遗址出土）

衣裙，男女无别，有宽腰带。这种宽大的裙式服装既起到了遮羞的功能，又比较宽松舒适。

二、把衣与裳连在一起，形成一种叫“深衣”的模式。这种深衣“衣裳相连，被体深邃”。它比上衣下裳分开的款式要后起，在夏、商时代，深衣应该是一种时尚的款式。深衣前襟过膝，后裾齐足，同样是长袖，窄袖统，袖长也是及腕。这可能是服装发展过程中的一种进步。上衣和下裳的连成一体，既提供了一种创新的衣服款式，又大大节省了衣料，是服装史上的一大突破。

三、以小袍取代上衣，袍长至膝，长袖，袖子较宽大些，配以宽裤、宽腰带。这主要是上衣的革新。

四、不管款式怎样变，都有一个中原地区标志性的式样：“右衽”。当时还没有发明纽扣，只是制作上衣时制得比穿者实际身材宽大些，这样可以把左、右襟相叠，再束上腰带即可保暖了。“右衽”是将左边的衣襟制作得宽大些，向右叠在右襟上。

五、大多数情况下，当时人并不留太长的头发，夏、商时期留下的一些石人或玉人，倒大多是发及耳际，或发披肩上的。这可能在生产力还不太发达的情况下，人们没有过多的时间放在梳理头发上，因此男女一式地留短发了。从中也可以想见当时的文明发展状态。头发有护寒之功能，再则没有刀具之类的利器，所以，只能任其生长，大概都只能长发飘飘了吧！有了铜刀，可以割去多余的头发，方便从事各类生产活动。纹身断发，也是文明进步的标志。

根据上面的描述，我们可以知道夏、商时期人们穿着的大体状况了吧！具体到夏人，有这两大特色是可以肯定的：一是尚黑；二是右衽。而这两点恰恰从服饰角度准确而生动地反映了夏代民生。

五帝时期末期到三代，人称“三极格局、三色世界”。“三极格局”是指夏、商、周三大族群齐头并进，主导天下局面；“三色世界”是指“夏后氏尚黑，殷人尚白，周人尚赤”。“黑位水。”（《逸周书·小开武》）尚黑崇尚的是一种水文化。夏人起源于伊水、洛水之间，对水、对水文化有着一种天然的特殊感情。作为水文化的崇尚者，夏人秉承了水的刚柔兼备的性格和“上善若水”的品质。

在一切生活的重要领域里，夏人总是以黑为时尚。据《礼记·檀弓上》记载：“夏后氏尚黑，大事敛用昏，戎事乘骊，牲用玄。”这是人生中最大的三件事：办丧事大殓要到黄昏（天黑下来），出征作战要骑黑马，祭祀杀牲要选黑毛的动物。还有一点这里没有讲，平时夏人喜欢穿黑色的衣服，参加丧礼也穿镶白边的深色衣服，这种传统一直延续到当今。

在五帝时代的三极格局时，夏族、商族、周族可以各有所尚、各行其是。但是，一旦当夏王国建立以后，夏就会通过政权的力量力推

"尚黑"精神,并使尚黑精神融入到养民"九功"中去。

将"尚黑"融入治国养民的规范之中以后,其内涵就更加深刻了。大禹就是以勤劳俭朴著称的,而这本身又与"尚黑"相通。墨子在《经说上》中说:"人分两类,有黑者不黑者也。"墨子说的"黑者",就是劳动者;墨子说的"不黑者",指的就是脸皮白净的不劳而获者。墨子就是自称"黑者",而且说:"吾止爱黑人。"墨子是禹的崇尚者,也是禹尚黑精神的后继者。在《史记·五帝本纪》中,多次说到尧、舜、禹这些大圣人"颜色黧黑",他们都是尚黑者。至于普通百姓,被称为"黎民"、"黔首",都是言其黑也。这样,"尚黑"又与把普通百姓的寒暖放在至高无上的地位这点相通了。夏的"百官"穿着简朴的黑色服装,心里装着黎民百姓,以"养民"精神治国,那是一种多么美好的景象啊!

孔子在回答子贡的"管仲非仁者与"提问时说:"管仲相桓公,霸诸侯,一匡天下,民到于今受其赐。微管仲,吾其被发左衽矣。"(《论语·宪问》)孔子说的"被发左衽"指的是当时天下某些少数民族的生活习俗。据传,当时的越人就是被发、文身、左衽的,非越地的一些少数民族也是左衽。而孔子等人要坚持的是大禹开创的"束发右衽"的生活习俗,标榜的是华夏正宗礼俗。这背后是对相对先进的中原地区文化的肯定,当然,这在现在看来是没有多少实际意义的。

"右衽"和"左衽"其实只是生活习俗的不同而已,为了尊重对方,中原地区的先民在坚持右衽的前提下,左衽一下有何不可呢。反之亦然。《汉书·终军传》:"大将军秉钺,单于奔幕,票骑抗旌,昆邪右衽。"颜师古的注是:"右衽,从中国化也。"说得不太确切,应该说这是少数民族首领对汉人的尊重，不是简单的“从”，正像后世的入乡随俗一样。少数民族的首领为了尊重华夏人而右衽，华夏人的首领如到少数民族地区去，为何不可以左衽呢？

中原华夏民族的右衽，恐怕与夏人的“尚右”习俗有关。人在生活中大多数时间在利用右手办事，上衣右衽对用右手伸入胸前的袋子（袋子一般缝制在衽的里面）中取物也比较方便。久而久之，也就成为夏人的习俗了。

一些民族学家另有一种说法，说“在一些民族中有以雌性太阳为左、雄性月亮为右的观点，由此可见，尊左衽也就是尊崇母系，尊右衽也就是尊崇父系。”①有此一说，录此备考。

“开道”与“筑梁”

“若要富，先筑路”，这个观念的发端应该是很早的，至少在大禹治水成功、划定九州、建立夏政权后，夏王朝的统治者想到的第一件大事就是筑路。《左传·襄公四年》引《虞人之箴》说：“芒芒禹迹，画为九州，经启九道。”这是指最宏观的道路工程，即在九州的这一州与那一州之间开拓九条大道，并使这些大道相互连通，成为一个巨大的系统工程。这项工程不是哪个州的州牧这样的行政长官办理得了的，必须借助于夏王朝的人力和物力，也必须借助于夏王朝的权威。这个工程是否完全成功了或者说是否达到了预期的效果，史无明文。但是，我们有理由相信这一工程是实施并圆满完工了的，那样伟大的治水工程都能完成，区区“经启九道”为何完成不了？

据《史记·河渠书》记载，大禹抑洪水十三年过程中就开始了大道的建设。这些大道有连接水道与水道的，有沟通水道与山道的，有供治水大军前行的，也有为便利邑人外出的，更大的工程是把九州连接起来的大道，所谓“通九道”指的就是州与州之间的道路。逢山开道、遇水搭桥，是大禹治水过程中的题中应有之义。当然，治水大业成功后的道路交通建设是更有规划性，规模上也更上一层楼了。

文献记载的道路工程在地下发掘中得到了较为充分的印证。

山西夏县东下冯遗址发掘出了一条属于夏史纪年范围内的道路，路面宽1.2米到2米之间，道路的铺设厚度达5厘米，系用陶片和碎石铺压而成。其道路的宽广度和平整度是前所未有的。

河南偃师二里头夏都城遗址南北约1 500米，东西约2 500米，总面积约有3.75平方公里。在如此广阔的城区范围内，除了有用鹅卵石铺成的石子路以及红烧土路外，还发现有一条铺设讲究的石甬道，路宽0.35—0.60米，甬道西部由石板铺砌，东部由鹅卵石砌成，路面平整，路的两侧还保存有较硬的路土，如果说中间的鹅卵石砌成的主道是车行道的话，那么，两旁的硬土道恰似后世的人行道了。这就说明夏代的道路建设已经有了相当高的水平，似乎已经有了专业化的筑路工。

现在看来，夏王朝主持修建的一些大道，不只利及当世，也能为后世所用。《诗·大雅·韩奕》是一首长篇纪事诗，该诗一开首就写道：“奕奕梁山，维禹甸之，有倬其道。”周代年轻的韩侯意气风发地入京受封、迎亲，当他行进到吕梁山（古称“梁山”）一带时，看到山势是那样的高峻，而脚下的山路又是那样的平坦，不由想起这仍是当年大禹治水时筑下的道路啊，不禁大声赞叹起大禹“有倬其道”的丰功伟业来。

与开道一样，筑梁也是夏王朝的便民实事工程之一。中国早期的人们称“桥”为“梁”。《说文》云：“梁，水桥也。”桥有多种，有木桥，有石桥，而最早的桥大多为木桥，木桥即木梁，久而久之，人们就将“桥”和“梁”等同着使用了。

在夏周之时，民间流传着这样一首歌谣：“九月除道，十月成梁。”（《国语·周语》）其意是说，夏朝人是把建筑道路和搭建桥梁连在一起办的。如果九月份建筑了一条道路的话，作为配套工程，十月份必然要架建起桥梁来了。有史家说：“除道所以便行旅，成梁所以便民。”这话实在是很到位的，开道和筑梁这样一些便民举措，必然会得到广大民众的拥戴。

注释：

① 戴平：《中国民族服饰文化研究》，上海人民出版社2000年版。

12 典籍中的夏代

《诗》《书》等典籍中的夏代

在诸多文献中，《诗》和《书》是保存夏代史迹最古老的文献，其中保存着三代文明发展史的若干最可靠的史料。

《诗经》是我国第一部诗歌选集，它大约成书于春秋中期。这部诗歌选集中大量记述了西周的史事。张舜徽说："我们从祖先遗留下的歌声中，去寻求两周社会生活、活动的实迹。这便是把它看成一部有价值的'诗史'。"① 《诗经》也同样记述了不少夏、商的史事。

《诗经》中的"风"较为集中地反映了三代的民风民俗，诗三百，而其中的"风"就占了一半以上。"风"以民歌的形式追述了当年三代的民情、民俗、民风，为我们研究三代史提供了许多不可多得的鲜活历史资料，夏史当然也包括在内。

《郑风》的第一首是《缁衣》，写一位妻子为丈夫做了一件纯黑色的缁衣，一面为丈夫穿上，一面又欣欣然唱起了情歌，"缁衣之宜兮"、"缁衣之好兮"、"缁衣之席兮"，意思是说，这黑色的服装是那样的相宜啊，是那样的美好啊，是那样的贴身啊！诗作的主人公为何那样的钟情于黑色服装呢？历来的注家多所猜测。究其本源，所谓“郑”，它的故地在今河南新郑一带，它是传说中黄帝的故里，也正是夏文化的中心区域。既然“夏后氏尚黑”，这首《缁衣》不正好反映了夏族遗民的尚黑情怀吗？

《汾沮洳》是《诗经·魏风》的第二首。一位年轻貌美的女子，一面在汾水的低湿地、在汾水的河曲处、在汾水的河滨旁采集着水生植物，一面思念着自己的意中人，告诉意中人，这样既勤又俭的劳作，比起那些高官厚禄的“公路”、“公行”、“公族”（官爵名）来不知要崇高多少呢！《韩诗外传》一书以为这首诗主旨在于“美隐居之贤者。虽在下位，民愿戴之”。其基本的意思是对的，惜乎没有点出该诗的历史地域。当年魏国的都城就在今山西夏县，是夏文化的核心地带。夏人历来有采集野菜的习惯，在《左传》中还有采集水生野菜祭神的记载，这不与《汾沮洳》一诗写的情境十分相像吗？再说夏人崇朴，不喜欢大手大脚，《韩诗外传》说的“虽在下位，民愿戴之”实实在在是夏人情怀。

《诗经》还用不少的诗章述说了三代之间的文化血缘关系。史书上说，“夏人尚黑”，“殷人尚白”，在色彩崇拜上刚好相反。但是，在《诗经》中却有“天命玄鸟，降而生商”（《玄鸟》）的说法，玄鸟者，披着一身黑羽的燕子也，尚白的殷人怎么会是由黑色的“玄鸟”生养的呢？这不是颠倒黑白了吗？不，这是一种文化的共融共享，你夏人可以以黑为美，我商人为什么不可以呢？在《信南山》一诗中，开首四句是：“信彼南山，维禹甸之。畇畇原隰，曾孙田之。”诗说的是，终南山绵延千里，这是大禹当年开辟的土地。原野是那样的平整美好，大禹的“曾孙”世代在此垦田。周王自以为自己是禹的“曾孙”，这就带给历史学家一个可贵的信息，在历史流程中夏和周其实是有血亲关系的。

大禹治水的范围历来争议颇多，有一种说法是所谓禹的治水，按当时的人力财力物力，只能局限于晋南和豫西地区。而《诗经》中直接论述大禹治水的有五六处之多，范围也大大越出了中原地带，走向了黄河、长江的广大流域。认真读一读《诗经》的相关诗篇，对理解夏禹那一段历史是有好处的。

《尚书》在先秦典籍中称《书》，汉代才称《尚书》，言其为“上古之书”也。书中记录了距今四千多年到两千六百年间夏、商、周三代的史事，是我国最早的政事史料汇编。它的内容大致可以分为典、训诰、誓、命等几大类。典是古代的典章制度。训诰是训诫诰令的实录。誓是君王或诸侯的誓词，大多是征战时的誓词。命是君王任命官员、赏赐功者的册命。由于其古奥难懂，被称为“诘屈聱牙”。

《尚书》不可能作于夏代，因为那时候还没有文字，就是有人要创作也不可能记录下来传之后代。王国维等学者认为它的成书至迟不会晚于西周，因为孔子已经看到了这本书，并在阅读的基础上加以整理了。

《尚书 · 虞书》是记载夏代史迹最集中最古老的文献，它包括四篇。

第一篇是《尧典》，完整地记述了尧舜禹的禅让故事，同时用相当的篇幅描述了当时进入洪水时代的境况。为了解决由谁来领导治水的问题，帝尧与“四岳”之间还发生了一场争论，最后是少数服从了多数，治水由鲧来领导。但是鲧治水“九载，绩用弗成”，帝处置了鲧后，让禹带领治水大军，最后取得了胜利。大禹治水的故事主要取材于该篇，人们视之为信史也是理所当然的。

第二篇叫《皋陶谟》，“谟”与“谋”通，也就是帝舜与皋陶商讨治国安民的谋略的意思。但是，文章的标题虽如此，文中出谋划策的却是大禹与皋陶两人，而且舜还主动要求大禹总结用疏导的方法平治洪水的经验。文中还涉及到大禹在治水过程中娶涂山女为妻，生下儿子启的故事。本篇的主旨是君臣共谋国事，一定程度上反映了氏族社会末期留存的民主传统和风气，通过大禹的献谋，也完整地展示了其人崇高的精神世界。

第三篇是《禹贡》。这是一部最古老的历史地理文献，当然也是集中反映当时客观存在的行政区划的文献。全篇内容分为三部分：其一，是九州大地的划分，对各州的四至、水土、物产、交通作了介绍，尤其提出了“因地而贡”治理的观念。其二，是由北而南的“导山”以及对九条大河的“导水”，这可以看成是治水的后续。其三，是推出了五服制度，即所谓“五百里甸服”、“五百里侯服”、“五百里绥服”、“五百里要服”、“五百里荒服”，实际上是对国家的万里江山的一个最初步的行政区划，是行政管理由近及远的一个粗线条的设计。

第四篇是《甘誓》。此篇是夏启为了讨伐有扈氏而在甘这个地方发布的一篇临战誓词。启继承禹的帝位，废弃了自古以来传统的禅让制度，有扈氏不服，于是就有了启的征战。该誓言大致上有两层意思：一是宣布有扈氏的罪行，是“威侮五行，怠弃三正”；二是申明军纪，以及宣布赏罚处置办法。这篇文稿虽然只有八十八字，但在历史上影响巨大，可以视作之后数千年君主治国安邦的一个大纲。

夏史资料，除了《诗》《书》记述外，在《左传》和《国语》两书中也有零星的记述。太康失国、后羿代夏、少康中兴等史料都见于这两本书，而且有惟妙惟肖的描写，给人以身临其境的感觉。《古本竹书纪年》，提供了夏王朝发展的脉络，《纪年》中关于“自禹至桀十七世，有王与无王，用岁四百七十一年”这一表述，对夏王朝总年数的提法已被地下发掘证明了它的大致的正确性和可靠性。

先秦诸子对夏代的追记

以儒墨两大家为显学的先秦诸子，大多对古代有一个夏王朝这一点是深信不疑的。这些杰出的文化大家都有着“好古”的习性，通过他们长期孜孜不倦的探寻，夏史和夏文化在他们的笔下得到了新的展示。由于至今没有发现足以供我们解读的夏代文字，因此先秦诸子对那个时代社会状况的追记，就显得特别重要，它们具有抢救文化遗产的性质。如果没有先秦诸子的追记材料，对夏的历史记忆的模糊状态不知要加重多少倍。

韩非子说：“孔子、墨子俱道尧舜，而取舍不同，皆自谓真尧舜。”（《韩非子·显学》）正是先秦诸子的大力推崇和不断的弘扬光大，尧、舜、禹这些上古圣人后来才会成为中华民族的偶像式人物。

在先秦诸子中，孔子是第一个打出好古、访古、信古大旗的士人。他有一句名言：“士而怀居，不足以为士矣！”（《论语·宪问》）真正的士人是不应该只在居室里盘桓，在家中空发一通议论的。士人应该走出去，去周游列国，去遍观天下。孔子一生“栖栖一代中”，不是为了饭碗，不是为了当官，而是为了“追迹三代之礼”，除了秦地之外，他几乎跑遍了天下。他的“周游”活动，绝不是游山玩水，而是从“好古”的心态出发，迈出自己的双腿去实地“访古”，以达到“信古”

的大目标。大半生的外出寻访，使他坚信三代史不只存在于人们的心目中，存在于一些神话传说中，而且客观地曾经存在于历史范畴中。孔子迷恋于三代史的研究，甚至到达了废寝忘食、忘乎所以的地步，而其中对夏礼的研究，对夏文化的追寻，无疑是重中之重。

孔子对夏文化的追记，重在两个方面：

一是欣赏夏的礼乐文化。在他看来，夏礼是三代礼仪文化之源，也是中华礼仪文化之源。商的礼仪文化来自夏文化，周的礼仪文化来自商文化，其源头就是在夏代。“夏礼吾能言之，杞不足征也。”（《论语·八佾》）“不足征”是指资料不够。孔子以最大的热情赞美韶乐，盛赞其是一种尽善尽美的乐曲。齐地虽然是九夷之地，但文化一直很发达，春秋以后天下大乱，文化下移，许多古典的书籍、乐曲都流落到了民间，而齐地是文化下移过程中的最大接收地。为了了解古典文化，孔子多次到齐国去。后来在齐闻韶乐，兴奋得“三月不知肉味”。韶乐即舜乐，经过大禹的点化，后来又从舜乐中脱胎出了夏乐。夏乐与韶乐是一体的。孔子对夏的礼乐文化是佩服得五体投地的。

二是钦佩禹的人格精神。孔子说：“禹，吾无间然矣！菲饮食而致孝乎鬼神，恶衣服而致美乎黻冕，卑宫室而尽力乎沟壑。禹，吾无间然矣！”（《论语·泰伯》）菲饮食、恶衣服、卑宫室，言其朴；孝乎鬼神、美乎黻冕，言其礼也；尽力乎沟壑，言其真也。这里短短几句话，两次强调他对大禹无可挑剔。在孔子心目中，大禹是夏文化的象征，是真、善、美的完美结合，当然也是民族精神的象征。

孟子继承和发展了孔子的思想，对夏史也有不少研究，其内容则主要集中在禅让和传子制度的是是非非上。当“舜荐禹”时，“禹让舜子而民不从”，结果是禹继了舜位，这当然是禅让。当“禹荐益”时，“民不从益而从禹子启”，这就是传子制度的发端。有人以为这是“德之衰”的缘故。孟子认为，这与“德衰”根本无关。“唐虞禅，夏后殷周继，其义一也。”其意是说都是符合王权“天授”道理的。时代变了，传位的方式也应变化。这种说法，显然要比“德衰说”要进步得多。

如果说孔子是从文化和人格的角度来赞誉禹的话，那么墨家则完全是以同道的身份来与夏文化对话的。先秦诸子们大多认同“墨道即禹道”，墨家人也自以为是禹的传人。庄子说过：“后世之墨者，多以裘褐为衣，以跂蹻为服，日夜不休，以自苦为极，曰：不能如此，非禹之道也，不足为墨。……墨子真天下之好也。”（《庄子·天下》）引大禹为同道，这是墨子的真性情，也是先秦诸子的共识。他们把禹的人格精神化进了自我的血液之中，他们的所作所为，都是源于大禹的。墨者们个个脸色黧黑，身披破旧的黑色衣衫，脚蹬木质的拖鞋，艰难地行进在人生的大道上。他们崇真、尚朴，以吃苦耐劳为荣，以兼爱世人为乐，在墨者身上，人们看到了大禹精神的再现，看到了尚朴的夏代风情。

墨家的核心观念是兼爱，而在他们心目中兼爱的典范就是大禹。墨者写道：“昔之圣王禹汤文武，兼爱天下之百姓，率以尊天事鬼，其利人多，故天福之，使立为天子。……暴王桀纣幽厉，兼恶天下之百姓，率以诟天侮鬼，其贼人多，故天祸之，使遂失其国家，身死为僇于天下……”（《墨子·法仪》）墨子这里说的兼爱是有夏一族之特色，就是不只是要人们“兼爱天下百姓”，还要“率以尊天事鬼”，把生前的爱人和死后的事鬼结合在一起，这对我们深入研究夏文化是会有实际的启示作用的。墨家还把禹的“兼爱”和桀的“兼恶”放在对立面的视角加以考察，这本身就涉及夏王朝之所以兴衰的缘由了。

墨家提倡勤奋劳作和节用其财，在他们心目中这方面的典范仍然是大禹。大禹一生“其生财密，其用之节”。大禹的节俭最集中体现在他死后的节葬上。而大禹节葬的细节，不见于他书，唯见于《墨子》一书的《节葬下》篇中。此篇的描述不无夸大与虚构的成分，而且也难以找到物证，但从大禹一生的行事来推测，《节葬下》篇说的那些，当在情理之中。

特别值得一提的是，《墨子》一书还为后人提供了不少夏史研究资料。《甘誓》是夏人征战有扈氏时的誓词，《尚书》中有其版本，《史记·夏本纪》中也有其版本，在《墨子·明鬼下》中也有其版本。应该承认，三个版本各有千秋，读者可以通过自己的独立思考决定弃取。禹铸九鼎，在各类相关文献中都有记载，而《墨子》一书却说“夏后开（启）折金于山川，而陶铸于昆吾”，并说九鼎后来“夏后氏失之，殷人得之；殷人失之，周人得之”（《墨子·耕柱》）。与传统的史料有所差异，孰是孰非，有待学者的考察研究。还有，《墨子》一书对大禹治水的路线图描绘得特别详尽，范围也特别宽广，想来不会是空穴来风，定然是有所依据的，很值得学者加以深究。

韩非子是战国时代法家思想的集大成者。他认为，儒家和墨家大肆宣扬的王位“禅让”是根本不存在的，在历史上只有“逼上弑君”。他提出了一种非常独特的见解：“舜逼尧，禹逼舜，汤放桀，武王伐纣。此四王者，人臣弑其君者也，而天下誉之。”（《韩非子·说疑》）这样说显然有点极端，但也多少揭示了氏族制社会向阶级社会转变过程中人臣与君主之间斗争的真实一面。

先秦诸子都是思想大家，因此，他们对夏代历史的追记往往具有很高的史料价值。没有他们的追记和对夏代史料的抢救，那夏王朝的面貌将更模糊不清，史料也会更残缺。但也毋庸讳言，这些思想大家对夏史的追记，又常常打上了时代和个人的思想烙印，在运用他们的追记资料时，又当慎重地加以选择和批判。

司马迁的考察报告《夏本纪》

司马迁是一位前无古人的史学大家，他所创作的皇皇巨著《史记》，记述了从黄帝时代到他所处的汉武帝时代之间三千多年的历史。也就是说这位太史公写下了中华五千多年文明史的五分之三。班固称："迁有良史之材，服其善序事理，辨而不华，质而不俚，其文直，其事核，不虚美，不隐恶，故谓之实录。"（《汉书·司马迁传赞》）这是太史公身后人们对他最崇高的也是最精当的评论。正如《三国志》的注者裴松之说的，史迁"博有奇功于世"，因此他是永垂不朽的。

我们感兴趣的是"其事核"这句话。"核"，就是审核，就是核查，唐人颜师古的注释是："核，坚实也。"通过核查，使史事坚正，使史论真实。用通俗一点的话说，"核"就是考核。所以，我们把《史记·夏本纪》看作是太史公为夏史写下的一份沉甸甸的考察报告。

其实，我们何尝不可以把整部《史记》都看成是太史公的一份考察报告呢！

众所周知，司马迁为了写作《史记》，"读万卷书，行万里路"。从一定意义上说，读书和行路两者都是考察。

首先，是对文字资料的考察。

司马迁是个博学者，他出生于史官之家，家里有众多的书供他读，大概是十来岁的时候，司马迁的父亲司马谈当了京官，于是举家从夏阳迁往长安，父亲又让他拜在大学问家董仲舒的门下，学习《尚书》、《春秋》这样一些历史经典，这为他日后的发展打下了坚实的文化基础。

大量读书，是司马迁日后写作《史记》的必要条件。当然，更为重要的是他读书过程中的“考察”精神。这里说的“考察”，主要指通过分析、研究，决定对相关材料的取舍和运用。同样是大文豪的班固与司马迁的心是相通的。他说：“司马迁据《左传》、《国语》，采《世本》、《战国策》，述《楚汉春秋》，接其后事，讫于天汉。”这可以看作整部《史记》的写作历程中对文字资料的“考察”，当然其中也包括着《夏本纪》的写作。这里用了四个动态的词汇来表达“考察”过程：一是“据”，就是依据，说明司马迁在运用《左传》和《国语》相关史料时，基本上是持肯定态度的。司马迁在写《夏本纪》时，就大量依据《左传》和《国语》的材料及论说。如太康失国、后羿代夏、寒浞杀羿、少康中兴、孔甲乱夏、夏桀亡夏、桀奔南巢等。二是“采”。从词义上看，有“采”就有“不采”，因此，这里说的“采”有着选择之意。《世本》和《战国策》中的一些说法，司马迁能认同的，就“采”之，不能认同，就不“采”。这一点，我们在前面的论述中已有分析。三是“述”。所谓“述”，就说孔子说的“述而不作”。《楚汉春秋》的一些材料，难辨真伪，司马迁就引述一些，不作评论，让历史和之后的历史学家们来做出结论。四是“接”。这是司马迁写史的一个特点，就是把历史与现实“嫁接”在一起考虑。他写夏史时，会上“接”禹、禹的父亲鲧，一直上“接”到黄帝，这实际上说的是先夏的历史。讲夏史时特别会下“接”于夏的后裔杞，想从杞那里摸索出夏当年的礼仪文化来。

其次，是实地的考察。

正如诸多史家所说，司马迁是一个富于“实录精神”的大史学家，因此，他极其重视实地考察。为了写《史记》，他进行了极为认真的实地考察，他自己说：“余尝西至空桐，北过涿鹿，东渐于海，南浮江淮矣，至长老皆各往往称黄帝、尧、舜之处，风教固殊焉。”他的考察是极有成效的。他不只带着耳朵去听那些“长老”讲五帝故事，还带着一双敏锐的眼睛去看，去观察，发觉某些长老说的也不靠谱，都说是黄帝、尧、舜之处，怎么“风教固殊”得那样厉害呢？他还带着一颗脑袋在那里不停思考，从而得出正确的结论。

司马迁壮游的范围真的很广很广，简直可以说是个奇迹。“西至空桐”，那是传说中黄帝登临过的地方，司马迁一定得去一去。空桐地在陇西，即在今青海甘肃一带，在当时还是很边远的地方。“北过涿鹿”，涿鹿是传说中黄帝的都邑之所在，也很值得一去。不过，司马迁这里用了“北过涿鹿”，涿鹿是过往之地，不是目的地，目的地还在北边。“东渐于海”，东面到达大海边上，主要是指黄海、渤海一带。“南浮江淮”，到达了长江、淮河流域，在江浙一带作了实地考察。在交通十分不便的古代，司马迁凭一己之力，有时步行，有时乘坐驿车，千辛万苦，实地考察那么多地方，实属不易。

其实，他考察的地方远不止于上述这些地方。为了考察楚屈原大夫的史实，司马迁从长安起程，出武关，经南阳，渡长江，来到了长沙的罗县，专门到屈原“自沉渊”边进行了奠祭。告别了汨罗江以后，他又乘船沿湘江南行，在九嶷山南峰领略了舜当年南巡的风光。然后，司马迁顺流东向，来到了会稽山区，“上会稽，探禹穴”，是他这次远行的一门大功课。他还到过孔子的故乡曲阜，“适鲁，观仲尼庙堂、车服、礼器，诸生以时习礼其家，余祗回留之不能去”。司马迁还以郎中将的身份出使过西南边远地区，在“夜郎自大”的那个夜郎国度过了一段不平凡的时日。司马迁还随汉武帝祠泰山，后来听说黄河决口，还随武帝一起去治河。

再次，建立在文字资料考察与实地考察基础上的综合思考。

比如《五帝德》和《帝系姓》这两部作品原先大家都是信不过的，因此“儒者或不传”。可是，司马迁根据读《左传》和《国语》的心得，再加上实地的考察，认为“其所表见皆不虚”。至于《尚书》，司马迁认为“书缺有间矣”，就是它的缺失实在太多，非得靠“他说”来补足不可。

司马迁是一位真正的学问家，他做学问的原则是：“非好学深思，心知其意，固难为浅见寡闻道也。”意思是说，要不是好学深思，做到领悟事情的真相，就很难深入浅出地把道理讲清楚的，也不可能把历史写得让那些浅见寡闻的人都看得懂。读万卷书，司马迁做到了；行万里路，司马迁做到了；好学深思、心知其意，司马迁也做到了。今天，当我们这些“浅见寡闻”者捧起《夏本纪》这部考察报告时，我们可以坦然地说：太史公说的，我们读懂许多了。

说《夏本纪》是司马迁的一份考察报告，一般学者只看到他考察了山川地理，考察了九州财物，其实，司马迁的高明之处在于，他更多地考察了夏王朝建立前后人际关系的变迁，以及从禅让到传子制度方面的微妙变化。经过一番精细的考察，在《夏本纪》中，通过尧、尧子丹朱，舜、舜子商均，以及大臣禹、皋陶、益的种种明争暗斗，写出了社会大变动前夜“山雨欲来风满楼”的境况。

在舜的晚年，舜有点儿身心皆疲，在传位给谁的问题上，必有一场大争斗，那已经是明摆着的事了。恰在此时，舜召集禹、伯夷、皋陶会议，让这些权势显赫的要员“相与语帝前”。这次会议，《尚书·皋陶谟》有一份会议记录式的文档，而太史公的《史记·夏本纪》中有一份修正后的会议记录。从太史公的一“修”一“正”中，可以看出他是怎样考察夏时社会的时局、怎样准确应用夏时留存史料的。

司马迁是怎样修正《皋陶谟》这份文档的呢？

一、明确帝舜与禹、皋陶等谈话的时间和背景。

这份“相与语帝前”的谈话记录的背景，在《尚书》中是一点儿也不明确的，只是告诉人们有这么一次会议，与会者有些怎样的言论。而司马迁则明确指出这是发生在大禹治水成功之后的事，当时已是“声教讫于四海”，“天下太平治”。天下是太平了，但是“朝”内却不怎么太平。天下共主舜老矣，不少人都想要他坐着的那把宝椅。原始民主制已经走到了它的末路，为了解决接班人问题，舜主持召开这样一次会议，不但必要，而且必然。

二、参与会议的主要成员的更改。

在《尚书》中参加会议是四人，主持会议的舜，还有被请来发布治国纲领的大禹和皋陶，还有主管礼乐的夔（kuí）。皋陶是帝尧的后裔，势力相当大，在舜时担当着大理卿的重任。而禹的根基也不浅，他有着当时天下第一功——治理洪水的大底气，因此他的取舜而代之可说是民心所向。很有趣，这次谈话的记录者把文章定名为《皋陶谟》，给人的印象是只有皋陶一个人在那里“谟”。“谟”者，“谋”也。如果真是只有皋陶一个人在那里出谋划策，那么舜的继承者不是铁定了吗？可是，到了《史记·夏本纪》中，同样是这样一次会议，参与会议的变成了五人（想来太史公是必有所据的），其他四人不变，但又增加了举足轻重的一人，就是伯夷（不是不食周粟的那个“伯夷”）。

三、把皋陶与大禹的矛盾明朗化。

在《尚书》中，字里行间皋陶、禹间的矛盾还是隐约可见的，如会议开始时，还没等舜说什么，皋陶就迫不及待地抛出了治国“九德”，可见其欲主政天下的急切心情。但总的来说问题挑得还不够透明。但《史记·夏本纪》则不一样了，它把那层窗户纸给恰到好处地点破了。比如，在皋陶讲了一大通后，帝舜点名要禹说：“女亦昌言！”禹却谦恭地说：“於，予何言！予日思孳孳！”意思是：我没什么可说的了，我只是孳孳不倦地按你的指示办事罢了。这时，《史记·夏本纪》中增加了与《尚书》不同的一个情节：

> 皋陶难禹曰：“何谓孳孳？”禹曰：“鸿水滔天，浩浩怀山襄陵，下民皆服于水。予陆行乘车，水行乘舟……众民乃定，万国为治。”皋陶曰：“然，此而美也。”

类似的故事在《尚书》中也是有的，但这里《史记》增加了两个细节：第一个细节是当大禹回答舜帝说“我没有别的话要说，我只想孳孳不倦地为大家做些事”时，皋陶突然跳出来责问“何谓孳孳”，太史公用了“皋陶难禹曰”五字——用得好，这是一种突如其来的发难！企图在舜帝面前“出”禹的“丑”。可是，大禹不慌不忙地作了回答。第二个细节是，皋陶见大禹说了治水中的艰苦奋斗，说了为解决民生而采取的“调有余补不足”的办法，讲了禹与益在治水中的深情配合，皋陶此时只得无可奈何地说：“然，此而（你）美也。”意思是，是啊，这都是你做的大好事啊！

四、在这次会议上，舜严厉批评尧子丹朱，目的是为了警戒皋陶。

这实际上是很突然的事，在这次会议期间，舜严厉地批评起尧之子丹朱来。矛头所向，是批评皋陶。舜声色俱厉地说：“毋若丹朱傲！”这是一种警示，要谁都不要像丹朱那样的傲慢自大。

皋陶的心中最有数，帝舜批评的实际上是他。因此，帝舜的话刚落地，《史记·夏本纪》上便有了这样一段话：“皋陶于是敬禹之德，令民皆则禹。不如言，刑从之。”从帝舜借严厉批评尧子丹朱以影射皋陶起，皋陶才服输，才“敬”重禹。可是，此人从一个极端走向了另一个极端，他竟然以大理卿的身份发布命令，要求全民都服从禹，谁违犯了，刑事处置。这些话，在《尚书》中也是找不到的，显然是司马迁根据其他资料添加上去的。

五、在皋陶与大禹争锋过程中，乐官夔（见《礼记·乐记》）是站在禹一边的。

这在《尚书》中也是若暗若明的，只是含糊其词地说夔主持演奏了“箫韶九成，凤凰来仪”。而《史记·夏本纪》则明确说出了，在这种会议场合夔主持演奏“九韶”之乐，是为了支持大禹。《史记·夏本纪》写道：“于是天下皆宗禹之明度数声乐，为山川神主。”其意是说，从此天下民众，皆宗主大禹所兴起的九韶声乐，作为祭祀山川神主的乐章。这上面，乐官夔立了一功。

六、皋陶之死。

《史记·夏本纪》记述了皋陶之死，“帝禹立而举皋陶荐之，且授政焉，而皋陶卒。”这皋陶在大禹主政后的突然死去，后世史家都认为实在有点难以理解。其实并不奇怪，在争权如此剧烈的大变革时期，什么事情都可能发生，司马迁不作过多的介绍，只是加以实录。

上述这些，意在说明《史记·夏本纪》的确是司马迁竭尽心力写下的一篇考察报告。为了写好这份考察报告，他“行万里路”，考察了从黄帝开始的五帝们的行踪，天南地北，无所不至，考察了大禹治水的史迹，考察了禹域九州，足迹所涉，何止万里？为了写好这份考察报告，他“读万卷书”，当时他能见到的典籍图书，他都读了。在读书过程中，他也充满着考察精神，就是对被认为最具经典色彩的《尚书》之类，他也一“考”再“考”，非要把是非曲直弄个水落石出不可。从一篇《夏本纪》可知，后人赞誉太史公书为“实录之作”，确非虚言也。

可见，司马迁是一位伟大的史学家。汉代思想家刘向、扬雄博览群书，他们发现《史记》百三十篇所载人与事有根有据，异口同声赞叹：“(司马) 迁有良史之材，服其善序事理，辨而不华，质而不俚，其文直，其事核，不虚美，不隐恶，故谓之实录。”(《汉书·司马迁传赞》)

注释：

① 张舜徽：《中国历史要籍介绍》，湖北人民出版社1955年版。

13

二里头遗址昭示的夏代文明

二里头文化[①]的发现

“夏”作为一个部族和地域的名称，出现得是很早的。在《尚书·舜典》中，有这样一段话：“帝曰：‘皋陶，蛮夷猾夏，寇贼奸宄，汝作士……’”意思是说，帝舜说，皋陶啊，现在蛮夷扰乱中夏地区，抢劫杀人无所不为，我委任你为大理卿，去管理天下。这可能是在文献中最早提到“夏”这个名字的地方。《尚书》成书于西周时期，从上述文字中可见，“夏”作为一个族群的概念最晚在西周时已广为流传了。“夏”作为主政天下的一个王朝名，也该是很早的事。夏商周历来被并称为“三代”。孔子说：“三代之所以直道而行也。”（《论语·卫灵公》）“三代”之说，当在孔子生活的春秋时期之前。

三代中的商周二代，因为有文字记载，有典籍为证，还有实物为据，因此在人们心目中不会有是否真的存在的问题，唯有夏代因为至今还没有发现其文字记载，它的是否存在总是成为一大疑案。

后人的文字记载是有的，前文已说夏朝存在于公元前21世纪到

二里头遗址主体殿堂基址（引自许宏《最早的中国》）

公元前17世纪间，它历时有四百七十一年之久，《史记·集解》认为“从禹至桀，十七君，十四世”。[②]它生存和活动的中心区域大致在西起今河南省西部（豫西）与山西省南部（晋南），东至河南省与山东省交界处，北入河北省，南接湖北省。这一区域的中心是中岳嵩山及其周围的伊洛水流域、济水流域和颍水与汝水上游地区。一些史书称夏禹为“崇禹”，禹的父亲称为“崇伯鲧”，正好说明夏的发源地是在嵩山一带的。现今的晋南和豫西还有一些夏都所在地的相关传说呢！

但是，这一切需要证明。最能证明夏的还是夏自身。

夏自身在哪里？在地下。夏人当年建造的屋舍、创造的物器、使用的工具、铺设的道路、留存的骸骨和墓穴，已经沉睡在地下几千年了，只要把这些挖掘出来，使之“复活”，那么夏人的生活和夏文明就会无可辩驳地昭示于当今了。

1928年起，随着安阳殷墟大规模的发掘和大量甲骨文以及大量商代器物的出土，殷墟就是考古学上的商文化已成定论。地下发掘和《史记》中的殷世系的吻合，推而论之，更使人相信《史记·夏本纪》中的记述也该是真实的。这样，就推动了考古学家对发掘"夏墟"的热情和兴趣。

1959年春夏之交，已经72岁高龄的考古学家徐旭生先生就凭史籍中的"伊洛竭而夏亡"一句话，决计要去传说中的夏地考古。他带着助手徒步行进在千里伊洛平原上，苦苦寻找着传说中的"夏墟"。一日，徐旭生一行来到了偃师县境内，下午步行到了一个叫二里头的村庄。作为一个考古学家徐旭生本能地在田野中寻觅着什么。一个农民以为他丢了什么东西，过来询问："老先生，您是不是丢了什么东

二里头3号基址中院主殿（引自许宏《最早的中国》）

西呀？”徐旭生笑着告诉对方说：“是丢了东西，一个大东西，是一座城，一座几千年前的城。”那农民听不懂，直着双眼看着他。徐旭生这才明确告诉对方，自己是搞考古的，于是问对方，这里有没有古人遗留下的陶片什么的。对方和盘托出：“有，有的是，不只有碎陶片，我们翻土的时候，还拾到过完整的陶罐和陶盆。”徐旭生听后大为兴奋，要这个农民带他去看。到了村东头的田野里，随便用锄头翻几下，果然遍地国宝。

徐旭生又花了几天时间，在二里头及附近的几个村转悠了一下，心中就有了些底。他相信这是个古老的王城，可能在中国乃至在远东都是最古老最大的王城。他马上把这情况向中科院考古研究所作了汇报，并建议立即着手开掘。

二里头宫殿区建筑基址发掘现场（引自许宏《最早的中国》）

考古研究所接受了这位老考古学家的建议，在这一年的秋天，就组建起了洛阳工作站，并立即投入到了二里头的考古开掘工作中去，同时投入开掘的还有河南省考古所牵头的纯由女子组建的“刘胡兰小组”。两个小组相互配合，进展神速，收获颇丰。

二里头1号宫殿主殿复原图（引自许宏《最早的中国》）

1960年到1964年间，追加了较多的人力物力，一共进行了八次大的开掘，收获更为丰富。经过几年的辛劳，考古学家们弄清了二里头遗址的四至。它大致上包括二里头、圪垱头、四角楼、寨后、辛村五个自然村，遗址总面积达375万平方米。在开掘过程中发现了宫殿、城址、数以千计的墓葬，在墓葬中发现了青铜器及冶铜作坊。在诸多发掘物中，最让人惊喜不已的是青铜器的精美和品种的繁多，这是事先谁都没有想到的。

从地理形势上看，偃师二里头遗址北依邙山、黄河，这是天然的防御屏障；又处在洛河、伊河和黄河的交汇之处，有运输之利；加之地势险要，一直到今天仍然是东西交通的必经之地。这些都可以与《国语·周语》记载"昔伊、洛竭而夏亡，河竭而商亡"相印证，从中也证明《史记》说的"昔三代之君，皆在河、洛之间，故嵩高为中岳，四岳各如其方”是言之有理的。

1974年，考古工作队对1号宫殿开始发掘。1号宫殿基址呈正方形，东北一角残缺。东西长108米，高0.8米，南北宽100米，面积超过10 000平方米。台基3米，高出周围地面1米。主殿坐北朝南，面阔8间，进深3间。四壁围墙围着，内有廊庑行道。正南面有敞开的大门，分三个门道进出，东、南、西各有一道侧门。这是迄今发现的最古老的帝王宫殿。

1977年又对2号殿进行发掘。它的规模略小一点，殿堂东西58米，南北72.8米。四面也有围墙，东、南、西三面有回廊，很是宽敞。这两个宫殿可能不是建于同一时代，具体年代还有待考证。

1977年对这里的考古事业来说是关键性的一年，“二里头文化”的正式定名就是在这一年。

绿松石废料坑（出土于二里头宫殿区的南部）

二里头1号宫殿基址正门复原图（引自许宏《最早的中国》）

20世纪整个80年代都在这块土地上大力开掘，最令人兴奋的是又发现了大量精致的青铜礼器，发现了大规模的青铜冶炼和制作作坊，还发现了刻有龙蛇图形的器物。根据一些专家的建议，把二里头文化分为一、二、三、四期。

2002年，考古学家在2号宫殿下面，又发掘出一座被编为3号的时代更早、规模更大、结构更为复杂的大型建筑基址，“将迄今为止可确认的我国最早的宫殿建筑群的年代提早约百年左右”。③

1995年，国务院启动“夏商周断代工程”，1997年在郑州和偃师召开了“夏商周断代工程”夏商前期年代学研讨会。到2000年9月《阶段成果报告（简本）》验收，2000年10月公布修订四稿。这是中国20世纪末组织的第一个人文社会科学与自然科学相结合的重大科研项目，并取得了突破性成果。

尽管有争议存在，但“夏商周断代工程”结束后，二里头文化的主体为夏人遗存的观点逐渐为越来越多的学者所接受。著名考古学家邹衡先生认为：“二里头一到四期都是夏文化”，“二里头遗址用事实证明了夏朝的真实存在”。

二里头文化的年代和分布地区

“夏商周断代工程”的一个分支是“夏代年代学研究”，这个小组的组长由邹衡教授担任。他说：“夏代年代学研究要遵循两条途径：一是文献中对于夏年的记载，二是对夏文化探讨的主要对象河南龙山文化晚期以及二里头文化进行碳14测年，同时参照文献中有关天象记录的推算。”

嵌粘绿松石龙形器（偃师二里头遗址出土）。此绿松石龙形器放置在墓主人骨架之上。龙身略呈波状起伏，中部起脊。龙为巨头，卷尾，以白玉为眼睛，以绿松石及白玉为鼻梁，由两千余片各种形状的绿松石片嵌粘而成，色彩绚丽，是罕见的早期龙形象文物。

文献所见夏代纪年，最具权威性的是《太平御览》引《竹书纪年》上的一段话："自禹至桀十七世，有王与无王，用岁四百七十一年。"司马迁参照《尚书》、《左传》、《国语》等典籍，列出了从大禹，到启，到太康，到中康，到相，到少康，到予，到槐，到芒，到泄，到不降，到扃，到廑，到孔甲，到皋，到发，到桀而夏亡的十七世。一部《夏本纪》基本上综合了司马迁能见到的各类典籍，粗线条描画出了夏世系的轮廓，具有相当的权威性。

从时间年限看，夏商周三代中的商周二代的行年都是比较确定的，有甲骨文和金文这两个铁证在。那么，只要从商上推"十七世，四百七十一年"，就可以推算出夏所处的时代来了。由人民出版社出版、1949年首版的范文澜著《中国通史简编》把夏朝的历史定位在了公元前二十一世纪到公元前十六世纪间，这一时间年限后来被人们普遍地接受。

地点是晋南和豫西，时间是公元前二十一世纪到公元前十六世纪间，能符合这两个条件的地下发掘，终于在二里头文化那里显现了。

二里头文化分为一、二、三、四期，经碳14测定，它的存在时间与典籍中夏的存在完全契合。经多方考核，二里头遗址很可能就是传说中的夏都之一斟鄩。

有位长期在二里头从事发掘和考察工作的考古研究工作者，在总结二里头考察结果时说，那里的发掘物显示了五个"中国之最"：

一、这里有中国最早的王城遗址，因此，说二里头城址是"中国第一都"没有什么不可以的。

绿松石镶嵌兽面纹牌饰（偃师二里头遗址出土）

二、这里有中国最早的宫殿建筑群，如此精美而古老的宫殿建筑群，在中国可以说前所未见。

三、这里有精美的青铜器，还有相当规模的铸造作坊。我们完全可以说，这里的人们已经步入了“青铜时代”。

四、这里发现有较早的大型绿松石龙形器，还有陶器上刻画有蛇形或龙形图案，宫墙处也发现绘有龙形物，可见，他们是龙的传人，这是不容怀疑的。

五、这里有最早的城市道路网。最为吸引人眼球的是，在道路上留下了一段双轮车的车辙。从独轮车到双轮车是一个巨大的进步，这一车辙一下子把双轮车的发明时间推前了上千年。

这些发掘和发现，使这里曾经是夏王朝的一个王城之所在，变得不容怀疑了。夏王朝传说中的一系列原先以为不可能的事，现在是确定无疑了。

当然，夏王朝的疆域不可能仅限于此。如果说一座王城是一个点的话，那么夏王朝的整个疆域该是一个面。也就是说，二里头文化不会只存在于二里头，它还会存在于更广阔的领域内。

二里头文化即夏文化的分布状况如何呢？我们可以从三个层面上加以解说：

第一层面：夏人活动的中心区域。

那无疑是在豫西和晋南地区。也就是我们常说的环嵩山地区。嵩山位于河南省登封县北首，“五岳祭秩皆三公，四方环镇嵩当中”。正因为它在中华文明发展历程中处于“当中”的地位，嵩山又被称为“中岳”，其地位是不言而喻的。

豫西和晋南是夏人发源的地方，也是其获取“夏”这一美名的基地。

第二层面：夏人发展和影响深远的地方，也就是二里头文化大区域。

二里头遗址出土陶器上刻划符号表

这个大区域是当年夏王国的中枢地带，是夏王国赖以支撑的骨架，也就是我们今天说的二里头文化圈。它的范围大致为河南全省、山西西南部、陕西东部、河北南部，事实上还包含山东的某些地区。

这些地区的二里头文化，由于地域的广大和内涵上的差别，又可以分出若干子类型来。它包括：豫西地区的二里头文化、晋西南地区的东下冯类型、冀南豫北地区的豫东类型、豫南地区的下王岗类型。这些不同类型的二里头文化，在阶级差异、青铜文明、出现城郭等方面是一样的，但在出土物品的器型、埋葬方式上又有着某些自身的地方特色。

这第二层面也就是大禹所划"九州"中的中心地带冀州和豫州地带，大致上也就是我们说的中原、中州地带。这是夏人走向成熟、夏王朝走向强大的基地，或者说是核心和最中枢的区域。

第三层面：夏文化即二里头文化向"天下"层面的扩展。

在将近五百年的历史时期内，当时的"天下"打出的旗帜就是"夏"，从这个意义上说，凡是夏王朝势力所及的"天下"，在那近五百年的时日里，都是夏文化，也就是广义上的"二里头文化"。夏文化作为当时的主流文化（或说是主体文化）必然会对非主流、非主体，包括边远地区的文化产生深刻的影响。人们一直在问，在四川地区的"三星堆文化"与中原的文化相隔万里，为何在文化内涵上会有某种酷似？这只有从当时夏的天下一统的观念中去寻找答案。在天下一统的条件下，中原的主体文化必然会对周边的非主体文化产生一定程度的影响。这种影响是潜移默化的，但是深刻的。另外，我们不能低估四千年前统一条件下中原地区与周边地区的交流和交往。大禹纵横万里的治水，本身可以看成是一次天下范围的中原文化大传播，再加上商业交流的因素，人口自然流动的因素，这些都会促成文化的交流和互动。

中国全国范围内的历史上第一次大统一，必然会引发全国范围的文化的大交流、大融会。中国人总是说，五百年必有王者出。掌控“天下”五百年的夏文化，它对“天下”的影响力和渗透力实在不可小视，而我们至今对这种文化的影响力和渗透力知之甚少。

二里头文化不是孤立的，它有它的来龙去脉。它上承龙山文化晚期的余脉，比较直接的有登封告成王城岗遗址、禹州瓦店遗址、巩义小柴村遗址等，这样看来，龙山文化可以说是二里头文化的先祖文化。二里头文化又开了二里岗文化的先河，在二里岗文化中得到某种继承和光大。

二里头文化昭示的夏代文明

一种较为简单的说法是二里头文化就是夏文化。这话大致上是不错的。但是如果更精细一点的话，还是说二里头文化昭示着夏文化为好。道理很简单，完全意义上的夏文化不是二里头文化所能囊括得了的，它涉及的地域要更广，它存在的年月要更久远。

二里头文化的发现在我国的考古学上和历史学上无疑是一件大事，有学者说，它的价值绝对不会亚于秦代兵马俑。它向世人昭示了一个时代：一个由“大同”走向“小康”的伟大时代是怎样蹒跚地向我们走来的。

二里头文化对于夏代来说，它的价值在于：一是证明，二是纠谬。

多少年了，夏王朝的种种故事和传说见诸典籍，书之于书简，也盛传于民间。近世以来，还写进了教科书。大家都说商之前有个夏，可是拿什么来证明呢？至今尚未发现夏代那时的文字。历史需要证明，尤其像“夏”这样疑窦重重的王朝需要证明。

二里头文化的一大业绩是，以封存在地底下三千年的夏人自己使用、制作、创造出来的实物，为夏王朝的存在作了证明。这是铁铸的实证，这个案从此谁都翻不过来了。夏商周三代是实实在在的王朝，这是由无数的文献和文物所描绘出来的，那种“夏商周三代”是“虚构世界”的说法完全是无视历史事实的臆断。

第一，二里头文化证明了夏王朝的真实存在。

长期以来，中国人都在说夏商周，都在说三代文明，都在说我们是华夏人。范文澜先生写《中国通史简编》，夏王朝部分只写了短短的三千字。我们相信，范老不是不想写，是不敢写、不能写，历史学家是重于求证的，没有“证”，这个历史怎么写得下去。范文澜最后在定章节名时，商代用了“商朝事迹”，而夏的标题是“夏朝传说”，明白无误地告诉读者“夏”的不确定性。

现在二里头文化等于为夏王朝签发了一张身份证。时间，传说中的夏王朝存在于公元前二十一世纪到公元前十六世纪，科学测定二里头遗址也存在于这个时间段。地点，传说中的大夏人发源于晋南和豫西，二里头也在豫西，作为一种文化形态，它的中轴区也在豫西和晋南。时间上的重叠，地点上的复合，随着失散世界各地的文物的聚集，任何不抱偏见的历史学家都会得出这样的结论：二里头遗址无可辩驳地证明了夏王朝的存在。

第二，二里头文化证明了夏王朝的文化转型。

纽约流散品及日本MIHO博物馆藏品。英、美、日等国的多家著名的博物馆、美术馆乃至私人收藏家，收藏有十余件类似的铜牌饰。有的学者认为流散海外的这些铜牌饰中的相当一部分应当就是二里头遗址的出土物。

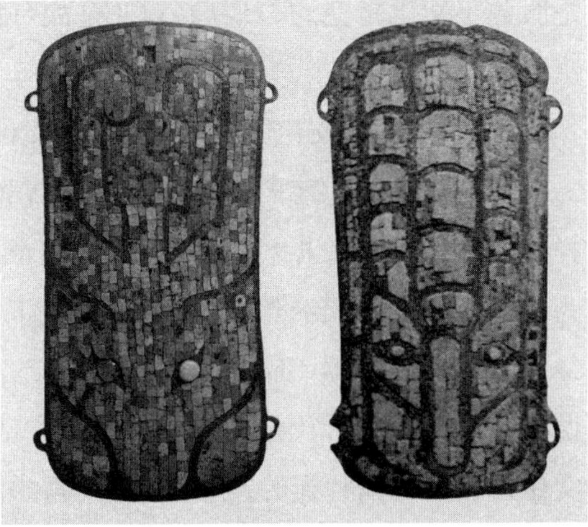

差不多所有的作品都注意到了夏王朝正处于中国社会的历史转型期。不是一般的转型，而是大的转型，带有根本性质的文化转型。范著《中国通史简编》总共三千来字的夏史论述中，单是引述《礼记·礼运》篇，就花去了二百多字，目的就是为了说明夏代是由“天下为公”，转化到“大道既隐，天下为家，各亲其亲，各子其子”的关键阶段。但证据呢？当时还没有。现在好了，大量反映社会不平等的墓葬，把“大道既隐”证明得清清楚楚。要在原始公社制社会中，夏王及王孙贵族们怎么可能居住在那样巍峨高敞的宫殿中？近千个墓葬怎么可能会有那么大的级差？在建房、墓葬、祭田时，怎么可能把活生生的人杀了当“牺牲”呢？还有，要在原始社会中，怎么可能为了一个王位而大动干戈呢？

文化转型是伟大的，没有这种文化转型，就不会有社会的进步。文化转型是痛苦的，其间充斥着血泪、痛苦和死亡。在这过程中，战争是社会转型和社会发展的助推器，征服有扈氏的战争，就是服务于文化转型的。最后，总还是战争决定一切，总还是战争解决问题。

第三，二里头文化证明了夏王朝的文化高度。

过去一直认为夏王朝时期还处于石器为主的时代。传说有这样的故事：黄帝战蚩尤，之所以打得很艰苦，那是因为蚩尤“以铜为兵”，而黄帝还没有铜武器。现在，地下发掘告诉人们，夏王朝已经有了精美的铜器，而且在“二里头”还发现了大型的冶铜作坊。说夏还处于石器时代是不确的。正如李学勤先生所说的：“二里头文化显然是青铜时代的，那是没有问题的。据发掘者统计，礼器有鼎、爵（数量最多）、觚、斝、盉，兵器有戈、戚、箭镞，工具有凿、锛、锥、钻、钁（陶范）、刀、刻刀、鱼钩等，另外还有铜铃、铜泡和铜饰牌等物。这些器物工艺复杂，使用了合范法浇铸，还有分铸、接铸的技巧。有的器物还镶嵌有美丽的绿松石，有多种纹样，个别器物上还发现有鎏金痕。”④

足以体现夏王朝文化高度的还有那些精巧的陶器和玉器。在夏王的一座大墓中，发现了一只薄如蛋壳的黑陶杯，它做工精细，黑中透亮，朴素端庄，是“夏人尚黑”的象征性物件。据说，一些考古学家与当代陶瓷专家合力想仿制一个同样的陶杯来，结果没有成功，不论工艺还是成色都达不到原件的高度。可见，在夏人那里制陶水平高超到了何等程度。另外，夏人的玉石水平也已达到了很高的水准。

第四，二里头文化证明了夏王朝的文化魅力。

夏之被称为“夏”，本身就是一种对文化魅力的赞誉。据许慎的《说文解字》说：“夏，中国之人也，从‘臼’，两手，‘夂’，两足也。”实际上按照汉文古体的写法，“夏”这个字自上而下包括三部分：“首”、“臼”、“夊”，意思很清楚，是在说：夏人是有头脑、会动手、勤于迈步外出的人。同时，“夏”还有“大”、“雅”和美艳如“花”的意思。这些，也许是夏族之外的他族人对夏人的一种崇高的文化评价。而这种文化魅力在二里头文化中得到了有力的证实。

夏人的尚“黑”崇“朴”，传之久远，成为中华民族的民族传统。

夏人的礼仪文化，是中华文明礼仪之邦的第一乐章。这一点可以从夏墓发掘中大量的礼器那里得到证明。

夏人是勤奋劳作的代表。没有这种勤奋，就不会有如此丰富的文化产品。在豫西的夏人文化圈内，有一座王屋山，“愚公移山”的故事就发生在那里。在夏人世居的王屋山地区产出“愚公移山”的故事，不正好说明愚公精神中有着大禹、夏启、少康这样一些夏人的思想文化的映像嘛？愚公的文化魅力也可以说是夏人的文化魅力。

二里头文化对夏王朝来说，除了“证明”功能外，再就是“纠谬”的功能了。其实，“证明”本身就有纠谬的意思在，为了着重说明一些问题，我们还是另列出来了。

首先是纠“禹功鲧罪”之谬。

按照《史记》及其他一些文献所提供的资料，在夏代历史上，禹是大功臣，而鲧是大罪人。但是，从二里头及其他地区的一些发掘资料看，鲧的雍堵治水法也不是一点也没有作用的。传说中鲧是天下建城的第一人，事实证明鲧时期的确已有了城池的建设，这样，鲧就更加不能全盘否定。

其次，纠“禹铸九鼎不实”之谬。

以前一些专家认为“禹铸九鼎不实”是建筑在夏代正处于新石器时代晚期的基础上的。既然认为夏代只有石器没有铜器，那么，禹铸九鼎不也成了子虚乌有的事了吗？现在完全不同了，地下考古发掘告诉人们，早在夏之前数千年，就有黄铜的冶炼，早在夏之前千年，已有多处铜器物的发现。二里头文化则告诉我们，二里头的制铜业已达到了相当发达和成熟的地步，在这种情况下，“禹铸九鼎”应该不再是荒诞不经的神话，而是在当年夏王朝发生的实事。也许有哪一天，“九鼎”会被人们发掘出来呢！

再次，纠“禹治水仅限于中原九州”之谬。

禹治水范围有多大，一直是人们争讼不休的话题。说禹治水仅限于中原地带，理由似乎是：当时的生产力水平低，不可能跑那么远的地方去治水。又因为中原地带也有划成九州的说法，这样就把治水也附会过去了。其实，中原地带从来没有单独划过九州，在《尚书》上倒曾有过划十二州的说法，不过也没有指明这十二州单是指中原或是指天下。至于生产力水平低而不能在禹域九州内治水，那更是站不住脚的。地下发掘告诉人们，早在七八千年前，中华大地上的人们就作纵横万里行了。怎么可以说，到了青铜时代，反而行走不了呢？大禹至少在中国的“两河流域”（黄河流域和长江流域）进行了治水，不论从文献看，还是从考古角度看，那都是没有一点问题的。

注释：

① 偃师二里头遗址，有着丰富的文化内涵。一般都将其分为一、二、三、四期，而

学者们的认识又很不相同。有的学者认为，二里头文化一、二期为夏文化，三、四期为商文化或先商文化。另一些学者认为，一、二、三、四期都是夏文化，只是年代有所先后罢了。笔者综合相关资料后，倾向于认同后者。

② 《史记·集解》"从禹至桀，十七君，十四世"的说法，已为史界普遍接受，但是严格地说有计数上的差错。若"禹"含其中，当为"十七君，十五世"，若"禹"不含其中，当为"十六君，十四世"。当然更大的偏差在于把"后羿代夏"的四十来年忽略了。

③ 李绅编著：《中国大考古》，陕西师范大学出版社2007年版。

④ 李学勤：《中国古代文明十讲》，复旦大学出版社2003年版。

附录

附录一　夏大事记

前22世纪　鲧主导治水时期。《国语·鲁语上》有言："夏后氏禘黄帝而祖颛顼，郊鲧而宗禹。"夏后氏一脉乃黄帝子孙，郊祭的鲧是五帝中的尧、舜两帝权力交替时期的人物，当是生存在前22世纪。鲧受尧命治水，"治水无状，乃殛鲧于羽山以死"。鲧是治水的失败英雄。

前21世纪　禹主导治水时期。禹相传为鲧之子，"舜举鲧之子禹，而使续鲧之业。"（《史记·五帝本纪》）按《禹贡》的记载，禹的治水大军从冀州开始，先治黄河中下游，继而治黄河上游，转而导淮，再挥师南下，导长江流域各河道，历时13年，"三过家门而不入"。治水成功后，定九州、铸九鼎，形成天下太平的景象。晚年，禹南行考察，"至于会稽而崩"。

前2071　按《竹书纪年》的"自禹至桀十七世，有王与无王，用岁四百七十一年"的说法，参之于河南二里头夏墟的地下考古资料，禹传王位于启当在前2071年前后。

前2070　史书上说，禹传位给启以后，"有扈氏不服"，那有扈氏之叛和征讨有扈氏的战争当在第二年。战争如风卷残云一般，推进得很快，很快打到了扈国南郊一个叫甘的地方，于是有了著名的“甘之战”。发布了著名的《甘誓》，发出了“恭行天之罚”的声讨令。

前20世纪初叶 夏第一王启大约在位有四十来年，去世后，传位给长子太康。太康继位后，由阳翟（今禹州市）迁居于斟鄩（今巩义市附近）。其后“太康失国”，沉于酒色，于是兄弟五人作歌劝诫，这就是所谓的“五子之歌”。《帝王世纪》曰：“太康无道，在位二十九年，失政而崩。”

前20世纪中后期 由于夏王朝内耗造成的国力的削弱，东夷人渐渐向中原迁移，最后夺取政权，史称“后羿代夏”。这是少数民族在华夏地区建立的第一个政权。有这样一个过程：太康晚年，后羿已进入夏都，夺取了相当的权力。太康死后，弟仲康立，但后羿实际已操纵了全部权力。仲康死后，后羿立仲康子相为王，但不久又赶跑了相，在斟鄩建立了自己的政权，自称“夏王”。后羿当上夏王后，很快腐败了起来，并为其下属寒浞杀了，其后寒浞当起了夏王。

前19世纪初 寒浞得知原夏王相及其妻子流落在夏的同姓斟灌氏那里，为防后患，派人追杀到了那里，结果夏王相被杀，相的妻子后缗已有孕在身，逃出斟灌氏处，到自己娘家有仍氏那里安身，并在那里生下了相的遗腹子少康。少康长大后，在有仍氏当牧正。后又流亡到有虞氏当了庖正。

前19世纪中叶 少康经过多年的准备，把散失在外的“夏众”结集起来，并从“有众一旅”开始建立了自己强大的军队，联合有鬲氏等部族带兵杀回中原，杀死了寒浞及其两个儿子，“复禹之绩”。在少康巩固了政权以后，夏王朝在经济和政治上都出现了欣欣向荣的局面，史称“少康中兴”。他所做的最得人心的事是继承大禹治水的精神发展水利事业。史称少康十一年，水官冥就是“勤其官而死”的。当时夏与夷族关系也得到很大改善。

前18世纪　少康亡故之后，历经予、槐、芒、泄、不降、扃、廑七世。此七世大约有100—120年的时间，是夏王朝得到充分发展和相对稳定的时期，表现为经济的发展、社会的安定和民族关系的和谐。在此期间，多次提到了“九夷来御”，说明当时夏的中原地区与东夷以及其他边远地区的关系是很密切的，来往也十分频繁。

前18世纪末　帝廑时，夏已出现种种危象。廑死后，立帝不降之子孔甲。这是个“好方鬼神，事淫乱”的国君。他搞乱了与周边各族的关系，相传还有屠龙、食龙这样的荒唐事，史称“孔甲乱夏”。

前1600前后　自孔甲始，夏王朝急转直下，历孔甲、皋、发、癸(桀)四世而亡。“伊洛竭而夏亡”，天灾与人祸集结，夏王朝最后为东方新兴的商部落所击败，取而代之建立起了商王朝。

附录二　夏代世系表

1	禹	
2	启	禹子
3	太康	启子
4	中康（仲康）	太康弟
5	相	中康子
6	少康	相子
7	予（杼、纾、伫）	少康子
8	槐（芬）	予子
9	芒（荒）	槐子
10	泄（世、洩）	芒子
11	不降	泄子
12	扃（局、禺）	不降弟
13	廑（胤甲、顼）	扃子
14	孔甲	不降子
15	皋（吴、皋苟）	孔甲子
16	发（敬、发惠）	皋子
17	履癸（桀）	发子

（据《史记·夏本纪》）

【注】

“太康”之后有长达四十年上下的“后羿代夏”及“寒浞主政”时期，理应计入夏王朝的世系之中，史家以为，太史公未将这段时间列入是一大失误。

附录三　主要参考书目

(西汉) 司马迁:《史记》,中华书局1982年版。

(清) 孙星衍:《尚书今古文注疏》,中华书局1988年版。

(清) 洪亮吉:《春秋左传诂》,中华书局1987年版。

(清) 孙诒让:《周礼正义》,中华书局1987年版。

徐元诰:《国语集解》,中华书局2002年版。

方诗铭、王修龄:《古本竹书纪年辑证》,上海古籍出版社2005年版。

王红旗:《山海经鉴赏辞典》,上海辞书出版社2012年版。

吕思勉:《吕思勉读史札记》,上海古籍出版社1982年版。

白寿彝总主编:《中国通史》,上海人民出版社2004年版。

傅斯年:《民族与中国古代史》,上海古籍出版社2012年版。

苏秉琦:《中国文明起源新探》,生活·读书·新知三联书店1999年版。

王国维:《古史新证》,清华大学出版社1994年版。

郭沫若:《中国古代社会研究》,科学出版社1960年版。

王玉哲:《中华远古史》,上海人民出版社2000年版。

徐旭生:《中国古史的传说时代》,文物出版社1985年版。

李学勤:《通向文明之路》,商务印书馆2010年版。

李学勤:《失落的文明》,上海文艺出版社1997年版。

文史哲编辑部编:《早期中国的政治与文明》,商务印书馆2011年版。

任乃荣:《三皇五帝探源》,新华出版社2011年版。

陈瑞苗、周幼涛主编:《大禹研究》,浙江人民出版社1995年版。

张春光:《华夏人文根源探寻》,山东人民出版社2013年版。

孟世凯:《中国小通史——夏商》,中国青年出版社1994年版。

李民:《夏商史探索》,河南人民出版社1985年版。

孟世凯:《夏商史话》,中国青年出版社1986年版。

孙淼:《夏商史稿》,文物出版社1987年版。

詹子庆:《夏史与夏代文明》,上海科学技术文献出版社2012年版。

郑杰祥:《夏史初探》,中州古籍出版社1988年版。

晁福林:《先秦民俗史》,上海人民出版社2001年版。

中国社会科学院考古研究所编:《二里头陶器集粹》,中国社会科学出版社1995年版。

许宏:《最早的中国》,科学出版社2013年版。

宋镇豪:《中国风俗通史·夏商卷》,上海文艺出版社2001年版。

谢维扬:《中国早期国家》,浙江人民出版社1995年版。

茅盾:《中国神话研究初探》,上海古籍出版社2005年版。

田兆元:《神话和中国社会》,上海人民出版社1998年版。

叶舒宪:《中国神话哲学》,中国社会科学出版社1997年版。

张东霞等:《考古中国》,中国青年出版社2012年版。

龚良主编:《中国考古大发现》,山东画报出版社2006年版。

王屏:《中华考古·世界考古大全集》,高等教育出版社2010年版。

陈致主编:《当代西方汉学研究集萃·上古史卷》,上海古籍出版社2012年版。

[德]恩格斯:《家庭、私有制和国家的起源》,人民出版社1972年版。

夏时期中心区域图
图例
阳城 《古本竹书纪年辑本》中传说的夏都
安邑 其他书中传说的夏都
方国
聚落
二里头文化遗址
今水系
今国界

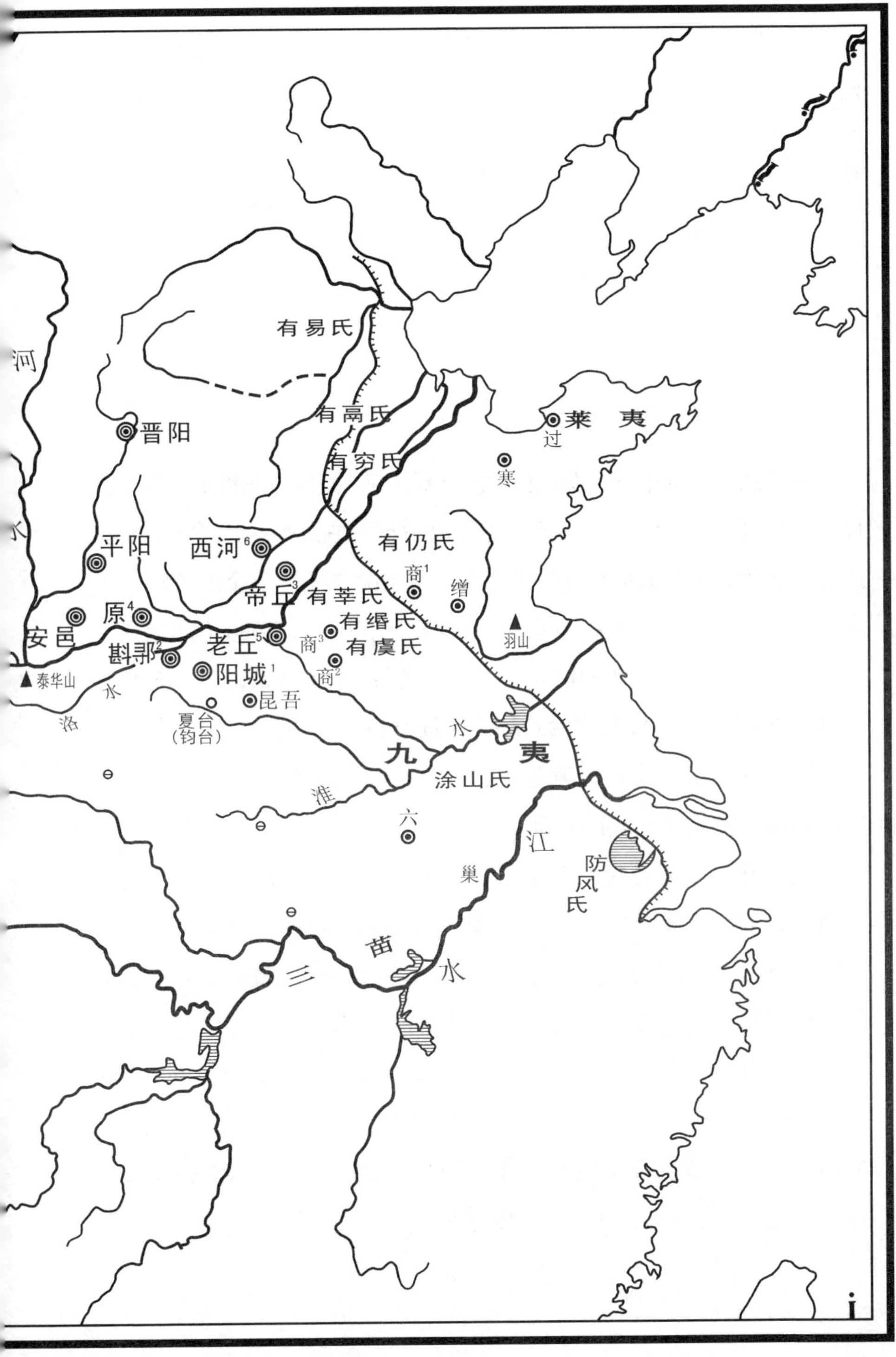

河
水
有易氏
有高氏
有穷氏
晋阳
平阳
西河6
帝丘3
有莘氏
有仍氏
商1
缯
莱 夷
过
寒
原4
安邑
老丘5
有缗氏
商3
有虞氏
商2
斟鄩2
阳城1
泰华山
洛
水
昆吾
夏台
（钧台）
羽山
九
夷
水
涂山氏
淮
六
江
巢
防
风
氏
三
苗
水

结束语

夏代是漫长的中华文明流程中的开局王朝，被视为理想化社会“三代”的第一代。理想社会并不等于是完美的社会，它会有不足，会有遗憾，还会有历史性的污浊，但是，在这里我们不得不说，夏王朝这个中华第一朝的“开局”确实开得十分精彩，为中华儿女留下了万分珍贵的文化瑰宝。

这个开局王朝为我们树立了民族大英雄、大圣人禹的崇高形象，“三过家门而不入”成为家喻户晓的民族品格的楷模。

这个开局王朝为我们确立了“天下一家”的民族理念，为民族大家庭的形成奠定了坚实的基础。

这个开局王朝为我们中华礼仪之邦奠下了第一块基石，以“朴”为尚，以“俭”为荣，夏礼的这一特质是中华儿女永远不能忘怀的。

这个开局王朝所创导的养民“九功”，为后世的统治者提供了治国安邦的政治范例。国家的安定，社会的昌明，最关键的还在于解决民生问题啊！

夏王朝“用岁四百七十一年”，最终它败亡于东方兴起的殷商族。当时代的接力棒传到“三代”中第二代的殷人手中的时候，他们的历史性使命是怎样承继好这样一些“传家宝”，并加以发扬光大，这些当在下一部《殷商史》中慢慢道来。

图书在版编目（CIP）数据

中华文明的开端：夏 / 郭泳著. -- 上海：上海人
民出版社，2018
（细讲中国历史丛书 / 李学勤，郭志坤主编）
ISBN 978-7-208-15091-1

Ⅰ. ①中… Ⅱ. ①郭… Ⅲ. ①中国历史 – 夏代 – 通俗
读物 Ⅳ. ①K222.09

中国版本图书馆CIP数据核字（2018）第067200号

总 策 划 郭志坤
策　　划 上海文柏文化传播有限公司
出版统筹 孙　瑜
责任编辑 张钰翰
装帧设计 范昊如　夏　雪　等
地图绘制 陈伟庆
地图审图号 GS（2014）1228号

细讲中国历史丛书
李学勤　郭志坤主编
中华文明的开端——夏
郭　泳　著

出　版　上海人民出版社
（200001　上海福建中路193号）
发　行　上海人民出版社发行中心
印　刷　江苏苏中印刷有限公司
开　本　890×1240　1/32
印　张　9.25
插　页　5
字　数　200,000
版　次　2018年6月第1版
印　次　2019年5月第2次印刷
ISBN 978-7-208-15091-1/K · 2729
定　价　68.00元